古典文獻研究輯刊

三九編

潘美月・杜潔祥　主編

第11冊

續經義考・春秋之部
（第八冊）

周懷文 著

國家圖書館出版品預行編目資料

續經義考・春秋之部（第八冊）／周懷文 著 -- 初版 -- 新北市：
花木蘭文化事業有限公司，2024〔民113〕
目 8+218 面；19×26 公分
（古典文獻研究輯刊 三九編；第 11 冊）
ISBN 978-626-344-931-2（精裝）
1.CST：春秋（經書）2.CST：研究考訂
011.08   113009705

ISBN-978-626-344-931-2

古典文獻研究輯刊
三九編 第十一冊   ISBN：978-626-344-931-2

續經義考・春秋之部
（第八冊）

作　　者　周懷文
主　　編　潘美月、杜潔祥
總 編 輯　杜潔祥
副總編輯　楊嘉樂
編輯主任　許郁翎
編　　輯　潘玟靜、蔡正宣　美術編輯　陳逸婷
出　　版　花木蘭文化事業有限公司
發 行 人　高小娟
聯絡地址　235 新北市中和區中安街七二號十三樓
　　　　　電話：02-2923-1455／傳真：02-2923-1400
網　　址　http://www.huamulan.tw 信箱 service@huamulans.com
印　　刷　普羅文化出版廣告事業
初　　版　2024 年 9 月
定　　價　三九編 65 冊（精裝）新台幣 175,000 元　　版權所有・請勿翻印

續經義考・春秋之部
（第八冊）

周懷文 著

X

席世安　春秋三傳旁訓　三十八卷　存

　　湖南、寧波、重慶藏嘉慶元年（1796）席氏掃葉山房刻本

　　◎席世安，號蔗泉。海虞（今江蘇常熟海虞鎮）人。著有《春秋三傳旁訓》三十八卷，計《春秋左氏傳旁訓》三十卷、《公羊傳旁訓》四卷、《穀梁傳旁訓》四卷。

席世安　春秋左氏傳旁訓　三十卷　存

　　湖南、寧波、重慶藏嘉慶元年（1796）席氏掃葉山房刻春秋三傳旁訓本

　　◎序：《左氏》為大經，《公羊》《穀梁》為中經，學者非三傳不習。迨明世專崇宋學，張洽、胡安國《春秋傳》並列于學官，科舉之士，學識淺陋，復棄張而取胡。厥後剏為合題而支離之病興，競為擬題而空疎之獘積，於是三傳盡廢，而《春秋》之古義日亡。國家崇文右學，經義光昭，近奉功令，黜胡氏而用三家，一時庠序之彥駸駸復古，破其尋章摘句之習，務為兼綜博覽之功。夫比事屬辭，《春秋》教也，而欲知事之何以比、辭之何以屬，則必於三傳求之。此漢唐諸儒之用心治《春秋》者不可不深長思也。世安不敏，恐義疏緐博，學者不能悉誦，爰采其要者，仿匠門書屋之例，釋訓於旁。極知弇鄙，貽誚鴻儒，然於幼學之士或不無少補云爾。嘉慶元年四月上浣，海虞席世安蔗泉氏書。

席世安　公羊傳旁訓　四卷　存

復旦〔註1〕、湖南、湖北、南京、寧波、重慶藏嘉慶元年（1796）席氏掃葉山房刻春秋三傳旁訓本

席世安　穀梁傳旁訓　四卷　存

湖南、寧波、重慶藏嘉慶元年（1796）席氏掃葉山房刻春秋三傳旁訓本

席樹馨　公羊探勝　一卷　存

犍為縣藏光緒四年（1878）刻本

◎席樹馨檢錄，門人馮樹清等校。

◎席樹馨，號鶴如。媯川（今北京延慶）人。咸豐三年（1853）第三甲賜同進士出身。曾任四川長寧縣令。著有《公羊探勝》一卷、《古詩逢源讀本》，編有《活人精言》二種八卷、《杜詩培風讀本》。

夏大鼎　春秋左傳分類賦注　佚

◎尋霖、龔篤清編《湘人著述表》著錄。

◎夏大鼎，字調臣，又字紫芝。湖南湘潭人。夏大觀弟。乾隆中優貢。官新寧訓導。著有《春秋左傳分類賦注》、《淡窩文略》、《淡窩詩剩》。

夏大觀　春秋左傳分類賦　四卷　存

清華、陝西藏乾隆三十七年（1772）刻本

保定藏嘉慶十六年（1811）書業堂刻本

上海藏嘉慶十六年（1811）德順堂刻本

南京、中國民族圖書館藏咸豐元年（1851）果城盛氏海清樓刻本

北師大、遼寧、保定、寧波藏咸豐二年（1852）德元堂補刻果城盛氏海清樓刻本

清叢經堂刻本

清末衡陽張廷瑞刻本

寧波藏大文堂刻本

◎夏大鼎箋注。

〔註1〕姚椿校並錄姚鼐批校。

◎褚廷璋序：《左》《國》《史》《漢》，文章之祖，而《左傳》躋于十三經，于道尤尊，好學之家往往嗜之成癖，以其為《春秋》功臣，不惟隸事賅備供藝林采拾已也。宋儒呂東萊先生曾取《內／外傳》事實制度議論為《左傳內編》六卷，書分十九門，門有綱領；又為《左傳國語類編》二卷，體例相倣，古之人于《左氏傳》好之篤而言之詳也如此。若以事類排比對偶成文者，則有毛友《左傳類對賦》六卷、楊筠《魯史分門屬類賦》三卷，見馬端臨《文獻通考》及《宋史・藝文志》，顧皆略而未備，且其書已佚，世不多覯，學者惜之。湘潭夏君楓江，家居力學，尤究心《左傳》，搜擇融液，日月既多，爰分類排纂，成賦七十一篇，間為門弟子所傳寫誦習。昨歲余視學楚中，適夏君司鐸衡郡，因公接見之暇出此書相眎，歎其區部嚴而裁對精，自天象地利以迄蟲魚草木，其間彙篇三才、經緯五倫，視毛、楊所編卷目倍蓰過之。而于配取之中抑揚進退，義法炳如，又兼備乎東萊之斷制矣。顧念東萊于《類編》自序謂《春秋》編旨不敢妄擬，輒比于枝辭贅喻，為舉子課試之資，若歉然不自足者。今楓江所作誠足供課試者之摭掇，而要非貫串全書，實有心得不及此。則試由是以窺文章之淵奧，更由是而尋筆削之旨歸，如祭川者先河而後海，蓋已仿彿東萊之用心，而非徒藉以續毛、楊二書之未備，又安得以枝辭贅喻相品目乎哉？！書既成而箋之者，大鼎力也。大鼎為余所取士，方將以優行薦於朝，為楓江難弟云。時乾隆壬辰九月既望，長洲褚廷璋左裳氏序。

◎羅登選序〔註2〕：類書昉於唐之《白氏六帖》，厥後宋有祝氏和父《事文類聚》，明有焦氏弱侯《類林》，又有陳氏仁錫《潛確類書》。凡自天文地理君臣父子禮樂兵刑之大，與夫昆蟲草木之細，靡不門分類別，瞭若指掌。然猶惜其僅為藝苑之菁華，供士林之獺祭，於經學家無取也。近日又有《五經類編》《春秋左傳列國分傳》，然以經求之則割裂，以類求之則又不盡可以類舉，亦無謂也。湘潭夏君繼臨伯仲，家世博學多文，一日出其所輯《左傳分類賦》示余。余讀之而矍然以驚曰：「自晉杜氏元凱作註，宋林氏堯叟補之，千餘年之後而又僅見有此書也。」蓋其類則亦自天象地利君臣父子禮樂兵刑之大與夫昆蟲草木之細靡不備，其考據則自隱桓莊閔僖文宣成襄昭定哀二百四十二年之事無不包。辭取達意，屬之以駢；事限于文，廣之以註。類分七十一門，蓋誠

〔註2〕又見於《湖南文徵》卷六十九，題《夏楓江左傳分類賦序》，末有羅汝懷附識：案作者別有《分類賦》，作於《約箋》之後。自序云以宋徐秘書所纂《左傳類對賦》未及分門、事多掛漏，因及門之請，分類七十有一，日成一篇，不三月而竣。彼序失錄，胥鈔因坿褚學使序於《約箋》序後也。汝懷坿識。

纂先儒未纂之書，而非僅一家之書已也。抑聞之：《春秋》於五經為刑書，經為斷、傳為案，《左氏》以其案定斷，述事以告萬世，而使曉然於《春秋》之義之不苟也，故於字入、星隕可以見天文之法象焉，於方城、虎牢可以見地利之防禦焉，於荀息、申鮮虞可以見守君臣之義焉，於申生、壽、伋可以見處父子之變焉，於觀樂賦詩可以識禮樂之節焉，於分廣鑄書可以見兵刑之紀焉。他如爰居以譏文仲、鸜鵒以驗童謠、牛鳴以觀物理、結草以知應，雖在鳥獸草木亦有寓焉。而是書皆備之，是亦足以羽翼經傳無疑已。余少好讀《春秋左傳》，思欲有所發明，中間遭悖中止，茫然如未嘗讀者。己卯思續之，庚辰疾再作。戊子又思續之，今春疾又再作。讀夏君之書而不禁油然慕、勃然興，且更怃然愧也。己丑季夏月。

　　◎光緒《湖南通志》卷二百四十六《藝文志》二：《說左約箋》二卷（是書因錢塘馮氏天閑《說左》一書而箋補之。大觀自序云：馮君於《左氏傳》義蘊所儲罔弗了徹，向余得是編，見其為文雄而渾，其論事確而精。特慮學者未能概明全傳，稍加註釋，有偶易數字處，亦緣便人記誦。顏曰《說左約箋》，又補輯魯三家及列國名臣說，或循世數而詳之，或按列服而增之，無非欲廣備稽考耳）、《春秋左傳分類賦》四卷（卷一起天象訖婚媾凡十五類，卷二起禮訖官職凡十七類，卷三起辭令訖人品凡二十一類，卷四起老幼訖草木蔬果凡十八類，都七十一類，類各為賦，其弟大鼎為之箋注。卷首有觀察副使犍為李拔、學使長洲褚廷璋、衡州加府邱恩榮、衡山羅登選、長沙余廷燦諸序），湘潭夏大觀撰。

　　◎尋霖、龔篤清編《湘人著述表》：自序稱：「以宋毛友所纂《左傳類對賦》未及分門，事多掛漏，應及門之請而作是編。」

　　◎夏大觀，字繼臨、次臨，號楓江。湖南湘潭人。乾隆三十年（1765）拔貢生。曾任衡州府學訓導，後遷岳州教授。著有《春秋左傳分類賦》四卷、《說左約箋》二卷、《十三經質疑》、《洞庭湖志稿》、《楓江詩文集》、《楓江詩餘》、《楓江詞餘》，又撰有傳奇《陸判記》、《珠鞋記》。又嘗刪補箋釋《聲律啟蒙》。

夏大觀　讀左約箋　二卷　存

　　乾隆譚玉成文發堂刻本

　　南京藏咸豐元年（1851）果城盛氏海清樓刻本

　　遼寧、河北藏咸豐二年（1852）德元堂補刻果城盛氏海清樓刻本

◎或題《說左約箋》。

◎卷首題：錢塘馮李驊天閑編譔，湘潭夏大觀繼臨箋註。

◎自序〔註3〕：《春秋》一書，傳者三家而《左氏》獨詳，晉杜氏註之，傳始顯。顧其中脈絡之相承、領要之有在，非好學深思絜其大旨，雖記誦靡遺，究難貫串。譬諸萬選青錢，不得錢索，亦終散漫而無歸耳。馮君天閑，窮經力學，寢食於《左氏傳》。義蘊所儲，罔弗了徹，故所撰春秋時事諸說，原原本本，無一語一字不足發古人之隱義、啟後學之雋思，是誠左氏功臣也。向予得是編，見其為文也雄而渾，其論事也確而精，心甚醉之。特慮學者未能概明全傳，稍加註釋，顏曰《說左約箋》，俾覽者易識其義之所歸焉。雖其中有不揣謭陋偶易數字處，亦緣便人記誦，非敢妄也。又補緝魯三家及列國名臣說一篇，或循世數而詳之，或按列服而增之，無非欲廣備稽考耳，何嫌續貂乎！今譚子玉成，不惜助貲付梓以公諸世，予既嘉譚子好學之深心，且益歎馮君所箸士林有同好而相賞為不孤云。乾隆歲次壬辰五月上澣，楓江氏自識。

◎光緒《湖南通志》卷二百四十六《藝文志》二：《說左約箋》二卷（是書因錢塘馮氏天閑《說左》一書而箋補之。大觀自序云：馮君於《左氏傳》義蘊所儲罔弗了徹，向余得是編，見其為文雄而渾，其論事確而精。特慮學者未能概明全傳，稍加註釋，有偶易數字處，亦緣便人記誦。顏曰《說左約箋》，又補輯魯三家及列國名臣說，或循世數而詳之，或按列服而增之，無非欲廣備稽考耳）、《春秋左傳分類賦》四卷（卷一起天象訖婚姻凡十五類，卷二起禮訖官職凡十七類，卷三起辭令訖人品凡二十一類，卷四起老幼訖草木蔬果凡十八類，都七十一類，類各為賦，其弟大鼎為之箋注。卷首有觀察副使犍為李拔、學使長洲褚廷璋、衡州加府邱恩榮、衡山羅登選、長沙余廷燦諸序），湘潭夏大觀撰。

◎雷夢水《販書偶記續編》卷二《經部・春秋左傳類》：《讀左約箋》二卷，清錢塘馮李驊撰，湘潭夏大觀註。

夏封泰 春秋參壹 佚

◎《南潯志》：夏封泰（見《人物傳》）：《周易直本中觀》七卷（刊本存。上經二篇，下經二篇，後附編類一篇，《繫辭》一篇，《文言》《說卦》《序卦》《雜卦》一篇）、《尚書宗要》六卷（刊本存）、《毛詩注疏學》三十一卷（刊本存）、《春秋參壹》（佚）、《夢囈編》一卷（刊本存。承重孫耀曾跋）。

〔註 3〕又見於《湖南文徵》卷六十九，題《說左約箋自序》。

◎夏封泰（1686～？），字冠東，號心谷。烏程（今浙江湖州）人。夏光遠長子。雍正二年（1724）進士。授直隸任邱（今屬河北）知縣。以事解任，尋開復，補湖北麻城知縣，以明允稱。嘗任湖北同考官，甄拔皆知名士。告病歸，究心經學，老而不倦。與紀寅、陸士渭、潘尚仁號「歸田四老」。著有《周易直本中觀》不分卷、《毛詩注疏學》三十一卷、《春秋參壹》、《夢囈編》一卷。

夏逢芝 春秋辨疑 一卷 佚

◎光緒《湖南通志》卷二百四十六《藝文志》二：《春秋辨疑》一卷，益陽夏逢芝撰（《縣志》載有自序）。

◎《稽古樓集》陶士偰序：秀長弱不好弄，壯不求聞達。廿年來棄舉子業，專精遯志，以學於古人，而著述成集。其於《儀禮》有圖說，於《春秋》有辨疑，於史事有論斷，於家居有訓約。

◎夏逢芝，字秀長，號任齋。湖南益陽人。夏光洛長子。著有《易學尋源》、《儀禮圖說》、《春秋辨疑》一卷、《字學須知》、《輿地圖考》一卷、《天文圖考》、《稽古樓集》、《帝王圖考》、《夏氏家約》、《古文存稿》、《耆辰集》、《自述年譜》，參校《讀史論略》。

夏仁壽 春秋左氏學課程略例 存

國圖藏清末至民國黃岡夏氏朱絲欄抄本

夏容 春秋諸傳參說 二卷 存

湖北藏光緒十六年（1890）慎自愛軒刻本

◎孫殿起《販書偶記》卷二：《春秋諸傳參說》二卷，武寧夏容撰。光緒十六年慎自愛軒重刊。

◎夏容，江西武寧人。著有《春秋諸傳參說》二卷。

夏味堂 讀左筆記 佚

◎同治《續纂揚州府志》卷二十二《藝文志》上：《讀左筆記》（夏味堂撰）。

◎夏味堂，著有《讀左筆記》。

夏應銓 春秋標旨 十卷 佚

◎光緒《續修廬州府志》卷四十四《儒林傳》：專心易學，著《周易詮疑》四卷、《春秋標旨》十卷。

◎嘉慶《無為州志》卷二十六《藝文志・書籍》：《周易詮疑》《春秋標旨》（孝廉夏應銓著）。

◎夏應銓，字衡玉，號雪亭。安徽無為人。乾隆二十七年（1762）舉人。主芝山書院，督勉生徒有法。卒年六十一。著有《周易詮疑》四卷附總說、《春秋標旨》十卷。

向德星 春秋集覽 佚

◎光緒《湖南通志》卷二百四十六《藝文志》二：《春秋集覽》，漵浦向德星撰（《縣志》）。

◎向德星，字云路。湖南漵浦人。著有《易義便覽》三卷、《春秋集覽》、《大學中庸便覽》、《四書本文注解》、《三十六字母詩韻》、《劉子錄》二卷。

蕭重 左傳樂府 一卷 存

福建、天津藏道光十二年（1832）刻本

2020年社會科學文獻出版社排印天津歷代文集叢刊魏淑賓整理蕭重集本

◎蕭重（1779～），字千里，號遠村，又號梅村、剖瓠子、三十六灣梅花主人。直隸靜海（今天津靜海區）人。廩貢生，嘉慶十三年（1808）賜舉人。十八年（1813）官興化府莆田縣凌洋司巡檢，遷金門縣丞。道光九年（1829）回任凌洋司巡檢。博學工詩。著有《左傳樂府》一卷、《剖瓠存稿》二十卷附《樂府》一卷、《莆陽樂府》一卷、《莆口紀聞》。

蕭漢亭 春秋博義 佚

◎光緒《湖南通志》卷二百四十六《藝文志》二：《春秋博議》，衡陽蕭漢亭撰（《縣志》）。

◎蕭漢亭，湖南衡陽人。著有《春秋博義》、《通鑒纂要》、《列國類編》。

蕭榕年 四書引左彙解 十卷 存

陝西、鄭州、洛陽、偃師、揚州大學、中共山東省委黨校、寧夏回族自治區藏乾隆三十九年（1774）古牟蕭氏謙牧堂刻本

國圖藏乾隆四十六年（1781）輝蕚堂刻本

國圖藏乾隆古牟蕭氏思寱堂刻本

山東文獻集成第四輯影印乾隆三十九年（1774）古牟蕭氏謙牧堂刻本

◎卷首題：古牟蕭榕年霞邨纂輯，同里謝宜發蕚亭、王鍾泰古邨校訂。

◎序：古人云「述而不作」，言無俟乎作也。孔子大聖人，且不敢漫言作，況其下者乎！四子書籍論說傳授心法，亦不關乎作也，吾儕生古人後，讀古人書，因人見事，因事見理，因理見心，而由糟粕以得精華，由文章可悟性道，則稽古之功為足多爾。周東遷後以文章名喦家者，首推左氏。其於聖人經義，猶未離乎糟粕也。吾友霞邨蕭君，經義湛深，向嘗以經術小試，與余同官蜀，不數年解組歸。歸而講學古牟，無書弗研究，四子書獨得心傳。而特慮後學不能引伸旁通，無以由博之約也，手輯一編，顏曰《四書引左彙解》。曷言乎引左？《四書》中記人記事分見於《左氏》者，按次第編輯成帙，引人入勝，猶是述古之意也。曷言乎彙解？一人也而或數出，一事也而或迭見，前後彙合，詳畧得宜，而又不自為臆說。其有解者仍之，述《左》之意猶是述《四書》之意也。夫四子書何人不讀，亦何人能讀？文章取士數百年，無論心法渺不可追，而不學貽譏，以艱深文其固陋者，何可勝道！《左氏》之文，雖不必盡合於聖人之經之旨，而聖人之經之旨未嘗不分著於其人其事之中。淹貫者久之，由分得合，即由博返約，糟粕也而精華存焉。所謂得聞性與天道者，其在斯乎，其在斯乎！蕭君上溯四子心法，探索有年，復為是編，示後學從入之門，凡有功四子書者，皆作引《左》讀可也。余知蕭君久，其將以余言為不謬，爰質言之而敬為序。乾隆辛卯仲秋渤海王采珍崑岩氏書於都門邸舍。

◎例言：

一、凡採錄傳文，俱遵《左氏》原本段落，不敢增減一字。

一、音釋註解俱遵《杜林合註》《左傳釋義》諸書，未敢自為臆斷。

一、註釋不能盡詳，僅於甚難解者解之。其有前人註疏互相牴牾者，一概不登，閱者當自為裁酌。

一、《四書》中數人而其一事者，總以前一人為主，其餘姓氏附註小字於上，以便醒目。

一、或二人事實太繁，累牘難罄，其中無關體要者，不盡編入。亦有傳內姓氏偶見備錄全文者，以其人別無事蹟，未便脫漏故也。

一、是集岢為幼學起見，書帙從簡，列國事寔未能分別臚舉，且分國《左傳》已有坊刻，無庸續貂也。

一、採引故實，各有主腦。如管仲附於齊桓、陽虎附於季桓子之類，不以《四書》先後為鱗次，餘皆倣此。

一、三桓事蹟雜遝，必欲撮約一處，恐幼學未能醒覽。集中於孟叔、季孫各為臚列其三家見於一事者，註於三桓傳內。餘多類此，願精熟於《左》者正之。

一、《學》《庸》典故無多，兩《孟》又係戰國時事，傳中俱無可援引，節錄數條，故卷帙較兩《論》頗儉。

一、幼學未能讀全《左》，課誦是編，頗濟枵腹。徧讀全文，觸類引伸，亦可借以備參考。

一、《左氏》妙文甚夥，其無關《四書》事實者，勿嫌割愛，與他本選《左》者不同。掛漏之譏，知所不免。

一、是編輯成，手錄一通，原為子姪易於記誦，非敢出而問世。適同堂謝子蕚亭、王子古邨以其便於幼學，願以公諸同人。乃互相參訂，付之剞劂，幸勿為淹洽者所笑也。

◎目錄：

上論：卷一孔子，子貢，孟懿子，孟武子，哀公，季康子，八佾，王孫賈，告朔，定公，韶、武。卷二子路，孔文子，子產。卷三晏平仲，臧文仲，令尹子文，崔子，陳文子，季文子。卷四寧武子，孟之反，祝鮑，衛君章，葉公，桓魋，昭公，吳孟子。

下論：卷五盍徹乎註，齊景公問政章，羿、奡，為命，裨諶，世叔，行人子羽，子西，臧武仲，公叔文子。卷六晉文公，齊桓公。卷七陳成子，蘧伯玉，子服景伯，柳下惠，顓臾，三桓，公山弗擾，季桓子，孟莊子。

學庸：卷八孟獻子，伐冰，昭穆，動四體註，黿，龍。

兩孟：卷九文圉註，句踐，招虞人，趙簡子，師曠，春秋，晉人伐虢，晉平公，子都，熊掌。卷十秦穆公，華周杞梁，五霸（宋襄公、楚莊王，餘見前），孫叔敖，諱名。

◎蕭榕年，字霞邨，號容山。古牟（今福山）人。乾隆十七年（1752）進士。官連州知州。著有《四書引左彙解》十卷、《乾隆十七年壬申恩科山東鄉試朱卷》一卷、《西湖詠古》一卷、《裕昆堂詩集》。

蕭思倫 左國芳型 佚

◎嘉慶《涇縣志》卷二十六《藝文》：蕭思倫《左國芳型》（錢鄭二志）。

蕭衍守 春秋經傳萃 十二卷 佚

◎光緒《湖南通志》卷二百四十六《藝文志》二：《春秋經傳萃》十二卷，湘鄉蕭衍守撰（《縣志》）。

◎蕭衍守，字一源。湖南湘鄉人。國子生。考授縣丞，乾隆初主講本邑昭潭書院。著有《春秋經傳萃》十二卷、《師儉堂詩鈔》十卷（括《縠音編》、《帶血啼》、《思鳴集》、《養拙編》、《寄籬草》、《松蔭草》、《向日草》、《問景編》、《信天吟》、《假學集》）、《一源詩集》、《師儉堂文集》、《蕭氏族規》。

蕭震萬 讀春秋淺說 佚

◎尋霖、龔篤清編《湘人著述表》著錄。

◎蕭震萬，字雲階。湖南湘潭人。道光間在世。著有《讀周禮寤言》、《讀春秋淺說》、《桑榆夕照錄》二卷、《星變紀略》、《北極出地紀略》、《湖南水道考》一卷。

謝乃果 左傳類 二卷 佚

◎民國《福山縣志稿》卷六《藝文志》：謝乃果《左傳類》二卷（據《採訪冊》錄入）。

◎謝乃果（1661～1733），字松麓，號春函。福山（今山東福山）人。謝琰子。康熙二十七年（1688）與兄乃實同舉進士。仁河南宜陽縣知縣，再任河南鹿邑縣知縣，陞吏部稽勳司主事，調文選司主事。著有《左傳類》二卷、《四書德解》、《玉森堂詩集》。

謝如珂 春秋五傳纂 佚

◎光緒《湖南通志》卷二百四十六《藝文志》二：《春秋五傳纂》，耒陽謝如珂撰（《縣志》）。

◎謝如珂，湖南耒陽人。生員。崇禎十六年（1643）戰死。著有《春秋五傳纂》。

謝顯謨 左傳逢源 佚

◎民國《福山縣志稿》卷六《藝文志》：謝顯謨《左傳逢源》□卷（據採訪鈔本錄入）。

◎謝顯謨，更名香開，字夢堂。福山（今山東福山）人。乃果孫、光經子。乾隆三十九年（1774）舉人。歷官恩縣、聊城教諭。著有《左傳逢源》。

謝善祥 春秋易簡 佚

◎謝善祥，福建連城人。著有《周易撕覺前後集》、《春秋易簡》。

謝文洊 左傳濟變錄 二卷 存

福建藏光緒十八年（1892）刻謝程山全書本

◎自序〔註4〕：處國家之事，惟變為難，得失成敗恒在幾微呼吸之間。使闇者當之，惘惘然莫得其方，神亂氣沮，一再躊躇而大事已去，智不足也。智於天而未嘗不得之於學，恃天者每有奇中之能。然事遂功成，往往以不善居而敗。知於始而闇於終，有足悲者。惟得之於學，以勇則沉，以養則邃，遇事不震不徐，而適投其機，功成之後，又恬然若未嘗有事者，雖有猜主相而不假以隙，此之謂大智。夫學明理於經而習事於史，史於學居十之六，而閱歷煉又居其四。事變無窮，莫可究詰，然能舉古人之成案，精思而力辨之，置身當日，如親受其任，而激撓衝突於其間，如是者久之，則閱歷煉已兼具於讀史之中。矧身世所遭得之於動忍增益，其力又有大焉者乎。以此知得於學者全而得於天者半，身任天下者烏可無智，欲智者又烏可無學也。洊生也闇，幸而天下事未嘗及身，年已望六，可免覆諫之恥。賤貧多暇，授徒《左傳》。見其時名卿大夫，濟君國之險艱，識深力堅，誠有不可及者。因每國取數事評注，得二十八篇。又余友魏裕齋有杜預癖，深謀至計，一一摘抉出之，發從來讀《左》者所未發。輯《左傳經世》一書，予多取之。夫以余之闇，又老且賤，安能與一時英少抵掌談天下事。惟是取古人陳，神而明之，以補天所不足。雖不徵之實事，庶幾心目開朗，俾不至於闇終，則厚幸矣。乃若明體識用之學，非全力不足以幾。自共學以至於立，立而至於權，不容凌節而施，亦不容畫地而限。夫學至於立，則窮不失己。達不離道，似亦可以自畢。然使時勢安常，則以立者居之有餘。一有變故，非權曷濟？故學不至於能權，則才不足以禦變。天下事既以

〔註4〕錄自賀長齡《皇朝經世文編》卷五《學術》五《文學》。

身入其中，能保其有常而無變耶？至於立之未臻，而急於用權，則將以義為利，詭禦思獲，此又豈識聖人之所謂權者耶？春秋時諸名卿大夫之權，未必一一不謬於聖人。惟是學之有道，則變化在我。雖以小人之智毒如烏董，亦未嘗不可泡而制之，以神吾生人之權。得是意而推之，將博觀全史，以盡古今之變。區區守一左氏，猶恐不足以濟吾闇也。

　　◎《國朝先正事略》卷二十八《謝約齋先生事略》：著《大學中庸切己錄》及講義數十篇……所著又有《初學先言》、《大臣法則》、《左傳濟變錄》、《詩文集》諸書。

　　◎謝文洊（1615～1681），字秋水，號約齋，晚又號顧菴，時人稱程山先生。江西建昌府南豐縣大井里人。明亡後盡棄舉業，入香山學禪。繼而避亂居鄉，專志儒學，與友人李蕓林、曾有孚、邵睿明、傅與、甘京等會講良知之學。順治六年（1649），又講學江西新城（今黎川）神童峰。著有《讀易緒言》二卷、《風雅倫音》二卷、《左傳濟變錄》二卷、《大學切己錄》一卷、《中庸切己錄》一卷、《大臣法則》八卷、《程門主敬錄》一卷、《初學先言》二卷、《義正編》一卷、《兵法類案》十二卷、《謝程山集》十八卷、《程山遺書》五十六卷。

謝應芝　春秋義　佚

　　◎劉聲木《桐城文學撰述考》卷四「謝應芝撰述」：《會稽山齋文》十二卷、《會稽山齋文續》六卷、《會稽山齋詩》五卷、《會稽山齋詩續》一卷、《會稽山齋詞》一卷、《蒙泉子》三卷、《會稽山齋經藝》一卷、《元史義》、《書義》□卷、《詩義》□卷、《春秋義》□卷、《王荊公詩義》□卷、《詩說廿卷》、《詩地理考》□卷、《郡國方輿通釋》□卷、《明史摭餘》□卷、《宋史義》□卷、《唐文類纂》□卷、《夏小正觀義》□卷、《近思錄校勘本》□卷、《續古今人表》□卷、《旅史》□卷、《經義選》□卷、《國朝八家文纂》□卷。

謝章鋌　春秋左氏傳毛本阮本考異　佚

　　◎謝章鋌《賭棋山莊所著書》文集卷五《春秋左氏傳毛本阮本考異跋》：十三經註疏本以毛氏為最盛（汲古閣），以阮氏為最有名（盧宣旬所刻宋本俗稱校勘記本。按盧本款式與阮所記校本正合，盧云用文選樓藏本校梓，則盧本當即阮本也）。乙亥重溫《左氏傳》，因以阮本讎對，而其中乖舛甚多。噫！書貴自讀，隨人道黑白，無當也。乾隆中葉以來，學者重宋本，一二鉅公倡之，羣然和之，不視其書之精否，寶宋本如九鼎，雖有錯者，亦且曰古刻如是必有說焉，是則言

漢學者推波助瀾之所致也。不知蜀本、麻沙本之潦草備見於周公謹、陸放翁之所記，則宋版亦不盡可憑，況毛本亦從宋本出者？子晉釣譽藝林，然其人頗嗜古，雖不足比擬岳珂，殆亦可儕之陳起之列慶元本（阮所依據之本），固貴矣。豈毛本而一無可取乎？今校之阮本，有毛誤而阮亦誤者，有阮誤而毛不誤者，有毛誤而阮不言其誤者，有毛不誤而阮誤以為誤者，而阮輒訾毛本以最劣，此何異孔沖遠左坦杜注，掊擊服、劉，必不容其置喙焉？殆亦知二五而不知一十者矣。夫校書如掃落葉，固難盡善，而阮復厚祿多金，足以招羅才俊，授意門下士，不盡一手之所編摩，所以疏密互陳，離合相半，無足怪者。世徒震其高名，從而靡焉，則非矣。因撮舉其違異，如左凡、校勘記所已具者。不及以炳燭之光，作銷夏之助。若曰著書，則劉更生、揚子雲之輩，笑人至今齒冷矣。日躔鶉火之次丙子朔越三日戊辰，記於丹芝講舍。

　　◎謝章鋌（1820～1903），字枚如，號藥價退叟。福建長樂江田人。光緒二年（1876）進士。官內閣中書。光緒十年（1884）應陳寶琛邀主廬山白鹿洞書院講席。後任福州致用書院山長。陳書、陳衍、林紓、陳寶琛、張元奇等皆出門下。藏書樓名曰賭棋山莊，著述均以「賭棋山莊」命之。著有《毛詩注疏毛本阮本考異》四卷、《賭棋山莊文集》、《賭棋山莊詩集》、《賭棋山莊酒邊詞》、《賭棋山莊詞話》等。

辛炳喬　春秋申議　佚

　　◎民國《萬載縣志》卷十之二《人物・列傳》二：著有《周易玉海鄭注補》《春秋申義》《注疏刪緯》《讀胡繩崖通議》《讀讀書割正編》《不可不知錄》《益智梭》《離騷解》《袁州舊聞》《府志參考》《讀田間詩學》《最秀園集》，藏家未梓。

　　◎辛炳喬，字朝嶽，號月臺。江西萬載人。少熟經史，有才譽。生平不妄交，惟與邑人李榮陛／黃河清、分宜林有席、金溪王謨數往來商榷古今。晚貢入國子監，為孫希旦門生。著有《周易玉海鄭注補》《春秋申義》《注疏刪緯》《讀胡繩崖通議》《讀讀書割正編》《不可不知錄》《益智梭》《離騷解》《袁州舊聞》《府志參考》《讀田間詩學》《最秀園集》等。

辛紹業　春秋禮存　佚

　　◎翁方綱《復初齋文集》卷十四《國子監助教辛君墓表》：乾隆己酉，予於江西選拔貢生，得萬載辛君紹業從遊南康、廣信諸郡。君成進士，後官國學

者又十年。知其經學最深。所與予校勘註疏《說文》諸條手記皆存予篋。近來士大夫有持經說相質者，必與君共研覈之。君證據極博，而能審擇一是，不為矜異之說。今年春見新城魯子嗣光《尚書解》數冊，君為校定之。蓋己酉選拔諸生惟魯與君治經尤精勤。嗣光前十餘年卒，予未得表其墓。孰意今乃表君之墓，可傷也已！君為人誠信篤實，不苟言笑，不輕然諾。《易》、《書》、《詩》、三傳三禮皆攷辨補訂，積若干卷，尚待鋟梓。

◎民國《萬載縣志》卷十之二《人物·列傳》二：著有《冬官旁求》、《易圖存是》、《周禮釋文問答》、《律呂考》、《九歌解》、《古文》、《詩稿》俱梓行；《古文尚書冤辭辨》、《詩經毛鄭權衡》、《周官官聯表》、《儀禮經注證誤》、《春秋禮存／樂存》、《經傳車考》、《古文同聲譜／同形譜》、《古字逸義》俱待鐫。

◎辛紹業（1755～1814），字服（復）先、馥千，號敬堂。江西萬載康樂人。乾隆六十年（1795）舉人、嘉慶元年（1796）進士。博研群書，少與浮梁鄧傳安齊名，督學翁方綱有「萬載浮梁辛與鄧，說經奪席驚群英」之句。紹業既通籍，官國子助教，宦京師十四年。授國子監學正兼博士廳博士，升率性堂助教，記名以同知用。與方綱校勘、注疏《說文》。有持經說相質者，方綱必與紹業共研討之。著有《易圖存是》二卷、《冬官旁求》二卷、《周禮釋文問答》一卷、《律呂考》一卷、《古文尚書冤辭辨》、《詩經毛鄭權衡》、《周官官聯表》、《儀禮經注證誤》、《春秋禮存／樂存》、《經傳車考》、《古文同聲譜／同形譜》、《古字逸義》、《九歌解》一卷、《敬堂文稿》二卷、《敬堂詩稿》二卷等。

辛紹業 春秋樂存 未見

◎民國《萬載縣志》卷十之二《人物·列傳》二：著有《冬官旁求》、《易圖存是》、《周禮釋文問答》、《律呂考》、《九歌解》、《古文》、《詩稿》俱梓行；《古文尚書冤辭辨》、《詩經毛鄭權衡》、《周官官聯表》、《儀禮經注證誤》、《春秋禮存／樂存》、《經傳車考》、《古文同聲譜／同形譜》、《古字逸義》俱待鐫。

辛文沚 左傳文評 佚

◎孫葆田《山東通志》卷百二十七《藝文志》第十：是書見《採訪冊》。

◎辛文沚，字宗海，號雲洲。山東蓬萊人。嘉慶十六年（1881）進士。歷官清河道。著有《左傳文評》。

熊時定 春秋四傳合註 十卷 佚

◎光緒《鳳陽縣續志》卷十一《文苑》：所著有《春秋四傳合註》十卷、《三才考異》四卷、《假山堂詩文》若干卷藏於家。

◎光緒《鳳陽縣續志》卷十四《藝文》：《春秋四傳合注》十卷、《三才考異》四卷、《周易解》、《假山堂詩文集》（以上熊時定著）。

◎光緒《鳳陽府志》卷十八上之中《人物傳・文學》：著有《春秋四傳合注》十卷、《三才考異》四卷、《假山堂詩文》若干卷（《鳳陽縣志》）。

◎熊時定，字六貞。本江西南昌人，鼎革後流寓鳳陽，順治七年（1650）入籍鳳陽。康熙中貢成均，未仕卒。著有《春秋四傳合註》十卷、《三才考異》四卷、《假山堂詩文》。

熊為霖 春秋內外傳占驗 一卷 存

清華大學、南京藏乾隆四十六年（1781）心松別墅刻筮策洞虛錄本

◎光緒《江西通志》卷九十九《藝文略》一《國朝》：《筮策洞書錄》十六卷附《春秋內外傳占驗》，熊為霖撰（《新建縣志》）。

◎熊為霖（1714～？），字浣青，號鶴嶠（橋），又號心松居士。江西新建人。乾隆七年（1742）進士。由編修官至侍讀，為順天鄉試同考官。典試貴州、陝西，所得知名士頗多。假歸後，累主白鹿洞書院、嶽麓書院山長，又主廣東粵秀書院講席。工金石篆刻。著有《左氏紀事本末》十四卷、《筮策洞虛錄》十六卷初一卷附一卷、《鶴嶠詩鈔》、《枝辭時藝四鍥》、《紀行詩》十冊，編有《粵秀文蔚》。

熊為霖 左氏春秋紀事本末 十四卷 存

北大藏乾隆心松書屋刻本

徐迪行 春秋遵左題旨 四卷 首一卷 存

北師大藏嘉慶十六年（1811）衣德堂刻本

◎王秩教參訂。

徐宏桓 春秋三傳異同說 四篇 存

浙江藏光緒十年（1884）退補齋刻徐明經文鈔本

◎黃靈庚、陶誠華編《重修金華叢書提要》三編《集部》:《徐明經文鈔》二卷、《徐明經詩鈔》二卷:《徐明經文鈔》二卷,卷一為賦、序、考、說等八篇,卷二為論六篇。其《尚書古今文考》、《程傳本義異同說》、《小序朱注異同說》、《春秋三傳異同說》四篇,皆所以考論經典者也,稱「經之殘闕,莫甚於《書》,其逸其存,古文、今文,其不可考者多」云;稱《易》本言理數之書,雖有程氏《易傳》、朱子《本義》,猶有更進以發明者,乃以「先天圖為羲農《連山易》」「後天圖為黃帝《歸藏易》」云;稱善讀《詩》以朱子《集注》為主,而參觀毛氏小序,「即同以辨異,即異以求同,深思熟玩,以明詩教之大義」云;又稱《春秋》有達例、有特筆,「用達例而無加損者,聖人之公心,有特筆以明是非者,聖人之精義,知乎此,則三《傳》之得失異同不言自見」云。據此,其於《書》、《易》、《詩》、《春秋》三傳,蓋有精思熟慮之功,非泛泛而論也。

◎徐宏桓,字彥威(毅威),號仁武。浙江永康人。乾隆元年(1736)恩貢生。學有淵源,著作甚豐。婺州四賢徹明正學,宏桓稟請學臣具題,始得崇祀孔子廟廷。著有《徐明經文鈔》二卷、《徐明經詩鈔》二卷。

徐繼恩 春秋別解 未見

◎徐繼恩(1615～1684),字世臣,號逸亭,又號俍亭;又名正喦,字豁堂;明亡後隱居為雲溪寺僧,釋名淨挺。浙江錢塘人。崇禎副貢。曾以抨擊馬士英獲罪。著有《逸亭易論》一卷、《周易略解》一卷、《雲溪問易》、《毛詩別解》、《春秋別解》。

徐家緵 春秋日月表 佚

◎光緒《崑新兩縣續修合志》卷五十《著述目》下:徐家緵《春秋日月表》《讀易隨筆》《家譜續稿》《理學宗譜》。

◎劉聲木《桐城文學撰述考》卷一「徐家緵撰述」:《春秋日月表》《讀易隨筆》《理學宗譜》《家譜續稿》。

◎徐家緵,字宣嘉。江蘇昆山人。諸生。潛心理學及根柢之學,古文辭宗法方苞。著有《讀易隨筆》、《春秋日月表》、《理學宗譜》、《家譜續稿》、《鋤月山房文集》、《鐵谷文稿》二卷。

徐鑒 左氏始末 十二卷 佚

◎羅振玉《經義考目錄》卷六《春秋》三十八：徐氏（鑒）《左氏始末》（未見）。

◎王其淦、吳康壽光緒《武進陽湖縣志》卷二十八《藝文》：徐鑒《左氏始末》十二卷（存）。

◎繆荃孫《江蘇省通志稿‧經籍志》第十卷：《左氏始末》十二卷，徐鑒。

◎徐鑒，武進（今江蘇常州）人。著有《左氏始末》十二卷。江西豐城亦有徐鑒，官明監察御史，著有《諸經紀數》十八卷、《諸史紀數》十四卷，與此非同一人。

徐金甌 春秋體註深詮 四卷 存

海安藏乾隆五十年（1785）金閭書業堂刻本（不分卷）

國圖藏乾隆五十四年（1789）三多齋刻本

◎上下兩欄。上欄為范翔參訂《春秋體註》，下欄為胡安國傳《春秋體註》。

◎附記：同時蕭山亦有一金甌，字李仙，又字信齋。見陶元藻《泊鷗山房集》卷八《勅贈文林郎福建赤杞場鹽大使信齋金公墓誌》。

◎序：韓子云：「士不通經，果不足用」，故通經者士之要務也。古者樂正崇四術立四教，順先王《詩》《書》《禮》《樂》以造士。春秋教以《禮》《樂》，冬夏教以《詩》《書》，夫固以經學之足貴矣。乃後之為士者，冠儒冠服儒服，徒以對偶聲律之文獵朋黨交遊之譽，一但得志而迂疏不適於用，國家亦烏賴有是士哉！《春秋》者，魯國之史也，孔子因魯史而筆削之，史也而經焉矣，上列天道之變，下載人事之宜，賞善貶惡，命德討罪，自隱迄哀，二百四十二年之事，瞭如指掌。學者熟察乎此，則孰得孰失、何去何從，必能決擇於窮經之日。及起為世用，則幼而學者壯而行，王國之羽儀，非斯人其誰歸？故《春秋》者，士不可以不讀者也。國家制科以來，《春秋》與《易》《詩》《書》《禮記》命題試士，則士之業是經者久矣。況今聖天子重道崇儒，特沛恩徧於鄉會，兩闈拔五經士若干人，則凡今之士沐浴于聖德化神之內，必爭為國家有用之才，而非僅如向者以口耳呫嗶之學釣名于鄉曲已也。予曩者《易》《詩》《書》三經各有成書，而《春秋》《禮記》雖肄業者少，亦次第編輯，凡以通經致用為天下之為士者期也。是為序。苕溪范翔紫登氏題於漱芳軒。

◎徐金甌，字枚臣。浙江始寧（今紹興上虞區）人。明末抗清被執，不屈，庾死。著有《春秋體註深詮》四卷、《春秋正業經傳刪本》十二卷。

徐金甌〔註5〕 **春秋正業經傳刪本 十二卷 存**

華東師大藏康熙三十七年（1698）受中堂刻本

四庫存目叢書影印康熙三十七年（1698）受中堂刻本

◎一名《春秋正業》。

◎序：國家以五經取士，而《春秋》未有成書，塲屋備用止《大全》而已，自非本經。每當命題，率茫無所錯。予往有《春秋定本》一書，薈諸家而劑其繁簡，費幾許膏火，僅能成編。歲久蠹蝕，尚需補綴。嗣後授徒於河朔，以期速售者特為《該約》一書，則今坊間所行《說約》大類之，而徐子枚臣《春秋正業》若不謀而合。特其擬題較多於余舊本耳。夫學者窮經務探其源，而為舉子津梁不厭其約。今之朝徒業而暮弋獲者，往往是也，豈必該綜五傳暗誦全經白首呫唔牖下哉。然則枚臣是編，其亦可為麟苑之終南而舉塲之祕寶也矣。峕皇清康熙三十七年歲在戊寅夏四月望日，提督浙江學政翰林院侍講前順天浙江主考楚黃張希良題於古越署中。

◎敘〔註6〕：昔者經之有訓詁也，所以解經也。今之經之有講章也，所以便為舉業者也。經自遭嬴秦之禍，經幾亾矣。歷漢唐諸儒，遞為之牋疏而經存〔註7〕。至宋代〔註8〕諸儒出，而經之大義始大著明於天下〔註9〕，所謂如日月之經龘〔註10〕如江河之行坴〔註11〕，後有起者，無以復加也。功令士各治一經，而兼通四書，皆奉宋儒之書為宗師〔註12〕，學者兢兢守〔註13〕而弗失，

〔註5〕《四庫提要》、《皇朝文獻通考》卷二百十五《經籍考》五著錄作者為金甌，並云：「字完城，一字寧武，秀水人。」

〔註6〕此序又見於戴名世《南山集》卷四，題《春秋正業序》（代），無末句「峕皇清康熙三十九年冬月長至祔五日，提督浙江學院鴻臚寺少卿支正四品俸仍管戶科給事中事太原姜橚題于紹興官署」。

〔註7〕戴名世《南山集》卷四《春秋正業序》無此「歷漢唐諸儒，遞為之牋疏而經存」句。

〔註8〕戴名世《南山集》卷四《春秋正業序》「宋代」作「宋氏」。

〔註9〕戴名世《南山集》卷四《春秋正業序》「而經之大義始大著明於天下」作「而經之義始大明」。

〔註10〕戴名世《南山集》卷四《春秋正業序》「龘」作「天」。

〔註11〕戴名世《南山集》卷四《春秋正業序》「坴」作「地」。

〔註12〕戴名世《南山集》卷四《春秋正業序》「宗師」作「宗」。

〔註13〕戴名世《南山集》卷四《春秋正業序》「守」作「守之」。

則亦何所容其贊一喙而糸一見。廼舉業家有所謂講章者，曰：「吾非有違〔註14〕於宋儒也，吾以闡明宋儒之緒言云爾。」是猶以日月為借光於爝火而挹潢污之水注之於江河，而曰吾以壯其瀾也，亦惑之甚矣。肰其說則曰：「經之旨浩博，不能〔註15〕徧觀而盡識焉，為之汰其繁而標舉其大略，期利於場屋而已。」於是場屋命題之所不及者，士或終身而未嘗舉其辭，而苟且之見、謬悠之說、穿鑿破碎〔註16〕之論深入於肺腑而不可救藥。名為便舉業，而於是乎舉業亦乄，不但乄經而已也。嗚呼，乄舉業可也，乄經不可也！此有志君子所為悼經學之榛蕪，欲一舉而掃除廓清之而無遑〔註17〕者也。上虞徐生枚臣〔註18〕，著有《春秋正業》一書，刊行之久矣。今年〔註19〕，余行部至越州〔註20〕，而生請為之序至於再三。余觀其書，大抵亦為便於舉業而利於場屋者，然而採摭咸當，詳略得宜，無有牽強支離附贅懸疣之弊，雖非通經學古者之所尚，而與世之講章能乄舉業以乄經者，吾知其必不同矣。生要為有志者，默守先儒之說，穿穴〔註21〕鑽研，兼綜〔註22〕條貫，而於舉業亦未始不便焉，則其所見必更有進於是書者，生其勉乎哉〔註23〕！峕皇清康熙三十九年冬月長至後五日，提督浙江學院鴻臚寺少卿支正四品俸仍管戶科給事中事太原姜橚題于紹興官署。

◎敘：六經皆聖人經世之書，而《春秋》為史外傳心之要典。自西河卜子親受其旨於先師，分支遞嬗，於是乎有《公》《穀》《左氏》。逮宋而文定胡公借聖經以發攄時事，為傳七百七十有奇，進御頒行，此《春秋四傳》所由名也。明永樂間，制詔舉子治《春秋》者一遵胡氏，而三傳則摭拾而附麗之。蓋以三傳序事為多，而胡氏獨折衷於聖人傳心之要也。然主司試士，有單合比傳之科，較他經為最駁。而士子之習是經者，亦復互為詭謔，鄰於射覆藏鈎，微獨大聖人不刊之典寖失其旨，並文定公當日所謂是非不謬於聖人者，亦幾幾乎鹵莽滅裂而無存矣。我皇上表章理學，允儒臣之請，于斯經芟去比傳，惟以單合命題，

〔註14〕戴名世《南山集》卷四《春秋正業序》「違」作「背」。
〔註15〕戴名世《南山集》卷四《春秋正業序》「不能」作「士不能」。
〔註16〕戴名世《南山集》卷四《春秋正業序》「破碎」作「蔽碎」。
〔註17〕戴名世《南山集》卷四《春秋正業序》「遑」作「遺」。
〔註18〕戴名世《南山集》卷四《春秋正業序》「枚臣」作「某」。
〔註19〕戴名世《南山集》卷四《春秋正業序》「今年」作「今年冬」。
〔註20〕戴名世《南山集》卷四《春秋正業序》「越州」作「紹興」。
〔註21〕戴名世《南山集》卷四《春秋正業序》「穿穴」作「穿鑿」。
〔註22〕戴名世《南山集》卷四《春秋正業序》「綜」作「總」。
〔註23〕戴名世《南山集》卷四《春秋正業序》「乎哉」作「之」。

誠哉百王之法度萬世之準繩于今日而彰明較著焉。第百家講解煩略異趨，嚮之
《指月》《大成》《三發》《定旨》諸編，類皆束之高閣，止有《說約》一書孤
行宇內。宜乎士子之習是經者，庶可執本以揣末、溯流而窮源矣。始寧枚臣徐
子，家學相仍，猶慮帖括者殫精神于浩渺，且窮大而失居也，手輯一編，名曰
《正業》。簡而該，辨而有守，惟以切近場屋為事，而凡無當于呫嗶之功者則
去之，殆古人所云紀事者必提其要纂言者必鈎其玄之意歟！夫以世人所私而
藏者，而徐子獨公之于世，是編一出，則聖教賴以丕振。吾知揣摩家必有秘諸
帳中以矜藝林之逸獲者，即以名為《正業》也亦可。皆康熙三十六年丁丑春日，
會稽魯德升敬侯氏頓首拜撰。

◎序：學者多稱五經，尚矣。而《春秋》獨以孤名，何也？以治之者少也。
其少者何也？曰難也。難則終於廢焉爾乎？曰：得其傳焉，則不難矣。余族前
朝以來，五經迭發，而《春秋》亦甚盛，第余祖父世道河洛，余幼亦續其緒。
然孔子垂教，莫大乎《春秋》，為聖人徒者，烏可以不學？嘗博考四傳並《大
全》諸書，見其言論各有短長相傳。習舉業者獨宗文定公，而浩渺難窮，揣摩
中未能盡穢場中之奧，廢卷嘆曰：此其所以成孤經也！時遇先生長者，言《春
秋》不可以無傳，乃尋先人遺書，並搜諸名家秘旨，未始非由博反約，治《春
秋》之捷徑也，而同中有異，未可遽奉為科律。且前朝課士用單合比傳四題，
今已奉旨革去比傳，止存單合，若據舊本，不免違時之弊。余也始觀諸傳並《大
全》，則頭緒煩多；繼考先輩論夫子，又發義鮮當。竊自期曰：余必正此書於
不煩且當，而便於舉業也而後可。會同眾說，採擇時宜，或從其詳，則補註而
附旨；或從其略，則刪傳而存經。輯標題之講意，綴鄙見以增觀，嚴施圈點，
題分單合，而景庵朱友、遠辰丁友等相與參互考訂焉。丙子冬，稿告竣，妄付
諸梓，以公同好。賴眾友捐資，樂觀厥成。大抵上承朝廷作人之至治，下為儒
生舉業之要圖，正而不誤者也。顏曰「正業」，非敢聚千狐為一腋，聊染九鼎
之一臠，惟冀海內名賢明以教我。而後學者庶不以難而廢之，則治之者眾，而
《春秋》不終成為孤經也。是余之志也夫，是余之志也夫！皆康熙丁丑歲春王
正月元旦，古虞徐金甌枚臣氏漫序於西瑤之受中堂。

◎春秋正業例言（凡一十有六則）：

一、《春秋》之作，明王道，正人心，維東周之衰，繼雅《詩》而起者也。
凡會盟征伐朝聘燕享，以至崩薨卒葬、弒殺奔凶之類，無不存之於經。且上
糸天道，四時之外，災祥必誌；下明人事，三綱之外，細小必書，原為正心

脩身齊家治國平天下之道。讀書者不可不考全經，而知聖人之功化也。是集
峕為舉業先聲，若必經傳全備，亦何貴乎有傳？故凡闈試無當者悉刪之，無
《胡傳》者，竟繫之以「無」；有《胡傳》者，亦係之以去。雖云負罪文定公，
而功名之士便捷良多矣。至於聖人之親筆，一字不敢苟，備之所以尊聖而全
經也。

一、看書法。《春秋》一筆一削，斷自聖心，極為謹嚴，故曰史外傳心之
要典。治經者，先須看明書法。法有係特筆者，有係諱書者，或詳或略，常變
殊，褒貶異，其中雖有無書法者，而有者什之九。亦有有而不重者，而重者什
之八。其重者先提而後縱，不重者或點而或帶。總之作文必要拈出，不得囫圇
做去。是集凡在書法，皆用小角圈。經文或加於字之旁△，或加於字旁之上△
與字旁之下△。即於傳，而亦以此小角圈別之，與經文相應。此聖人筆削謹嚴
之義，治經者之首務也。

一、看《胡傳》。《春秋》雖有四傳，而以《胡傳》為主。看經之法，全在
看傳。看得傳中明亮妥帖，行文始不雜亂模糊。是集凡傳中閒波疊調并引述《春
秋》以後事，如可不入文中者別之，妄以己意鎔成一篇。又其中主腦併結穴處
旁加夾圈◎；埋伏照應斷事處旁加黑●；提掇脫卻收繳處旁加○；至有文中須點
染襯貼，或事跡，或句義不可遺漏者，旁加稀點▸▸▸；接落轉摺煞尾等虛
字，宜著眼而尋味者，旁加密點▸▸▸。雖不能以殫述，亦不可以桀拘。大約
稀點次密點，密點次單圈，單圈次黑圈，黑圈次夾圈，覽其多寡，審其輕重，
是所望於神而明之者。

一、看《左傳》。《春秋》事實，載之《左氏》，譬如經是綱，胡是斷，而
左則其目也。無目則其綱不明，而斷亦無從施矣。是集凡在《左傳》之與經相
羽翼、與《胡傳》相表裏者，則摘錄數句數行或至全篇，務在簡潔，不敢繁冗
以疲耳目。其中或句義或字義，尤宜關目者，旁加細點▸▸▸以便省覽。至於
《公》《穀》二傳，雖宜博考，然皆無益於制藝者，故或偶取其一二，而桀從
其略。

一、看雜引。《春秋》有無《胡傳》者，有有而未及詳者，或見於《國語》，
或見於子書，或見於史記，或見於事考，或見於《左傳》之杜註林註、《大全》
之某某氏某說，渾名《大全》，或直載某氏。是集必各標名色，庶使好學者可
考其由來，亦必有關制藝者然後登載。其中句義字義亦宜省覽者，細點式如
左。

一、看旨意。《春秋》作文，悉依《胡傳》。其無《胡傳》者，偏別有秘旨，最難記憶。是集或考之先賢，或糸之時講，必有一旨意以附綴本文之下，讀者便知指歸也。

一、看寄傳。經文之無《胡傳》者，大約寄傳者居多，蓋以他傳作本傳，然寄傳之中亦有分別。是集有其事明見他傳者則曰見某傳，有事不具見而義有指者則曰主某傳，有義不相屬影響附和者則曰借某傳。有寄之甚近，如甲之寄乙則曰見下傳，乙之寄甲者則曰見上傳。有一題而寄兩傳者，則曰主某傳。某傳其兩傳有輕重之分者，則曰主某傳而兼用某傳。有諸書各執一說，若可合講行文者，必酌其輕重，亦用主與兼之例。其彼此不相貫通者，則用或字以別之。有先輩存其旨而今不用者，則曰舊主某傳以備觀。有二題而總一事者，則曰全某全主某傳。例宜主、例宜見、例宜借，似同而實異矣。至若或寄意或寄事，或寄全傳或寄半傳，仍需學者善會之，筆墨不能盡也。

一、看鈎畫。經文有一事作兩截出題者，甚至三截四截之不同。是集皆用鈎畫〢。至于傳中之畫，或因經文之畫而畫之者，此分截題意之法也。或為一事之段落分偶而畫之者，此本題中宜安頓詳明之法也。或為全經始例，或為寄傳存旨，或為合題搭用，而畫之者，此皆本題中不必入講之法也。每逢畫處，亦宜警省。

已上八則，看下集經傳之例。

一、看標題。《春秋》向用單合比傳四題，今已遵旨題定，只用單合課士。是集單合之外槩不敢錄。自前朝支離穿鑿，廣創新題，或蒐《左》《國》僻事，或摘各傳支語，一事而比易累數十，一題而疑似凡數處。又有脫母、歇後等題，種種迂怪，駭人覩聞。即所載合題，止擬兩比比。如加以三比四比六比，內必有涉於傳矣。今既刪除傳題，仍標集中，難分涇渭。故凡有類於傳者悉去之。

一、看講意。此經自《衡庫》《指月》《三發》《定旨》《麟嚴》《大成》《說約》諸書以後，名賢疊出，或自抒己見，或傳述舊聞，其所闡發聖經賢傳者，允稱美備矣。是集彙纂諸家，不附新解，不板陳說，不以博載而費記憶，不以簡陋而限聰明，不得泥以某書某說，亦不加以何氏何名。非敢曰集成，蓋亦有竊取之義焉。或空一字，或隔一圈，此又別解，存之共相發明也。

一、看單題講意。題之有單，對傳合而名也。單題即聖經也，有全出有半出，總意在一傳者，統名單題。是集由全而半，各講其意。總以解傳者解經。全出者如何鋪排貫穿，半出者如何暗射明留。行文大意，燎然指掌。

一、看合題講意。題之有合，取題義之相合而名，義從比也。或以人合或以事合，或《左》《胡》交相合。是集必取意義冠冕講論正大，將兩邊牽合之主意略為之提綱而挈領。雖不甚詳，而對仗井井，不爽毫末。數句數字內，已具一篇之大旨。至牽強支離、須小附會、隱僻怪誕者，盡不入載。其合之之法，先隱合，次隱桓合，次隱莊合。每以一公畢，遞加之，便初學考記也。

一、看寄傳講意。題之有寄傳，以他傳作本傳也。此等題必有《左》《穀》小註來作事實。是集既標其所寄之傳意，即將本股事實或當夾傳旨而行。或宜提明，或宜收繳，不使作文者移東而換西、同頭而合腳。例從見、例從主、例從借，有毫釐千里之辨也，不可不知。

一、看破題。是舉全旨而標一破以見大意也。是集為初學階模，單題觀其拿定傳旨，合題觀其擒住配合，不嫌繁碎，可悟全篇之作法。

一、看擬題。是集崇為捷取功名，倘擬題不當，則場中受誤矣。故不太繁亦不太簡，觀義理，審時尚，凡鄉會考試，上擬題上加三夾圈◎◎◎，次擬題上加兩夾圈◎◎，備擬題上加壹夾圈一單圈◎○，餘祗壹夾圈◎或一單圈○。存之不嫌其詳，在小考亦以有用，此擬法與諸書不同。或彼重而此輕之，或彼棄而此取之，實有隱合科場之要、捷闢功名之門。學者考其已往出題若何，徵其將來出題若何，自奉此擬為金科玉律也。

一、附鄙見。是集余之研磨於其中者殆十餘年，熟玩其經傳，詳考於諸家，先賢之解傳以解經，間有解之未盡詳者余則詳之，解之未明亮者余則明之，解之太板太鑿而不化者余則化之，解之太繁太寬而不緊者余則緊之，解之入於疑義而莫辨者余則辨之，解之鄰於雜亂而不貫者余則貫之，解其實義而未解其虛神者余則解其虛，得其傳意而未解其經旨者余則解其經，凡此皆所以補充先賢之所未及也。有志於斯經者，諒不為過。

已上八則，看上集講章之例。

附論文體文格：

一、論文體：經藝與書藝不同，而《春秋》尤異。蓋書藝必體口氣立言，而經藝總由後人論斷。他經則有分章分節，而《春秋》大槩一意一題。然作《春秋》文第一要有斷制，如老吏斷獄，一定不移。第二要有波瀾，如抽繭剝蕉，逐層深入。序事宜該而簡，不宜冗長；樹義宜確而精，不宜寬泛。立局則反正並用，不得混淆；分股則長短兼行，不得排比。扼要如射馬擒王，詠嘆如舟搖波蕩。遣詞當遵先正，力掃蕪靡；修句當思疎通，一洗腐套。至於寄傳雖當顧

母,而映帶宜出天然。合題不離兩偶,而對仗尤宜精工。題屬理致宜深入題扃,如元年、秋七月等題是也。題屬政事,宜透發題旨,如中丘、肆眚等題是也。題係王道,詞宜開拓,如齊伐衛、夾谷至等題是也。題係伯功,詞宜赫奕,如後幽盟、盟召陵等題是也。題係揄揚,須有欣幸之意,如救邢、城邢等題是也。題係感慨,須有傷嘆之情,如救江、召陵侵等題是也。題係思古,要得追慕無窮,如石門、胥命等題是也。題係屬望,要得流連不盡,如秦伐晉、吳札聘等題是也。題係虛縮,須含下不露,如會于曹、十二國伐鄭等題是也。題係結穴,須照前總承,如丁丑烝、公至自伐楚等題是也。正倫等題則關係彝常,須說得激切,如伯姬歸、盟首止是也。討罪等題則關係體統,須說得正大,如遂圍許、執曹歸京是也。發明等題,止在釋經,須得意義明白,如鄭人侵宋、邾鄭伐宋是也。辨疑等題,止在書法,須得反覆詰難,如齊鄭入郕、鄭公如齊至是也。垂教等題,須得聖人因事以教後世,不必斷罪,如大水無麥苗、楚人滅蓼舒是也。垂訓等題,須得聖人書事以戒後人,卻無褒貶,如意如至自晉、朝吳出奔鄭是也。凡此之類,不能盡述。總之作文要訣,當體之經文以求其書法,考之《胡傳》以究其指歸,糸之《左》《穀》以得其原由,倣之先輩以定其程式。會須因題求意,出自心裁,因意行文,不拾餘唾,庶幾登峯造極,樹幟麟壇不難矣。

　　一、論文格:《春秋》文最忌差路。格局軌度自有定式,若鋪張倒置,當斷不斷、當講不講,總由格局不明之故。故先輩有歌曰:一破二承三起講,入事反意斷制當,七味八收并九結,此是作文新格樣。一定之式,皆具於斯。大約破須扼題之要。試舉先輩元年破題云:「《春秋》首明君用,正君心以仁也」,可見以正心為君用是此題要領,餘可類推。至於題屬聖意者,破稱聖人,或稱聖經,或稱《春秋》;周王稱大君,周臣稱王臣;魯稱望國,其君臣稱內君內臣;齊、魯君臣稱伯主伯臣,餘稱外君外臣;秦、宋稱強國大國;陳鄭邾等稱小國、與國;楚、徐稱僭國,吳、越稱遠國,餘無稱呼者,當就題意發之,此一定破例也。承題係承明破意,或正承,或反承,或分承,或合承,總之破屬籠統,承用散疏,多不過三四句起,用此字或夫字、甚矣字,中間直言周魯齊晉某國某人,或有書法收,宜點明,此一定承例也。起講,先輩不用,止有原題未免直致。今文皆有起講,然開口處當扣住題旨,渾發大意,宜簡短不宜冗泛,宜疏古不宜練詞,此正格也。或用起講數語即為通篇開鎖,或就起講發問即為文脈來原相題用之,未必不可至。入事當敘明原

委，宜倣《左氏》體，古峭見長。反意當觀剝本題，宜倣《公》《穀》體，詰
辨取致。若斷制處乃一篇之關鍵，發論貴有精思方不單薄，立詞須有勁兩方
不浮夸。或散或整，總以闡明聖意。或呼或應，要以透發聖心。通幅勝槩，
全在於此。既斷之後，正意已定，若非詠嘆收結，便覺意趣寂寥。故詠嘆處
最宜留心，或推開言之不必拘泥，或悠揚出之不用呆填。收結處尤宜著意，
蓋通篇俱屬作者之語，惟結束是推聖人之心，故須點清方為完密，此一篇之
大概也。至合題之格，兩扇雖屬正局，八比亦可分承。或單提數行後發兩比，
或先發二扇後總一收。總要於對偶中工力悉敵銖兩悉稱，方為得之，成法不
過如此。神明應須作者，又非可盡傳也。

枚臣氏再識。

◎糸訂姓氏：余瀍（東覜。山陰）。范嘉業（卓菴。上虞）。金鉽（亦式。會
稽）。毛遠宗（岑之。仁和）。趙嘉楫（溥舟。仁和）。楊學泗（魯嶧。諸暨）。俞咨
（玉及。上虞）。余沆（駿李。紹興）。周士誥（鶴書。上虞）。呂奏韶（子晉。上虞）。
朱之槤（文木。諸暨）。駱樞（維斗。諸暨）。李國垣（蘭生。上虞）。張爾達（闓
九。上虞）。趙家駒（子麃。餘姚）。陳邁黔（星瑞。上虞）。陳正（文范。上虞）。
鄭榕（文海。紹興）。陳絧（簡侯。上虞）。陳俀（賜叔。上虞）。（同學）丁懋基（禹
年。山東）。余隆徵（中廬。山陰）。趙浤（滄度。上虞）。黃存恕（推及。上虞）。
柯貞（起濟。紹興。本姓趙）。傅憕（平叔。諸暨）。陳鎬（會侯。上虞）。壽奕磐
（景安。諸暨）。顧洲（雲登。上虞）。駱鵬萬（培風。諸暨）。萬成鼎（天龍。上虞）。
黃轅（宗軒。山陰）。駱麟徵（素來。諸暨）。郎熙（皡如。仁和）。顧霖（輝遠。上
虞）。丁鶴（飛仙。會稽）。毛鑣（俞裏。紹興）。俞士恆（籲躬。會稽）。趙世茂（松
年。上虞）。趙永芳（聲遠。諸暨）。張允洮（九疇。山陰）。范珣（繹美。上虞）。
沈志章（子微。會稽）。顧錫珙（公晉。上虞）。蔡汪照（伯始。蕭山）。婁洪（錫
範。會稽）。朱文圖（周則。上虞）。王陽（天乙。上虞）。經銑（金友。上虞）。劉
祖義（宗昭。諸暨）。石世榮（顯文。上虞）。陳邁襄（日階。上虞）。顧釗（襄侯。
上虞）。沈憲鉉（德達。紹興）。邵成（燕孫。諸暨），章載思（維則。會稽）。朱坤
瑞（輯侯。蕭山）。金渙（儲濟。會稽）。郭鍈（仲鍔。諸暨）。張讓（五備。蕭山）。
曹亨吉（繼用。上虞）。何元埰（士上。蕭山）。沈庭森（筍三。會稽）。袁士模（令
樹。上虞）。（伯）翼宣（猷之）。甫浩（天佑）。甫瀚（天生）。甫清（晏伯）。（叔）
東（曼倩）。志達（次山）。法（平叔）。（弟）弘猷（蘊生）。（兄）珖（五瑞）。元
珫（蒼垿）。鼎鼐（子玉）。（任）林（履先）。

◎提要：是書專為舉業而設，以《胡傳》為主，凡經文之不可命題者皆刪去之。極為誕妄。又上格標單題、合題等目，每題綴一破題，而詳論作文之法，與經義如風馬牛之不相及。其目本不足存，然自有制藝以來，坊本五經講章如此者不一而足。時文家利於剽竊，較先儒傳注轉易於風行。苟置不之論不議，勢且蔓延不止貽患於學術者彌深。故存而辟之，俾知凡類於此者皆在所當斥焉。

◎許瑤光修，吳仰賢等纂光緒四年《光緒嘉興府志》卷八十《經籍一》：金甌《春秋正義經傳刪本》十六卷（《四庫存目》）。

徐金泰　公穀約編　佚

◎許瑤光修，吳仰賢等纂光緒四年《光緒嘉興府志》卷五十九《列傳十・平湖縣》：著有《國語約編》《公穀約編》《棣雨閒談》等集（新纂）。

◎徐金泰，字步巖，號吟槐。平湖（今浙江平湖）人。穎悟，工文。道光二十四年（1844）舉人。事親孝，兄弟同居無間言。性慷慨。著有《公穀約編》《國語約編》《棣雨集》《閒談集》等。

徐經　春秋禮經　一卷　存

光緒刻雅歌堂全集本（附胡氏釋例）

◎徐經（約1750～1835），字芸圃，號甃坪居士，後人私諡正直先生。祖籍江蘇江陰，生於福建永安。增廣生員，以父軍功蔭八品監生。屢試不第，遂專心著述。築室城東，構畫裏樓、霽月居、書畫船屋、溪山第一樓諸小築，與江雲嶼、虞樸園、蕭鏡岩相與商訂《建陽詩鈔》，任道光《建陽縣志》總裁。著有《左氏兵法》一卷、《春秋左氏禮經》一卷、《左傳樂府》一卷、《孫吳兵訣》一卷、《左氏精語》一卷、《公穀精語》一卷、《國語精語》一卷、《國策精語》一卷、《讀史存愚》一卷、《國風序說》一卷、《朱子事匯》一卷、《朱梅崖文譜》一卷、《慎道集文鈔》二十六卷、《慎涉集詩鈔》六卷、《雅歌堂甃坪詩話》，收入其《雅歌堂集》。

徐經　春秋書法凡例　不分卷　存

光緒刻雅歌堂全集本（附胡氏釋例）

徐經　春秋左氏禮經　一卷

徐經　讀左存愚　一卷　存

光緒刻雅歌堂全集本

徐經　公穀精語　四卷　存

光緒刻雅歌堂全集・雅歌堂外集本

徐經　左氏精語　一卷　存

光緒刻雅歌堂全集・雅歌堂外集本

徐經　左傳兵法　一卷　存

光緒刻雅歌堂全集本

徐經　左傳兵訣　一卷　存

光緒刻雅歌堂全集本

徐經　左傳歌謠　一卷　存

光緒刻雅歌堂全集本

徐校　左傳樂府　一卷　存

吉林、徐州、揚州大學、江蘇師範大學藏嘉慶二十五年（1820）竹憁居刻本

◎徐校，字範江，號石渠。蘇州府太倉（今江蘇太倉）人。嘉慶十四年（1809）恩貢。好文章，明義法。晚歲一意著述，裒輯漢魏六朝宋元明清文積百餘冊。著有《徐石渠文鈔》四卷附《左傳樂府》一卷。

徐昆　春秋三傳闡微　佚

◎民國《臨汾縣志》卷三《鄉賢錄》上《文儒》：著有《學規八條》《禁約八事》，皆言身心性命、修己治人之道，教人先器識而後文藝，被其澤者望之如泰山北斗。通籍後入居薇垣，從遊日眾。選有《眉園日課制藝》二十二卷，一時竟相傳誦。前後撰有《易說》《毛詩鄭朱合參》《書經考》《春秋三傳闡微》《說文解字長箋》《詩韻辨聲》《詩學雜記》《柳崖外編》及《雨花台》《碧天霞》傳奇等書，皆行於世。

◎光緒《山西通志》卷八十七《經籍記》上：《春秋三傳闡微》，徐昆撰。

◎徐昆（1737～），字後（厚）山，號嘯仙，又號柳崖子、柳崖居士。山西平陽（今臨汾）上村人，出生於山東濟南。乾隆三十五年（1770）舉人。由拔貢生中式順天舉人，乾隆四十一年（1776）考教習授陽城教諭，四十六年（1781）進士。四十九年（1784）任正紅旗官學教習。嘉慶元年（1796）奉旨記名內用，二年（1797）分簽升禮部精膳司主事缺、內閣中書。性溫厚，負異才，諸子百事之書，一覽貫通。著有《易說》、《毛詩鄭朱合參》、《書經考》、《春秋三傳闡微》、《說文長箋》、《詩韻辨聲》、《詩學雜記》、《柳崖外編》十卷、《柳崖詩鈔文鈔》、《古詩十九首說》一卷、《春花秋月詩》、《春花秋月詞》一卷、《雨花台傳奇》、《碧天霞傳奇》、《合歡竹傳奇》。

徐立綱　春秋旁訓　四卷　存

上海、天津、山東〔註24〕、安徽、武大、四川藏乾隆匠門書屋刻五經旁訓本

◎徐立綱，浙江紹興上虞人。乾隆四十年（1775）進士。授翰林院編修，乾隆五十一年（1786）改任安徽學政。著有《易經旁訓》三卷、《周易讀本》三卷、《春秋旁訓》四卷、《春秋旁訓辨體合訂》四卷、《春秋增訂旁訓》四卷、《春秋提要》一卷、《讀春秋》一卷。

徐立綱　春秋旁訓辨體合訂　四卷　存

復旦藏清三益堂刻本

浙大藏清循陔堂刻本

清孝思堂刻本

徐立綱　春秋提要　一卷　存

復旦藏清三益堂刻本

徐立綱　春秋增訂旁訓　四卷　存

湖北藏嘉慶十四年（1809）致盛堂刻本

湖北藏清江南城狀元巷李光明莊刻本

◎一名《春秋讀本》。

◎竺靜甫、竺子壽增訂。

〔註24〕李文藻批校。

徐立綱　讀春秋　一卷　存

復旦藏清三益堂刻本

徐履謙　春秋大事記　不分卷　存

國圖、上海、南京、中科院藏 1931 年蒙城葛光廷鉛印本

◎民國《石埭備志彙編》卷五上《藝文志》上《書目提要》：《春秋大事記》（清徐履謙吉人記，一冊無卷數，民國二十年辛未印於北京）提要：是書按魯十二公世次，以年為經，以事為緯，舉其綱要，不詳事之始卒，亦無序論與辨說。又將《春秋》所書之事以類相從，凡各國爵姓世次廢興存亡，舉無遺漏，最便學者檢閱。

◎徐履謙（1859～1924），字吉人，又字撫九，自號二畝園主人、夕可軒主人。浙江寧海城關小北門人。秀才。曾以經學受知於俞樾。後任杭州育英書院院長。精書畫篆刻。工詩。其藏書樓夕可軒所庋書後燬於火。著有《春秋大事記》不分卷、《詩草》、《詩話》、《寧海鄉談》、《中西先賢言行錄》。

徐勤　春秋中國夷狄辨　三卷　存

南開、首都圖書館藏光緒二十三年（1897）上海點石齋書局刻本

北師大藏光緒二十三年（1897）上海大同譯書局石印本

◎一名《春秋夷狄辨》。

◎梁啟超《春秋中國夷狄辨序》[註25]：自宋以後，儒者持攘夷之論日益盛，而夷患亦日益烈。情見勢絀極於今日，而彼囂然自大者且日嘵嘵而未有止也。叩其所自出，則曰：「是實《春秋》之義。」嗚呼！吾三復《春秋》，而未嘗見有此言也；吾遍讀先秦、兩漢先師之口說，而未嘗見有此言也。孔子作《春秋》，治天下也，非治一國也；治萬世也，非治一時也。故首張三世之義：所傳聞世，治尚粗觕，則內其國而外諸夏；所聞世，治進升平，則內諸夏而外夷狄；所見世，治致太平，則天下遠近大小若一，夷狄進至於爵。故曰「有教無類」，又曰「洋溢乎中國，施及蠻貊；凡有血氣，莫不尊親」。其治之也有先後之殊，其視之也無愛憎之異。故聞有用夏以變夷者矣，未聞其攘絕而棄之也。今論者持升平世之義，而謂《春秋》為攘夷狄也，則亦何不持據亂世之義而謂《春秋》為攘諸夏也？且《春秋》之號夷狄也，與後世特異。後世之號夷狄謂

〔註25〕錄自 1897 年 8 月 18 日《時務報》第 36 冊。《時務報》中「夷」均作「彝」。

其地與其種族，《春秋》之號夷狄謂其政俗與其行事。不明此義，則江漢之南文王舊治之地、汧雍之間西京宅都之所，以云中國，孰中於是？而楚秦之為夷狄何以稱焉？不寧惟是，昭十二年「晉伐鮮虞」，晉也而狄之（《春秋繁露・楚莊王篇》「晉伐鮮虞，何惡乎晉而同夷狄也」何注：伐同姓欲以立威行霸，故狄之）；成三年「鄭伐許」，鄭也而狄之（《繁露・竹林篇》：鄭伐許，何惡乎鄭而夷狄之之也？伐喪無義，叛盟無信，故大惡之）；桓十五年「邾婁人、牟人、葛人來朝」，邾婁等也而狄之（何注：桓公行惡，而三人朝事之，故夷狄之）；隱七年「戎伐凡伯於楚丘以歸」，衛也而狄之（《穀梁傳》：戎者，衛也，伐天子之使，貶而戎之也）；哀六年「城邾婁葭」，魯也而狄之（何注：城者，取之也，邾婁未嘗加非於魯，魯數圍取邾婁邑不知足，有夷狄之行），夫晉、鄭、邾、衛，中原之名國也，魯者尤《春秋》所托焉，以明王法者也，而其為夷狄，又何以稱焉？董子云：「《春秋》之常辭也。不予夷狄而與中國為禮。至邲之戰，偏然反之，何也？曰：《春秋》無通辭，從變而移。今晉變而為夷狄，楚變而為君子，故移其辭以從其事。」（《竹林篇》）大哉言乎！然則《春秋》之中國、夷狄，本無定名。其有夷狄之行者，雖中國也，覿然而夷狄矣；其無夷狄之行者，雖夷狄也，彬然而君子矣。然則，藉曰攘夷焉云爾，其必攘其有夷狄之行者，而不得以其號為中國而恕之，號為夷狄而棄之，昭昭然矣。何謂夷狄之行？《春秋》之治天下也，天下為公，選賢與能，講信修睦，禁攻寢兵，勤政愛民，勸商惠工，土地辟，田野治，學校昌，人倫明，道路修，遊民少，廢疾養，盜賊息。自乎此者謂之中國，反乎此者謂之夷狄。痛乎哉！《傳》之言也，曰：「然則曷為不使中國主之？中國亦新夷狄也。」（昭二十三年）然則吾方日兢兢焉求免於《春秋》所謂夷狄者之不暇，而安能夷人？而安能攘人哉？是故以治天下、治萬世之義言之，則其不必攘也如彼；以治一國、治一時之義言之，則其不能攘也如此。吾卒不知攘夷之言，果何取也？徐君君勉既學於南海，治《春秋》經世之義，乃著《中國夷狄辨》三卷，一曰中國而夷狄之，二曰夷狄而中國之，三曰中國夷狄進退微旨。於以犁千年之謬論，抉大同之微言。後之讀者深知其言，則嘵嘵自大之空言或可以稍息也，中國之夷患或可以少衰也，天下遠近大小若一之治或可以旦暮遇之也。雖然，以孔子之聖，猶曰：「知我罪我，其唯《春秋》乎」，然則世之以是書罪徐君而因以罪余者，又不知凡幾矣！

　　◎徐勤序〔註26〕：環大地之面而僕緣之，積萬億之而封溝之，各私其民，

────────────

〔註26〕錄自《經世文編》，題《春秋中國夷狄辨原序》。

各擅其權，各專其利，凡為國者數十也。尊內而抑外，是己而非人，於是中國彝狄之偶彌盛焉。《春秋傳》曰：「何言乎王正月？大一統也」，又曰：「天下遠近大小若一」，又曰：「《春秋》之義，從變而移，惟德是親」，故晉齊鄭所謂中國也忽然而彝狄之，秦楚吳越所謂彝狄也忽然而中國之，無所謂中國無所謂彝狄也。地球三千年，青史氏之言：凡所謂守舊之國教化未興者，皆爵重世襲人列數等，印度之舊教、羅馬之舊俗以及日本高麗回部皆然。嗚呼！民不貴德，久而不變，豈孔教之未廣耶？抑時勢之使然耶？《春秋》之義分三世，曰據亂、曰升平、曰太平。洪水以後至孔子時，據亂之世也。孔子以後至今二千年，升平之世也。今中外大開，地球混一，太平之世也。《莊子》曰：「《春秋》經世先王之志」，深知《春秋》可以經萬世、前民，用非斷爛朝報比也。不量顓顓之愚，發明斯旨。分列三義，別為三卷，名曰《春秋中國彝狄辨》，所以發三千言聖教之微言，啟十四萬萬黔皂之聰智，破五十國自尊自利之私心，黜五大洲民賊之餘毒，庶幾天下一家，中國一人，天爵之尊、大同之治可行於今日也。經學不明，或者不察，目為異論，則請學《春秋》，請樂道堯舜之道耶？非堯舜之道不敢言，非孔子制作仁天下之學不敢言，則堯舜孔子為異學耶？

◎徐勤，字君勉。廣東三水人。嘗從學康有為，為其編輯《春秋董氏學》《孔子改制考》諸書，與同學黃遵憲、汪康年、梁啟超、麥孟華等組織《時務報》。著有《春秋中國夷狄辨》三卷，與順德麥孟華、臨桂龍澤厚等編南海康祖詒《南海四上書記》附《殿試策朝考卷》無卷數。

徐日宏　春秋講義　佚

◎光緒《湖南通志》卷二百四十六《藝文志》二：《春秋講義》，益陽徐日宏撰（《縣志》）。

◎徐日宏，字叔含。湖南益陽人。康熙五十三年（1714）舉人。著有《春秋講義》、《四書講義》、《四書文稿》、《有明制藝讀本》、《愚齋文稿》、《歷朝史論》、《楚辭評點》、《唐宋八大家文評點》。

徐銳　春秋集傳一得　佚

◎光緒《江陰縣志》卷之十七《人物》二：著有《易準》《春秋集傳一得編》《惜陰齋雜著》。

◎徐銳，字貢（敬）三。江蘇江陰人。雍正五年（1727）優貢生。受業於楊文定。任蘇州府訓導。著有《易準》《春秋集傳一得編》《惜陰齋雜著》。

徐善 春秋地名考 十四卷 佚

◎一名《春秋地名考略》。

◎朱彝尊《春秋地名考序》〔註27〕：《九丘》之書逸矣，伯禹／伯益之所名、夷堅之所志、周公之所錄，其著在《六經》者，莫若《禹貢》《詩》《春秋》：言《禹貢》者則有若摯虞之《畿服經》、孟先之《圖》、程大昌之《論》、易祓之《廣紀》；言《詩》者則有若范處義、王應麟之《地理考》；言《春秋》者則有若京相璠之《土地名》、楊湜／鄭樵之《譜》、張洽之《表》，外如嚴彭祖之《圖》專紀盟會則圍伐滅取土地之見遺者多矣，羅泌專紀國名則郡縣之失載者又多矣。然則說《春秋》者，必兼包乎郡國、土地之目而後可無憾焉。試迹其地名，有見於經者，有見於傳者，有並見於經傳者，顧其文蔑以為昧、紀以為杞、滑以為郎、槷以為杙、偪以為縲、崇以為柳、鐵以為粟，以陸渾為賁渾、以厥愁為屈銀、以皋鼬為浩油、以褉祥力侵羊，若是者不可悉數也。邾也謂之邾婁、貫也謂之貫澤、訾婁也謂之叢、安甫也謂之窜、沙也謂之沙澤，一酈也或以為成或以為盛、一酈也或以為犂或以為麗、一盂也或以為霍或以為雩、一虢也或以為郭或以為滆、一艾也或以為鄗或以為蒿，貍脤謂之貍軫或又曰蜃也、蚡泉謂之濆泉或又曰賁也、郪丘謂之犀丘或又曰齧丘又曰師丘也，其在當時傳者，已滋異同繁省之不一，而況乎百世之下，壤地之離合、名號之廢置升降，乃欲通習而考證之，刊落叢謬，不其難哉！《地名考》一十四卷，吾鄉徐處士善所輯，予受而讀之，愛其考迹疆理，多所釐正，簡矣而能周，博矣而有要，無異聚米畫地，振衣而挈其領也。原《春秋》之作，孔子既取百二十國寶書筆削之，而又述職方以輔《春秋》之不及。則學乎《春秋》，非惟義疏、序例、大夫之辭、公子之譜皆宜究圖，而土地之名，補方志之疏舛，尤其要焉者。若經之有緯，書之有正必有攝也。予老矣，恒媿經義無所發明，序其書，竊比北宮、司馬諸子獲附見於《春秋》之傳焉。

◎朱彝尊《報徐敬可處士書》：辱示《春秋地名考》，采擇羣書，援據精確。嘗惜鄭樵之譜、張洽之表、徐得之之記未寓於目，足下書成，可以無憾矣。以僕蒙滯，安能有所是正，惟於召公封國注從《帝王世紀》，以為文王庶子，鄙意不能無疑。文王之昭一十六國，富辰言之詳矣。召公初不與其列，《穀梁傳》謂周之分子，譙周謂周之支族，司馬遷但云與周同姓，其於公旦、叔鮮、叔度皆特書弟以別之，孔穎達亦云召公必非文王之子。獨皇甫謐異是，既以召公為

〔註27〕錄自朱彝尊《曝書亭集》（《四部叢刊》本）卷三十四。

文王子，乃欲并原豐為一，穎達已斥其謬，然則宜存皇甫之說而駁正之者也。至足下謂燕初封未得薊，以僕考之，燕之始封本都於薊，故班固曰：「薊故燕國，召公所封。」逸齋《詩補傳》云：「薊後改為燕，猶唐之為晉、荊之為楚。」惟因記有「封黃帝後于薊」之文，而《史記》既封帝堯之後于薊，又封召公奭于燕，燕之于薊若分二國，於是張守節則云：「召公始封在北平無終縣，以燕山為名，後漸強盛，乃并薊徙居之。」王伯厚則疑黃帝之後封于薊者已絕，成王乃更封召公于薊。之二說者，僕益疑之。惟陸德明有云：「黃帝姓姬，君奭其後。」觀於是而僕之疑始釋也。蓋公既為周同姓，則稱分子也可，稱支族也可。軒轅二十五宗，堯之後，亦黃帝之後，於襃封先聖王之後則稱薊，於封功臣謀士則稱燕，以采邑言則稱召薊，與北燕本一而已。足下以為然乎，否乎？惟再示之。

　　◎《浙江採集遺書總錄‧乙集‧經部‧春秋類》：《春秋地名考畧》十四卷（刊本），右前人撰。援據各書以證杜預原注，兼補其闕。所考最為詳核。按此書朱彝尊謂「秀水徐善著」，蓋當時借刻于江村，故今本署高名。後之論世者宜知之。

　　◎光緒《嘉興府志》卷五十一《列傳》：棄科舉不治，從學施博，精求致知格物之學。晚作《易論》及《徐氏四易》。一天易，闡圖書也；二羲易，敘八卦也；三商易，辨十辟也；四周易，明四正八交之旨也。又為《春秋地名考》。家傳《蕭谷集》《流寇紀年》《莊子注》《周髀密法會通》《弧矢六宗疏》《容圓寶珠》《網璇室洞詮》等書。

　　◎許瑤光修，吳仰賢等纂光緒四年《光緒嘉興府志》卷八十《經籍一》：徐善《春秋地名考略》十四卷（《浙江通志》《四庫著錄》。朱彝尊《序》略曰：吾鄉徐處士善所輯，考迹疆理，多所釐正，簡而能周，博而有要。《采集書錄》曰：援據各書，以證杜注，兼補其闕，所考最為詳核。此書當時借刻於高氏，故今本署士奇名）。

　　◎《碑傳集》卷一百二十五丁子夏《徐處士善傳》：閉門著述，經史百家靡不淹通貫達，著有《流寇紀年》《莊子七篇》《周髀密法》等，燼於火。又輯《春秋地名考》十四卷，朱太史竹垞為之序，今所傳高氏本是也。晚邃於易，作《易論》六十篇。

　　◎徐善（1634～1693），一作徐勝，字敬可，號蕭谷，又號冷然子，門人私諡孝靖先生。嘉興秀水（今浙江嘉興）人。徐必達孫，徐世淳季子，吳晞淵

岳翁。諸生。棄科舉，閉門著述，講求格物致知之學。晚作《泠然子傳》以見志。著有《易論》、《徐氏四易》三十卷、《春秋地名考》十四卷、《蠡谷遺稿》、《莊子注》、《周髀密法會通》等。

徐時棟　春秋規萬　佚

◎自序〔註28〕：吾鄉萬充宗先生著《經學五書》，其中《學春秋隨筆》，始隱公迄昭公，凡十卷。前年余嘗取而讀之，有暢然意滿者，有於鄙意未合者，輒以己見筆之書眉。若乃經書元年謂諸侯之僭（隱元）；書夫人孫齊不稱姜氏，謂絕其族屬（莊元）；書納子糾，謂予以嗣君之稱，而糾遂為兄（莊九）；書夫人氏無姜字，謂別於生稱（僖元）；書晉侯伐鄭，謂州蒲之父（成十）；書暨齊平，謂魯與齊平（昭七）；以至論桓公不書王（桓三）；論莊公與齊盟（莊十三）與其納幣（莊二十三）；論仲孫來魯（閔元）；論叔武盟踐土（僖二十八）；論《左氏》記趙盾（宣二）與立武宮（成六）；論袁克葬故主（昭八）；論意如出君（昭二十五），則皆私心大以為不然者。闌外行旁，駁詰幾徧。是時及門劉藝蘭方主我家塾，謂實有發前人所未發者，不第為萬氏諍友而已。當別錄為書，以示學者。忽忽三四年，亦既忘之。今秋曝書，重見評本，周視一過，略有增益，而點乙既多，或難循覽。因授意壽兒，命之鈔錄。壽乃錄稿付書人，釐為三卷，繕寫既畢，請余命名。竊取劉氏《規杜》之義，名之曰《春秋規萬》。嗟乎！充宗先生嘗兩纂《春秋傳》，所見傳說數十百家，擷精掇華，斷以己見，以為是十卷之書。此其浸漬之深若染羽者之七入而繢也，其簸蹂之精若舂米者之七升而侍御也。而後生小子，乃欲從而益之墨而去其秕焉，抑何不自量耶？昔劉氏之規杜也，豈不謂勝杜萬萬哉？乃杜《解》傳之後世立之學官，而劉《規》無傳書。孔氏疏《杜解》或引劉說，後人始得見劉書崖略，而因之以為《持平》（前余嘗蓄此書，今並忘作者姓名，記是邵姓）。然則杜《解》固不因劉《規》而損，而劉說乃轉借杜書以存也。今余名余書以《規萬》，他日有讀萬氏《隨筆》者，亦或參引吾說而質正之，則余書未必不因之而傳，此余所以名《規萬》之私意，而豈信能規之也乎！藝蘭方在杭州，而吾老友陳君子相善觀書，精於抉擇，往吾妄有所著，必君為我論定之。今將以繢本示君，故縷述其著書之由與名書之意於卷端，君盍亦不厭詳盡以規我乎？藝蘭歸來，當共與快讀之也。同治九年八月十二夜子初，時棟書。

〔註28〕錄自光緒三年刻本《煙嶼樓文集》卷一，繫年庚午，題《春秋規萬序》。

　　◎門人劉鳳章題像：甬上碩儒，樓、王、萬、全。先生崛起，踵武前賢。吐辭成章，宏深四達。英絕領袖，名振海國。拳拳斯文，求是折中。皋比兀坐，以是始終。瞻拜遺像，典型儼在。巋乎一老，來哲模楷。門人劉鳳章謹題。

　　◎徐時棟《煙嶼樓文集》卷末陳勱撰《皇清內閣中書柳泉徐君墓誌銘》：君家月湖之煙嶼，因以煙嶼名其樓。聚書充之，日坐臥其中，上自經訓，旁及子史百家，靡不究覽，焚膏繼晷，徹夜不倦。後遷城西草堂，藏書益富，學亦益進。發為文章，滔滔數千言，事理洞達。見者疑為不假思索，而君實研精覃思，一字一句無不斟酌出之。敘事似子長，體物似子厚，持議似子瞻，旁及詩歌，浩落自喜。而樂府入漢魏之室，尤其至也。君嘗謂立言不本經術，即工文，亦無足觀。然經義宏奧，歷二千年之箋解，竟有未發其覆者，故其治經獨抒心得，證據鑿鑿，幾奪前人之席，成一家言。尤留心鄉邦文獻，嘗校刊《宋元四明六志》，與余往復箋札至百數十通，別為校勘劄記附以佚文作者傳、餘錄、雜錄。又嘗集同人為袁正獻公請從祀考證事實，窮日夜之力，成《正獻從祀錄》《正獻世譜略》。復因舒文靖後人之請，成《新校廣平學案》。近方纂修縣志，搜採精博，病未卒業，士論惜之。吾浙徐氏多祖偃王，漢以後紀載每有貶詞。王墓在郯，錢志疑之，君據周秦古書及《史記正義》以匡其失，成《徐偃王志》。又集東坡《表忠碑》字作《先德銘》，刻石祠中。生平所著，於《書》有《逸湯誓考》《三大誓考》《召誥解》，於《詩》有《山中學詩記》《詩音通》，諸經論孟各有論說，別為《煙嶼樓經說》若干卷。他若《朱氏逸經補正》《毛氏舜典補亡駁義》《四書毛說駁正》《春秋規萬》則糾近人之謬，《國語韋注正誤》《呂氏春秋雜記》則訂古注之譌。其餘雜有撰述，皆卓然可傳後者。同治癸亥，草堂燬。稿多亡失，惟《逸湯誓考》《宋元六志》《袁正獻從祀錄》《新校廣平學案》《煙嶼樓詩集》已梓行。其手定文集四十卷及已成未成諸書，臨歿屬其甥葛祥熊、門下劉鳳章整理之。天不終厄斯文，豈竟聽其煙沒也耶！

　　◎徐時棟《煙嶼樓文集》卷末董沛撰《清內閣中書舍人徐先生墓表》〔註29〕：同治十二年十一月八日，柳泉徐先生卒，年六十。其友董沛流涕言曰：自謝山太史歿，吾鄉之學統幾絕，先生以經術文章主盟壇坫，後進高材生咸北面稱第子，四方知名之彥以事之四明者，皆顒望見顏色，出所業相證問。而不佞遊處三十年，時以一得之愚請益於先生，而先生時啟發之。巋乎一老，東南人才所視為標準者也，今而後吾黨之士其誰與為質耶……自其少時，有志著述，兩上

〔註29〕此文又見於董沛《正誼堂文集》卷十八，題《內閣中書舍人徐先生墓表》。

春官即家居不復出。湖西煙嶼樓藏四部書六萬卷，盡發而讀之，丹黃雜下，徹夜不倦，對湖居，人恆以五鼓望先生燈火候晨旦，燈滅俄頃而天明矣。洎遷城西，遭兵火之厄，圖籍俱盡，乃營新宅購藏如其舊，寢息於中，老而彌篤，窮年兀兀。著書數百卷，余屢館其家，恆出其篋笥之帙而相與討論之，故知先生之學者莫余若也。先生覃思精詣，治經有心得，不傍漢不恂宋，常主先秦之書以平眾難，故不蹈近人墨守之弊。《尚書·湯誥》有二，一為伐桀，見於今文；一為禱旱，錯見於古書。梅氏竊取古書以綴《湯誥》，而禱旱之誓湮矣。先生正之，則有《逸湯誓考》。《太誓》亡於秦火，河內女子所獻亦偽書也，近代崇漢學，據以為真。先生非之，則《三太誓考》。言詩音者始自陳第，亭林輩繼之，往往以漢魏之韻強合古音。先生以詩證詩，分為七部，而周人之韻著焉，則有《詩音通》。避寇建隩，閉戶說詩，以《褰裳》為告密，以《葛生》為悼亡，以《猗嗟》為誇壻，以《賚般》為祭太山之詩，以《下武》為美成王之作，其他箋釋雜引諸經解之，則有《山中學詩記》。讀充宗之書而嫌其疏也，則有《春秋規萬》。讀西河之書而斥其妄也，則有《舜典補亡駁義》《四書毛說駁正》。又嘗補朱輯之逸經，校畢刻之《呂覽》。以暨羣經、《國語》，皆有論著。此則先生羽翼經傳之功也。四明舊志，宋元凡六家，先生購而刊之，其考異也曰札記，其補闕也曰佚文，其述諸家之傳也曰作者，其摭前人之議論也曰雜錄，而山經、鄉志之屬以其目附焉曰餘考。為宋儒袁正獻公請從祀，創四明未有之舉，詳其本末，曰《事實錄》，考其系代曰《世譜略》。舒氏子孫刊文靖遺集，屬先生審定之。先生參核羣書以糾近刻《宋元學案》之謬，曰《新校廣平學案》。邇年修縣志，當事請先生主之，商搉凡例，仿史館列傳之體，徵引文句各注本書，所採踰千種。建議為貞烈節孝請旌，一邑至千餘人，而擇其著者，人自為傳，以列之新志。搜訪鄉先正詩文，上自漢唐以迄於元，踵諸家耆舊之集而益所未備，凡數十冊，此則先生表章文獻之力也。他所撰述若《偃王志》、若《北宋譜疏證》、若《家傳》、若《言行記》《思舊記》，皆徐氏一家之書，亦精確可傳後者。先生論文，漢以司馬氏為宗而參以劉向，唐以韓氏為宗而參以柳宗元，故所作宏深雅健，奄有眾長。詩則浩浩直達，無門戶之習；樂府法漢魏，詞近蘇辛，其餘事也。詩集十八卷已梓行，文集四十卷以命其甥葛祥熊刻之。我朝二百餘年，經術如惠定宇、江慎修、王伯申，文章如姜西溟、惲子居、姚姬傳，皆元明以來所不易見。然而兼是二者，自望溪、皋聞而外，亦無多焉。望溪研究義理而不甚長於考證；皋聞則申明漢儒，猶是專門守己之學，其文章雖無愧

正宗，而經術則各據一是也。先生之文章，中立乎方、張之閒，蓋庶幾矣。至其沈潛遺經，援據古訓，本漢經師之家法，而於宋代講學諸儒亦闡發不遺餘力，信乎其為通儒也。

◎徐時棟（1814～1873），原字雲生，後改字定宇，又字同叔，號澹齋（潺）、柳泉，別號西湖外史；因排行十三，又稱徐十三。浙江鄞縣（今寧波鄞州區）人。徐桂林子。道光二十六年（1846）舉人。兩赴會試不第，不復應試，後以輸餉授內閣中書。同治七年（1868）主持鄞志局，成《鄞縣志》。勤學博覽，酷愛藏書，建煙嶼樓藏書十萬餘卷。有「柳泉」、「徐十三」、「煙嶼樓」、「水北閣」、「城西草堂」、「柳泉過目」、「柳泉書畫」、「徐時棟手校」、「徐時棟秘笈」、「弗學不知其善」、「古明州煙嶼樓徐氏收藏印」、「勿卷腦，勿折角，勿唾揭，勿爪傷，勿夾別紙，勿巧式裝潢，勿率意塗抹，勿出示俗子，勿久借他人」諸藏書印。秦漢以至近代流傳之本鮮不寓目，無門戶之習，善考據，精史論，通六藝。子隆壽著。有《尚書逸湯誓考》六卷附書後一卷、《三太誓考》、《召誥解》、《毛氏舜典補亡駁義》、《詩音通》、《山中學詩記》、《春秋規萬》、《四書毛說駁正》、《煙嶼樓經說》、《呂氏春秋雜記》、《四明六志校勘記》、《煙嶼樓文集》、《煙嶼樓詩集》、《新故書目錄》、《煙嶼樓書目》、《煙嶼樓藏書志》十六卷、《煙嶼樓藏書約》、《煙嶼樓筆記》、《評點閱微草堂筆記》，又輯《四明舊志詩文鈔》，刻《四明宋元六志》。

徐世淳 春秋會編 佚

◎許瑤光修，吳仰賢等纂光緒四年《光緒嘉興府志》卷五十《列傳一‧嘉興縣》：著有《易說》《春秋會編》。

◎許瑤光修，吳仰賢等纂光緒四年《光緒嘉興府志》卷八十《經籍一》：徐世淳《春秋會編》（《嘉禾徵獻錄》）。

◎徐世淳，字中明，乾隆四十一年（1776）賜謚烈愍。嘉興府嘉興縣（今浙江嘉興南湖區）人。徐必達子。萬曆四十六年（1618）舉人。會試副榜。以教諭擢重慶府推官。崇禎十三年（1640）改知隨州。著有《易說》、《春秋會編》。

徐世鐸 春秋族系表 二卷 存

上海藏嘉慶十二年（1807）馥蟾山房刻本
浙江大學藏台灣經學文化事業有限公司稀見清代四部輯刊第十輯影印本

◎徐世鐸，字大令。江西貴溪人。著有《周易寡過數》、《春秋族系表》二卷。

徐世沐 春秋惜陰錄 八卷 佚

◎《清史列傳》卷六十七《徐世沐傳》：他著有《易／書／詩／三禮／春秋惜陰錄》共八十四卷，又《周易存義錄》十二卷、《周易惜陰詩集》三卷、《性理吟》二卷。

◎盧文弨《抱經堂文集》卷五《惜陰錄序》（丙申）：江雲徐青牧先生，辟學力行之君子也。生平於《易》、於《書》、於《詩》、於《春秋》、於《三禮》、於四子書皆有注解，而皆以《惜陰錄》名之……乾隆三十八年，朝廷求訪書籍，江寧方伯、吳興閔公為鈔其諸經解共四十九大冊進呈，始知中有缺卷（《周易惜陰錄》缺三十二、三十三兩卷，又《周易存義錄》缺第六一卷，《詩經惜陰錄》缺第五六七共三卷），問其家，不知也，是書以未經整比，故未及鈔錄同進。

◎錢儀吉《碑傳集》卷一百二十八《徐先生世沐傳》：先生所著《四子書》、《易》、《書》、《詩》、《儀禮》、《周禮》、《春秋》、《孝經》、小學及《明紀》諸書，統名之曰《惜陰錄》。

◎徐世沐（1632～1717），字蕭翰（瀚）、爾瀚，號青麓、青牧。江蘇江陰人。諸生。少孤力學，篤信朱子，切己反求，務有益於身心。其辨別異同、抉擇影響之談，務歸於下學實踐，俾人無惑歧途而後已。少與太倉陸桴亭、無錫高匯旃、武進馬一庵、江陰繆弘仁交，往來論學，以資其益。關中李二曲南遊，與深談久之。安溪李公、當湖陸公亟相訂交。著有《周易惜陰錄》四十六卷、《周易存義錄》十二卷、《周易惜陰詩集》三卷、《四書惜陰錄》二十一卷、《儀禮惜陰錄》八卷、《三禮惜陰錄》、《春秋惜陰錄》八卷、《性理吟》二卷、《江上野吟鈔》十五卷、《心性圖》。

徐壽基 春秋釋地韻編 五卷 卷首一卷 存

國圖藏光緒十二年（1886）桓台刻武進徐氏志學齋集本

復旦、華東師大、吉林社科院、南京、湖北、北師大、吉林藏光緒十二年（1886）洪氏傳經堂刻本

◎趙爾巽《清史稿》卷一百四十五志一百二十《藝文》一：《春秋釋地韻編》五卷，徐壽基撰。

◎徐壽基（1836～1920），字桂瑤，號愣椒、觀化子。行一。武進（今江蘇常州）人。光緒六年（1880）進士。任新城、萊陽知縣。博學善述作，精於賞鑒。著有《春秋釋地韻編》五卷卷首一卷、《玉譜類編》四卷、《續廣博物志》、《品芳錄》、《玩古》。

徐泰 春秋鄙見 佚

◎許瑤光修，吳仰賢等纂光緒四年《光緒嘉興府志》卷五十六《列傳七·海鹽縣》：著有《玉池稿》《談屑》《春秋鄙見》《皇明風雅》等書（海鹽仇《志》）。

◎許瑤光修，吳仰賢等纂光緒四年《光緒嘉興府志》卷八十《經籍一》：徐泰《春秋鄙見》（《海寧衛志》、吳《志》。《經義考》云：佚）。

◎徐泰，字子元。浙江海鹽人。髫齡舉于鄉，讀書手不釋卷。初為光澤令，未幾告歸。林居四十年，日偕同志飲酒賦詩。著有《春秋鄙見》《皇明風雅》《玉池稿》《談屑》等。

徐庭垣 春秋管窺 十二卷 存

四庫本

上海商務印書館 1935～1936 年影印中央圖書館籌備處輯四庫全書珍本初集二百三十種本

台灣藝文印書館四庫善本叢書初編經部影印四庫本

◎春秋管窺原序：竊觀《春秋》一書與《禮經》相表裏，禮存其體而《春秋》著其用，故必先達於禮而後能達於《春秋》也。昔魯史記注本周公遺制、史書舊章，卓然俱有法式，是以韓宣子適魯，見《易象》與《魯春秋》，歎曰：「周禮盡在魯矣。」厥後史失其官，赴告策書或不能盡如法式。夫子取而修之，一遵周公遺制。凡有關於禮教、碍於詞訓者，則刊正之，以存一代之典禮。故左氏發凡曰：「謂之《禮經》，言《春秋》凡例皆周公所制。」禮經明聖人所筆，動依典型，初未嘗私自立法以褒譏當世行事為也。褒譏且不敢私，而況敢行其賞罰乎？子思子曰：「非天子不議禮，不制度，不考文。雖有其位，苟無其德，不敢作禮樂焉；雖有其德，苟無其位，亦不敢作禮樂焉。」禮樂且不敢作，況敢賞罰王侯君公乎？乃論者謂孔子作《春秋》行天子之事，善者賞之，不善者罰之，王可黜其天，君可削其即位，列國諸侯可以人之名之，侯黜為伯為子，子陟為伯為侯；又曰《春秋》孔子之刑書，誅死者於前，懼生者於後；甚謂聖人以天自處。此皆但知推崇聖人，而不知孔子當日固一魯大夫也，於周天子則

其大君，於魯公則其本國之君，於列國諸侯則俱周天子所封建與魯君並尊者也，身為陪臣，作私書以黜陟賞罰王侯君公，此犯上作亂之為，而謂聖人肯為之乎？如謂所誅絕者非在位之王公，豈先王先公遂可得而誅之乎？昌言無忌，禍之招也。縱曰深藏其書不輕示人，然聖人者不欺屋漏，明知犯上干禁而故作之，又深匿之以圖幸免，亦必無之事矣。舉世襲先儒之論而不究其非，藉有妄人操筆，亦曰：「我欲法《春秋》也」，亦削天子位號、黜陟當代公卿，其將何辭以遏之？夫《春秋》本魯史記事之書，聖人特於此加謹嚴焉。如君舉必書，水旱災祥民事必志，朝聘會盟伐滅奔救告則書不告不書，田獵祀事之有關於禮而後書常則不書，皆以明周公之制。若其是非美惡，則因事以自見。初無異詞也，間有曲從諱避微文見志，亦皆臣子忠厚悱惻之懷，而無謗訕不平之氣，故言之者無罪覽之者足戒。左氏稱《春秋》之義微而顯、志而晦、婉而成章、盡而不汙、懲惡而勸善，此五者足該《春秋》之法矣，曷嘗有賞罰云爾乎？或以諸侯稱名稱子稱人為罰、大夫稱字為賞去族為罰者，不知諸侯失地名滅同姓名、蠻夷之君稱子，皆載於禮經。至畧而不書稱人以微者稱人、大夫稱族尊君命、舍族尊夫人、嘉而稱字、疾而去氏，咸發於凡例，乃赴告策書之體，豈得云夫子賞罰乎？竊見諸家釋經多率意穿造，同一書法而左右殊訓先後異義。如盟會戰伐之分內志外志、公出書至之分過時危之遠之之類，皆枝辭附會，靡所證據。且曰聖人之筆如化工，隨事立議，其變無窮，嗚呼！聖人作《春秋》，本欲使是非秩然以為不刊不朽之典常，而故為變幻，使學者目眩而莫知指歸，豈所以昭示後人乎？予慨夫《春秋》真義千載竟成冥途，竊不自量，以《左傳》之事實質經，以經之異同辨例，於《公羊》《穀梁》二傳及漢晉宋諸儒論釋其合於義例，先後無悖者不復置議。如其曲說偏斷，理有窒礙，則就經文先後之例以駁正之。原以經辨經，非敢妄肆己見，名曰《春秋管窺》，未知果有當於聖心與否，聊以俟好學深思者之寓目焉耳。徐廷垣序。

◎提要：據《浙江遺書總錄》，庭垣秀水人，官新昌縣縣丞。然不言書成於何時，前有庭垣自序亦無年月。案庭垣為彝尊同縣人，而彝尊《經義考》不載是書，則在彝尊以後矣。自宋以來說《春秋》者尊聖人而不知所以尊，遂以貶黜天王改易正朔，舉天下干名犯義之事皆誣稱為孔子之特筆，而不知已亂名教之大防〔註30〕。庭垣自序駁諸儒之失，有曰：「世但知推尊聖人，而不知孔

〔註30〕此句以上，庫書提要作：廷垣秀水人，官新昌縣縣丞。朱彝尊《經義考》不載
　　　　其名，疑其書晚成，彝尊未及見也。自孫復以後，說《春秋》者始尚深刻，朱

子當日固一魯大夫也。於周天子則其大君，於魯公則其本國之君，於列國諸侯則俱周天子所封建，與魯君並尊者也。身為人臣，作私書以賞罰王侯君公，此犯上作亂之為，而謂聖人肯為之乎？如謂所誅絕者，非在位之王公，豈先王、先公遂可得而誅之乎？昌言無忌，禍之招也。縱曰『深藏其書，不輕示人』，然聖人者不欺屋漏，明知犯上干禁而故作之，又深匿之以圖倖免，亦必無之事矣！舉世襲先儒之論而不究其非。籍有妄人亦曰『我欲法《春秋》也』，亦削天子位號黜當代公卿，其將何辭以遏之」〔註31〕云云，其持論最為正大。又自述注釋之例曰：「以《左傳》之事實質經，以經之異同辨例，於《公羊》、《穀梁》二傳及諸儒論釋，其合於義例先後無悖者不復置議。如其曲說偏斷，理有窒礙，則據經文先後以駁正之」云云，其立義亦為明坦。其中如「桓不書王」之類間亦偶沿舊說，然其大旨醇正，多得經意，與焦袁熹之《闕如編》，其識皆在啖、趙諸儒之上，正未可貴遠而賤近也。舊帙蠹蝕，字句間有殘闕，無別本可以校補，然大旨宏綱炳然無損，正不以一二斷簡廢之矣。

◎《皇朝文獻通考》卷二百十五《經籍考》五：《春秋管窺》十二卷，徐庭垣撰。庭垣秀水人，官新昌縣丞。庭垣自序曰：「世但知推尊聖人，而不知孔子當日一魯大夫也，於周天子則其大君，於魯公則其本國之君，於列國諸侯則俱周天子所封建，與魯君並尊者也。身為人臣，作私書以賞罰王侯君公，此犯上作亂之為，而謂聖人肯為之乎？如謂所誅絕者非在位之王公，豈先王先公遂可得而誅之乎？昌言無忌，禍之招也。縱曰『深藏其書，不輕示人』，然聖人者不欺屋漏，明知犯上干禁而故作之，又深匿之以圖幸免，亦必無之事矣。」又自述釋例曰：「以《左傳》之事實質經，以經之異同辨例於《公羊》《穀梁》二傳及諸儒論釋，其合於義例先後無悖者不復置議。如其曲說偏斷，理有窒礙，則據經文先後以駁正之。」

◎《浙江採集遺書總錄‧乙集‧經部‧春秋類》：《春秋管窺》十二卷（寫本），右國朝新昌縣丞秀水徐廷垣撰。謂《春秋》與《禮經》相表裏，《禮》存其體，而《春秋》著其用。魯史記注本周公遺制，史書舊章，卓然俱有法式。後人多率意穿鑿。因以《左傳》質經，以經之異同辨例于《公》、《穀》二傳。蓋于漢晉唐宋諸儒之說皆不肯為苟同者。

子謂其如商君之法，棄灰於道者被刑，蓋甚之也。南宋以來，沿其遺說，往往務為苛索，遂使二百四十年內無一完人，甚至於貶黜天王，改易正朔，舉天下干名犯義之事誣稱為孔子之特筆，而聖經益為邪說所亂矣。

〔註31〕「昌言無忌，禍之招也」至「其將何辭以遏之」，庫書提要無。

◎趙爾巽《清史稿》卷一百四十五志一百二十《藝文》一：《春秋管窺》十二卷，徐庭垣撰。

◎許瑤光修，吳仰賢等纂光緒四年《光緒嘉興府志》卷八十《經籍一》：徐庭垣《春秋管窺》十二卷（《四庫著錄》。《采集書錄》寫本曰：謂《春秋》與《禮經》相表裏，《禮》存其體，《春秋》著其用。魯史記注，本周公遺制，史書舊章，卓然俱有法式，因以《左傳》質經，以經之異同辨例於《公》《穀》二傳，蓋於漢晉唐宋諸儒之說，皆不肯為苟同者）、《春秋類辨》十卷（嘉興司《志》。《自序》略曰：前著《管窺》，依經順次，散而不比，覽者非遍考經傳審其同異，即難遽定其是非。茲復著《類辨》一編，事從類分，各臚經以列傳，而因事考文，得辨異而察同，庶幾先後瞭然如在指掌，支離刺謬，自無所容，與《管窺》相為表裏）。

◎徐庭垣，嘉興秀水（今浙江嘉興）人。官新昌縣丞。著有《春秋管窺》十二卷、《春秋類辨》十卷。

徐庭垣 春秋類辨 十卷 佚

◎許瑤光修，吳仰賢等纂光緒四年《光緒嘉興府志》卷八十《經籍一》：徐庭垣《春秋管窺》十二卷（《四庫著錄》。《采集書錄》寫本曰：謂《春秋》與《禮經》相表裏，《禮》存其體，《春秋》著其用。魯史記注，本周公遺制，史書舊章，卓然俱有法式，因以《左傳》質經，以經之異同辨例於《公》《穀》二傳，蓋於漢晉唐宋諸儒之說，皆不肯為苟同者）、《春秋類辨》十卷（嘉興司《志》。《自序》略曰：前著《管窺》，依經順次，散而不比，覽者非遍考經傳審其同異，即難遽定其是非。茲復著《類辨》一編，事從類分，各臚經以列傳，而因事考文，得辨異而察同，庶幾先後瞭然如在指掌，支離刺謬，自無所容，與《管窺》相為表裏）。

徐學謨 春秋億 六卷 存

四庫本

◎萬曆《嘉定縣志》卷之十一《人物考》上《賢達》：所著有《徐氏海隅集》、《春明稿》、《歸有園稿》、《南宮奏題稿》、《老子解》、《世廟識餘錄》、《湖廣總志》、《春秋億》、《宗藩要例》，合二百五十八卷。

◎乾隆《嘉定縣志》卷之十一《藝文志‧書籍》：《海隅集》《春明稿》《歸有園稿》《世廟識餘錄》《湖廣總志》《南宮奏題稿》《老子解》《春秋億》《宗藩要例》（並徐學謨）。

◎提要（江蘇巡撫採進本）：是編序題《春秋億》，而卷首題曰《徐氏海隅集》，目錄又題曰《外編》。蓋其全集之一種。十二公各為一篇，不載經文，而一一排比年月，隨經詮義。蓋漢代經傳別行，原不相屬。似乎創例，實古法也。大旨以《春秋》所書皆據舊史，舊史所闕聖人不能增益。如隱、莊、閔、僖不書即位，桓三年以後不書王，衛人、陳人從王伐鄭不稱天，以及日月之或有或無，皆非聖人所筆削。一掃《公羊》《穀梁》無字非例之說與孫復、胡安國無事非譏之論。夫《春秋》之作既稱筆削，則必非全錄舊文，漫無褒貶。學謨持論雖未免矯枉過直，然平心靜氣，不事囂爭，言簡理明，多得經意，實勝宋元諸儒之穿鑿。其駁夏時周月之說曰：「為下而先倍，烏在其為《春秋》也。」可謂要言不煩者矣。

◎嘉慶《嘉定縣志》卷十《藝文考》一：《春秋億》六卷，徐學謨撰。十二公各為一篇，不載經文而一一排比年月，隨經詮義。蓋漢代經傳別行，原不相屬。似乎創例，實古法也。

◎光緒《嘉定縣志》卷二十四《藝文志》一《經部》：《春秋億》六卷，明徐學謨著。十二公各為一篇，不載經文，而排比年月，隨經詮義，蓋漢代經傳別行，非創例也。《提要》曰：「大旨謂《春秋》所書皆據舊史。舊史所闕，聖人不能益。一埽《公》《穀》無字非例之說，言簡意明，多得經意。其駁夏時正月之說曰：『為下而先倍，烏在其為《春秋》也。』可謂要言不煩。」

◎莫友芝《持靜齋藏書記要》卷上：《春秋億》六卷，明徐學謨撰，徐氏刊《海隅集》本。

◎莫友芝《邵亭知見傳本書目》卷二《經部》五《春秋類》：《春秋億》六卷，明徐學謨撰，明徐氏《海隅集》刊本。

◎羅振玉《經義考目錄》卷六《春秋》三十：《春秋》三十五徐氏（學謨）《春秋億》六卷（存）。

◎徐學謨（1522～1594），初名學詩，字思重，改名學謨，字叔明，號太室山人。南直隸蘇州府嘉定（今屬上海）人。嘉靖二十九年（1550）進士。授兵部職方司主事，改吏部稽勳司，以憂歸。服除，補禮部祠祭司主事，歷員外郎、郎中，簡放荊州知府，再以憂歸。隆慶改元，起南陽知府，進湖廣副使，分察襄陽，調南贛備兵，被劾歸。萬曆元年（1573）再起，歷江西參政，遷湖廣按察使、右布政使，轉左布政使。萬曆四年（1576）以右僉都御史撫治鄖陽。萬曆八年（1580）召為刑部右侍郎，晉左侍郎，擢禮部尚書。萬曆十一年（1583）

為鄒元標劾歸。著有《春秋億》六卷、《世廟識餘錄》二十六卷、《南宮奏題稿》、《宗藩要例》、《老子解》、《博物典匯》、《移虔稿》一卷、《徐氏海隅集》八十一卷、《春明稿》十三卷、《歸有園塵談》一卷、《歸有園稿》二十九卷等，修萬曆《湖廣總志》九十八卷。

徐炎　春秋經傳擇要　存

安縣藏清刻本（存卷四）

◎徐炎，字天問。嘉定（今屬上海）人。諸生。《自怡集》。

徐寅賓　春秋胡傳體注　四卷　存

國圖藏雍正四年（1726）益智堂刻本

洛陽藏雍正三山周士元刻本

◎解志元〔註32〕參訂。

◎徐寅賓，字敬時。寧都直隸州石城（今江西石城）人。著有《春秋胡傳體注》四卷、《春秋體註大全》四卷。

徐寅賓　春秋體註大全　四卷　存

西南大學藏乾隆五十三年（1788）刻本

紹興藏清刻本

清一經堂刻本

◎一名《春秋體註合糸》。

◎宋胡安國原傳，清金甌原纂，清徐寅賓新纂，清解志元糸訂。

◎上節各卷卷首題：莒溪范紫登先生鑒定，石城徐寅賓敬時新纂，上元解志元又繒糸訂。

◎下節各卷卷首題：宋文定胡安國傳，古虞金甌枚臣甫纂定（本姓徐）。

◎春秋體註分卷目錄（共十二公，歷二百四十二年）：一卷隱公（在位十一年）、桓公（在位十八年）、莊公（在位三十二年）。二卷閔公（在位二年）、僖公（在位三十三年）、文公（在位十八年）。三卷宣公（在位十八年）、成公（在位十八年）、襄公（在位三十一年）。四卷昭公（在位十五年，在外八年）、定公（在位十八年）、莊公（在位二十七年，經至十四年絕筆）。

〔註32〕上元人，字又繒。

◎春秋體註合参序：五經皆聖人之書，而孤經獨不掄元。近科以來，元竟出《春秋》《禮記》，而士之習孤經者日勤，而孤經之精於講習者日盛，但孤經有二，《禮記》尚可意為揣摩；《春秋》則屈經從傳，所當講明而切究者也。夫《左氏》《公》《穀》，詞非不華，語非不古，然皆按事而餙其章，就史而譜其句，故雖筆法高傑，文字離奇，多無當於作文之旨，不若《胡傳》體孔氏之意，垂法後世，一字一句總為世道人心而設，習是經者率以此傳為宗主焉。獨是士之以《春秋》應試者，不難於熟傳，而難於相題。題有單或合，東牽西扯，前挽後搭，苟非精研有素，即如風中理絲，紛紜莫定，亦安能貫串純熟，使筆底橫衝豎撞，游刃有餘哉？！總之，單題尚易發揮，唯比合遂多變態，或聯合傳意，或巧取傳字，必線索在手，而後下筆乃有確見，則所謂難者不難矣。近來講章繼出，如《旨定》《指月》《指掌》《正業》諸書，皆能各出新見，膾炙人口。然或苦其煩或病其略，讀者雖不茫然失措，亦覺無所折衷。余世習麟經，祖父代傳，歷有年所。童習之書，老而不輟。課兒之暇，合参羣書，私輯一冊，以為場屋要覽。適坊友請刊講書布世，爰與徐子共為商訂，以狗坊友之請。乾隆五年冬月，上元解志元題〔註33〕。

◎春秋體註合参例言（凡十二則）：

一、是集尚為舉業先聲，若必經傳全備，亦何貴乎有傳？故凡闈試無當者悉刪之，無《胡傳》者，竟繫之以「無」；有《胡傳》者，亦係之以去。雖云負罪文定公，而功名之士便捷良多矣。至於聖人之親筆，一字不敢苟，備之所以尊聖而全經也。

一、看書法。《春秋》一筆一削，斷自聖心，極為謹嚴，故曰史外傳心之要典。治經者，先須看明書法。法有繫特筆者、繫諱書者，或詳或略，常變殊，褒貶異，其中雖有無書法者，而有者什之九。亦有有而不重者，而重者什之八。其重者先提而後縱，不重者或點而或帶。總之作文必要拈出，不得囫圇做去。是集凡在書法，皆用小角圈。經文或加於字之旁△，或加於字旁之上△與字旁之下△。即於傳，而亦以此小角圈別之，與經文相應。此聖人筆削謹嚴之義，治經者之首務也。

一、看《胡傳》。《春秋》雖有四傳，而以《胡傳》為主。看經之法，全在看傳。看得傳中明亮妥帖，行文始不雜亂模糊。是集凡傳中閒波疊調并引述《春

〔註33〕又一本為乾隆十八年序，正文同，末題：乾隆癸酉歲春王正月人日，上元解志元又繡氏題於塔影書屋。

秋》以後事，如可不入文中者別之，妄以己意鎔成一篇。又其中主腦併結穴處旁加夾圈◎；埋伏照應斷事處旁加黑●；提掇脫卻收繳處旁加○；至有文中須點染襯貼，或事跡，或句義不可遺漏者，旁加稀點▸▸▸；接落轉摺煞尾等虛字，宜著眼而尋味者，旁加密點▸▸▸。雖不能以殫述，亦不可以樂拘。大約稀點次密點，密點次單圈，單圈次黑圈，黑圈次夾圈，覽其多寡，審其輕重，是所望於神而明之者。

一、看《左傳》。《春秋》事實，載之《左氏》，譬如經是綱，胡是斷，而左則其目也。無目則其綱不明，而斷亦無從施矣。是集凡在《左傳》之與經相羽翼、與《胡傳》相表裏者，則摘錄數句數行或至全篇，務在簡潔，不敢繁冗以疲耳目。其中或句義或字義，尤宜關目者，旁加細點▸▸▸以便省覽。至於《公》《穀》二傳，雖宜博考，然皆無益於制藝者，故或偶取其一二，而樂從其略。

一、看寄傳。經文之無《胡傳》者，大約寄傳者居多，蓋以他傳作本傳，然寄傳之中亦有分別。是集有其事明見他傳者則曰見某傳，有事不具見而義有指者則曰主某傳，有義不相屬影響附和者則曰借某傳。有寄之甚近，如甲之寄乙則曰見下傳，乙之寄甲者則曰見上傳。有一題而寄兩傳者，則曰主某傳。某傳其兩傳有輕重之分者，則曰主某傳而兼用某傳。有諸書各執一說，若可合講行文者，必酌其輕重，亦用主與兼之例。其彼此不相貫通者，則用或字以別之。有先輩存其旨而今不用者，則曰舊主某傳以備觀。有二題而總一事者，則曰全某全主某傳。例宜主、例宜見、例宜借，似同而實異矣。至若或寄意或寄事，或寄全傳或寄半傳，仍需學者善會之，筆墨不能盡也。

一、看鈎畫。經文有一事作兩截出題者，甚至三截四截之不同。是集皆用鈎畫∟。至于傳中之畫，或因經文之畫而畫之者，此分截題意之法也。或為一事之段落分偶而畫之者，此本題中宜安頓詳明之法也。或為全經始例，或為寄傳存旨，或為合題搭用，而畫之者，此皆本題中不必入講之法也。每逢畫處，亦宜警省。

已上六則，看下集經傳之例。

一、看標題。《春秋》向用單合比傳四題，今已遵旨題定，只用單合課士。是集單合之外樂不敢錄。自前朝支離穿鑿，廣創新題，或蒐《左》《國》僻事，或摘各傳支語，一事而比易累數十，一題而疑似凡數處。又有脫母、歇後等題，種種迂怪，駭人觀聞。即所載合題，止擬兩比比。如加以三比四比六比，內必有涉於傳矣。今既刪除傳題，仍標集中，難分涇渭。故凡有類於傳者悉去之。

一、看單題講意。題之有單，對傳合而名也。單題即聖經也，有全出有半出，總意在一傳者，統名單題。是集由全而半，各講其意。總以解傳者解經。全出者如何鋪排貫穿，半出者如何暗射明留。行文大意，燎然指掌。

一、看合題講意。題之有合，取題義之相合而名，義從比也。或以人合或以事合，或《左》《胡》交相合。是集必取意義冠冕講論正大，將兩邊牽合之主意略為之提綱而挈領。雖不甚詳，而對仗井井，不爽毫末。數句數字內，已具一篇之大旨。至牽強支離、須小附會、隱僻怪誕者，盡不入載。其合之之法，先隱合，次隱桓合，次隱莊合。每以一公畢，遞加之，便初學考記也。

一、看寄傳講意。題之有寄傳，以他傳作本傳也。此等題必有《左》《穀》小註來作事實。是集既標其所寄之傳意，即將本股事實或當夾傳旨而行。或宜提明，或宜收繳，不使作文者移東而換西、同頭而合腳。例從見、例從主、例從借，有毫釐千里之辨也，不可不知。

一、看破題。是舉全旨而標一破以見大意也。是集為初學階模，單題觀其拿定傳旨，合題觀其擒住配合，不嫌繁碎，可悟全篇之作法。

一、看擬題。是集崇為捷取功名，倘擬題不當，則場中受誤矣。故不太繁亦不太簡，觀義理，審時尚，凡鄉會考試，上擬題上加三夾圈◎◎◎，次擬題上加兩夾圈◎◎，備擬題上加壹夾圈一單圈◎○，餘祇壹夾圈◎或一單圈○。存之不嫌其詳，在小考亦以有用，此擬法與諸書不同。或彼重而此輕之，或彼棄而此取之，實有隱合科場之要、捷闖功名之門。學者考其已往出題若何，徵其將來出題若何，自奉此擬為金科玉律也。

已上六則，看上集講章之例。

徐英 春秋三傳合參 佚

◎同治《續纂揚州府志》卷二十二《藝文志》上：《春秋三傳合參》（徐英撰）。

◎徐英（1704～1789），號崖溪。浙江東陽人。乾隆二十七年（1763）恩貢。銓選處州府雲和縣教諭。著有《春秋三傳合參》。

徐允祿 春秋愚謂 四卷 佚

◎光緒《嘉定縣志》卷二十四《藝文志》一《經部》：《春秋愚謂》四卷，徐允祿著。陸元輔《經籍考》曰：「此書取《三傳》及《胡傳》，撮其大旨，而

折衷己意。四家都無當者，出獨見斷之。如尹氏卒為鄭之尹氏，即隱公與之同歸而立鍾巫主者也。其他類是。」

◎徐允祿，字汝廉。嘉定（今屬上海）人。著有《易說》、《春秋愚謂》四卷、《思勉齋文集》十二卷、《思勉齋詩集》二卷、《練溪四飲記》。

徐貞永 春秋公穀傳辨正 佚

◎嘉慶《松江府志》卷七十二《藝文志》一《經部》：《五經公穀傳辨正》（國朝徐貞永著）。

◎光緒《青浦縣志》卷十八《人物二・儒術傳》：著《五經辨正》《春秋公穀傳辨正》若干卷。康熙二十八年，上於朝。

◎光緒《青浦縣志》卷二十七《藝文》上《書目・經部》：《公穀傳辨正》（徐貞永著）。

◎徐貞永，字介裕。松江府青浦縣（今屬上海）人。縣學生。少而嗜學，研精經史，尤邃於性理。沈文恪公荃亟稱之。郡城徐氏富藏書，貞永館其家，三年，盡讀之，學益進。著有《春秋公穀傳辨正》、《五經辨正》。

徐震 春秋三傳述事考信編 未見

◎常州史志〉〉數字方志館〉〉常州名人〉〉入選常州市志人物〉〉徐震[註34]：他畢生致力於經學諸子、辭賦及詩詞等研究，並擅考據、注疏。撰有《復駕說齋文初編》、《雅確文編》、《雅確寓蜀文編》、《甲辛駢文》、《雅確詩樂》、《屈宗韻略》、《屈賦論略》等多種著作。對韓愈、柳宗元文章及春秋研究尤為精湛。與章太炎研討《春秋三傳》的書信，有數十封。章稱他考證文章猶如「排雲霧而見青天」，贊他的學識「上攀屈宋，下輯江庾」。在治經方面，他撰有《春秋三傳述事考信編》、《左傳箋記》、《左傳考論》、《公羊箋記》、《柳宗元評傳》、《柳集詮訂》、《韓集論文》、《左穀解難》和《穀梁箋記》等著述。他還對古玉器有精深的研究，能夠從玉質、土色、琢工、盤工、制度名稱、文字時代及器物的真贗方面去考證鑒別。曾著有《語玉》、《玉器研究綜論》、《玉器考釋》、《歷代玉器實物舉例》和《刀劍及刀劍玉飾考》等書。

◎徐震（1898～1967），字哲東。武進（今江蘇常州）人。曾就讀於東吳大學。見賞於柳詒徵、章太炎，為章太炎入室弟子。先後任教於中央大學、武

〔註34〕https://fzg.changzhou.gov.cn/。

漢大學、復旦大學、安徽大學、西北民族學院。工詩古文詞賦。又精武學，曾任武進縣公安局長、武漢警備司令部少將參議。著有《春秋三傳述事考信編》、《公羊箋注》、《公羊榷論》一卷、《左傳箋注》、《左傳考論》、《韓愈評傳》、《韓集論文》、《談韓愈文學》、《柳宗元評傳》、《柳集詮訂》、《國技論略》、《太極拳發微》、《太極拳新論》、《太極拳簡說》、《太極拳淵源》、《太極劍的來源及演變》、《太極拳譜考證》、《形意拳新論》、《八卦拳述論》、《雅確文稿》、《雅確詩稿》。山西科技出版社 2006 年出版七卷本《徐震文叢》。

徐震 公羊箋注 未見

◎李永圻、張耕華編撰《呂思勉先生年譜長編》：是年劉脊生、徐震（哲東）兩先生均有贈詩（徐震（1897～1967），字哲東，江蘇武進人。曾任武進縣公安局長、武漢警備司令部少將參議等職。後任教於武漢大學、中央大學、安徽大學、震旦大學等。著有《公羊箋注》、《穀梁箋注》、《雅確文稿》、《雅確詩稿》等）。

徐震 公羊榷論 一卷 存

北大藏 1930 年刻本

文聽閣圖書有限公司 2009 年民國時期經學叢書第四輯影印本

徐震 左傳箋注 未見

◎李永圻、張耕華編撰《呂思勉先生年譜長編》：是年劉脊生、徐震（哲東）兩先生均有贈詩（徐震（1897～1967），字哲東，江蘇武進人。曾任武進縣公安局長、武漢警備司令部少將參議等職。後任教於武漢大學、中央大學、安徽大學、震旦大學等。著有《公羊箋注》、《穀梁箋注》、《雅確文稿》、《雅確詩稿》等）。

徐震 左傳考論 未見

◎常州史志〉〉數字方志館〉〉常州名人〉〉入選常州市志人物〉〉徐震〔註35〕：他畢生致力於經學諸子、辭賦及詩詞等研究，並擅考據、注疏。撰有《復駕說齋文初編》、《雅確文編》、《雅確寓蜀文編》、《甲辛駢文》、《雅確詩樂》、《屈宗韻略》、《屈賦論略》等多種著作。對韓愈、柳宗元文章及春秋研究尤為精湛。與章太炎研討《春秋三傳》的書信，有數十封。章稱他考證文章猶如「排雲霧而見青天」，贊他的學識「上攀屈宋，下輯江庾」。在治經方面，他撰有《春秋

〔註35〕https://fzg.changzhou.gov.cn/。

三傳述事考信編》、《左傳箋記》、《左傳考論》、《公羊箋記》、《柳宗元評傳》、《柳集詮訂》、《韓集論文》、《左穀解難》和《穀梁箋記》等著述。他還對古玉器有精深的研究，能夠從玉質、土色、琢工、盤工、制度名稱、文字時代及器物的真贗方面去考證鑒別。曾著有《語玉》、《玉器研究綜論》、《玉器考釋》、《歷代玉器實物舉例》和《刀劍及刀劍玉飾考》等書。

徐鎮 增訂春秋世本圖譜 一卷 存

上海、南京、寧波市天一閣博物館藏嘉慶十三年（1808）水心齋葉氏刻本

◎陳厚耀原撰。徐鎮增訂。

◎雷夢水《販書偶記續編》卷二《經部‧春秋總義類》：《增訂春秋世本圖譜》一卷（清江陰徐鎮撰。嘉慶十三年戊辰葉廷甲校刊，水心齋葉氏藏板）。

◎徐鎮，江蘇江陰人。著有《增訂春秋世本圖譜》一卷。

許伯政 春秋深 十九卷 佚

◎提要：是書謂：「孔子既因魯史作《春秋》，其史中所載事實即為之傳。今《左傳》中敘而不斷、言約旨精者即孔子所作。其有加注解如『段不弟，故不言弟』之類，又加論贊如『君子曰』『仲尼曰』之類，詞氣浮誇，多與經旨相悖，乃屬左氏增設。」書內皆列之小注，使不與本傳相混。其有傳無經者則全刪不錄。按近時河南張沐著《春秋疏略》，以左為列於經左之義，不為人姓。伯政蓋踵是說，然又覺傳中論贊或稱孔子或稱仲尼，究不類孔子所自作，故變更其說歸於左氏增加耳。至《春秋》之用周正原無可疑，其兼用夏正以便民事。則有《周禮》正月、正歲之文顯然可據。伯政但擿經書中夏正之文以相詰難，蓋知其一不知其二。其《左傳》「王周正月」一語尤為確證。伯政並此二字詆為不通，以為後人所加。則凡古書之害於己說者，悉以後人竄入概之，天下無不可伸之論矣。惟其考定每年十二月朔日甲及節氣時刻，俾二百四十年閏置閏之得失、干支之次序一一可見，以伸其合於夏正之說，似乎可據。不知周正、夏正在月不在日，其月雖相差六十日，而其日則六十甲子剛及一周。不論周正、夏正其朔望原未嘗改，不足以為建寅之據，亦不揣本而齊末也。

◎光緒《湖南通志》卷二百四十六《藝文志》二：《春秋深》十九卷，巴陵許伯政撰（《四庫全書》存目。提要曰：伯政有《易深》已著錄。是書謂孔子既因魯史作《春秋》，其史中所載事實即為之傳。今《左傳》中敘而不斷、言約旨精者即孔

子所作。其有加注解如「段不弟，故不言弟」之類，又加論贊如『君子曰』『仲尼曰』之類，詞氣浮誇，多與經旨相悖，乃屬左氏增設。書內皆列之小注，使不與本傳相混。其有傳無經者則全刪不錄。按近時河南張沐著《春秋疏略》，以左為列於經左之義，不為人姓。伯政蓋踵是說，然又覺傳中論贊或稱孔子或稱仲尼，究不類孔子所自作，故變更其說歸於左氏增加耳。至《春秋》之用周正原無可疑，其兼用夏正以使民事。則有《周禮》正月、正歲之文顯然可據。伯政但摭經書中夏正之文以相詰難，蓋知其一不知其二。其《左傳》王周正月一語尤為確證。伯政並此二字詆為不通，以為後人所加。則凡古書之害於己說者，悉以後人竄入概之，天下無不可伸之論矣。惟其考定每年十二月朔日甲及節氣時刻，俾二百四十年閏置閏之得失、干支之次序一一可見，以伸其合於夏正之說，似乎可據。不知周正、夏正在月不在日，其月雖相差六十日，而其日則六十甲子剛及一周。不論周正、夏正其朔望原未嘗改，不足以為建寅之據，亦不揣本而齊末也）。

◎趙爾巽《清史稿》卷一百四十五志一百二十《藝文》一：《春秋深》十九卷，許伯政撰。

◎許伯政（1700～1784），字惠棠，號石雲。湖南巴陵珠港（今岳陽相思鄉）人。康熙五十六年（1717）入岳州府學。雍正六年（1728）補廩膳生，七年（1729）拔貢。乾隆元年（1736）應博學鴻詞，充任鑲藍、正白兩旗官學教習。三年（1738）順天鄉試中舉，七年（1742）中進士。知四川彭縣，創九峰書院。後轉知成都。乾隆十七年（1752）任禮部祭司主事、員外郎，旋任山東道監察御史，二十一年（1756）辭歸。潛心經學，手不停筆，心不離算，足不履城市，至老不倦，閉門著述二十餘年。著有《易深》十一卷首三卷、《詩深》二十六卷、《春秋深》十九卷、《全史日至源流》三十二卷、《事三堂文稿》。《湖南文徵》卷三十八收錄其《詩綱辨義》十三則。

許琮 春秋傳 佚

◎同治《樂平縣志》卷九《藝文志》：《易省》《春秋傳》（以上許琮撰）。

◎同治《饒州府志》卷二十四《人物志》七：暮年日拈易一章，旁通曲體以為常課。所著有《易省》《春秋傳》《漣漪堂集》。

◎許琮，字宗玉。江西樂平人。杜門續學，恬退不苟。讀書漣漪堂，與鄱陽陳曾、邑人王綱講學辯論無虛日，絕意仕進。著有《易省》《春秋傳》《漣漪堂集》。

許桂林 春秋穀梁傳時月日書法釋例 四卷 存

國圖、天津、湖北、中科院藏道光二十五年（1845）刻本（李慈銘批）

國圖藏咸豐四年（1854）南海伍崇曜輯刻粵雅堂叢書本

光緒十五年（1889）上海蜚英館石印皇清經解續編本

南開藏抄本（一卷）

叢書集成新編本

國家圖書館出版社 2014 年晁岳佩宋志英選編春秋研究文獻輯刊影印道光二十五年（1845）刻本

◎一名《穀梁釋例》。

◎前有總論、提綱、述傳、傳外餘例。

◎阮元序：《漢書・儒林傳》云：「宣帝即位，聞衛太子好《穀梁春秋》，以問韋賢、夏侯勝及史高，皆魯人也。言穀梁子本魯學、公羊氏乃齊學也，宜興《穀梁》。自瑕邱江公受學於申公，傳於榮廣、皓星公二人，申公與榮廣亦皆魯人。」案齊魯之學俱親受於子夏，魯學於齊為較近，故鄭氏云《穀梁》四時田者，近孔子故也。惟《公羊》先立學官，師說久著；《穀梁》至漢宣始立，《賈逵傳》云「兼通五家《穀梁》之說」，范序自魏晉以來釋者十家，《隋書・經籍志》云「至隋寖微，今殆絕無師說」。自隋至今又千二百年，近儒於《公羊》《左氏》二家不少箸錄，而《穀梁》無肄業及之者，誠以師說既沒，而時月日之書法，說者又每多繆輵。余輯《學海堂經解》千數百卷，於穀梁學獨無專家。道光二十年，見鎮江柳氏撰《穀梁傳學》，余舉「善經近孔」語特為序之。今讀許氏桂林所作《釋例》，有引《公羊》互證者，有駁《公羊》而專主者，大旨具見所作總論。末據鄭氏「《穀梁》善於經」之語，以為時月日即善經之一，是亦篤信鄭學，不為無根之譚，與柳氏書可相輔而行也。許君海州人，《太平寰宇記》海州為春秋魯國之東界，《詩・魯頌》「至于海邦」，海邦即今海州之地。居魯地而修魯學，可謂近孔之實證矣。有海邦好古者，繼許君而傳授之，則申公、韋賢之師說且不難按藉考也。桂林為余門生湯敦夫所取之士，湯喜其對策。嘉慶壬申冬，余閱兵至海州，曾因凌仲子先生見所作《宣西通》二卷，已採入《續疇人傳》。今又獲觀此冊，他時有刊入《經解》續集者，是則余所深快也。道光二十五年秋，揚州阮元筆。

◎唐仲冕序〔註 36〕：太史公云：「孔子因史文次《春秋》，紀元年正時月日。」蓋《春秋》者，杜預所謂以事繫日、以日繫月、以月繫時、以時繫年，此魯史記之法也。若晉《乘》、楚《檮杌》則不主斯義矣。《春秋》何以託始於隱？謂為東遷及隱讓國而作，皆非也〔註 37〕。意者東遷後四十餘年，諸侯無大變更，其盟會赴告皆有時月曰可稽，可以著吾史法，又特載夏五郭公之闕文以明或月或不月、或日或不日皆筆削而非闕文也。審是則穀梁氏之傳為清而不短矣。夫事實在國史而褒貶在單詞，舍國史而讀《春秋》，指某事曰此聖人之褒也、指某事曰此聖人之貶也，必有憑空結撰而不能衷諸是者矣。或有謂以名地〔註 38〕見書法者，名字〔註 39〕繫乎爵位，地名分乎畎域，且人名去不知為誰，地名去不知何國，安能成文？然則有所褒諱抑損之微言，其在時月日乎？而或者疑之。孔子未修《春秋》，豈先設此條例？則甚矣其說之〔註 40〕固也。夫聖人之作《易》也，何有承乘比應；古人之作《詩》也，亦何有賦比興？而其義類卒不出乎此，蓋研經者參互考訂以探作者之用心而求其合，遂如陣伍之不可紊、法律之不可改也，其離與合，在信之篤與不篤耳。月南〔註 41〕篤信穀梁氏之學，引而伸之，觸類而長之，豈惟有功於《穀梁》，其於《春秋》亦庶幾鼓芳風以扇遊塵者歟？至謂《公羊》為《穀梁》外傳、左氏因《公》《穀》曼衍近於武斷，然漢儒治經弊在黨同伐異，而經學立；後人治經弊在隨聲是非，而經學廢。月南殆猶有專門之風，故特標舉，為成學治古文者勸焉。陶山唐仲冕撰。

◎孫星衍序：近日為《公羊》之學者多無人措意《穀梁》者，得大著闡揚前哲經訓，條理精密，論辨明允，實足嘉惠儒林。鄙意如漢唐人家法有不合尊見之條，亦為回互，更善。丙子八月朔，星衍頓首。

〔註 36〕又見於唐仲冕《陶山文錄》卷五，題《春秋穀梁傳時月日釋例序》，無末「陶山唐仲冕撰」數字，而附郭麐讀評云：《公》《穀》實為治古文之圭臬，今之知此其鮮。

〔註 37〕「《春秋》何以託始於隱？謂為東遷及隱讓國而作，皆非也」，唐仲冕《陶山文錄》卷五《春秋穀梁傳時月日釋例序》作「《春秋》託始乎隱」。

〔註 38〕「或有謂以名地」，唐仲冕《陶山文錄》卷五《春秋穀梁傳時月日釋例序》作「或謂以名與地」。

〔註 39〕「名字」唐仲冕《陶山文錄》卷五《春秋穀梁傳時月日釋例序》作「姓字」。

〔註 40〕唐仲冕《陶山文錄》卷五《春秋穀梁傳時月日釋例序》無「說之」二字。

〔註 41〕「月南」唐仲冕《陶山文錄》卷五《春秋穀梁傳時月日釋例序》前有「許生」二字。

◎白鎔跋：《春秋》之作，聖人所以正人事也。然必天統正於上，然後人事正於下。聖人書法，於年月時日之間，必非偶然。乃後人不得其說，徒加以附會穿鑿。及不能通，則謂聖人本無意焉。夫聖人豈無意者？抑聞之，治《春秋》如斷獄，《左氏》案也，《公羊》判也，《穀梁》律也，世未有不明律條而能據案以判是非者，則治三傳必先《穀梁》。年月時日之間，何可不加之意乎？月南是書，詳為釋例，為《穀梁》之功臣，究《春秋》之微意，亦可以覘其學之深矣。潞河白鎔拜跋。

◎汪喜孫記：《春秋》三家，信難蜂出。鄭君獨謂穀梁善于經，然則治經者舍《穀梁》奚從？明《穀梁》者舍年月日時奚從？且不與小斂故不書日，左氏曾發其例，固非一家之學也。喜孫素好鄭說，無以發明。今獲觀月南先生《釋例》，渙然冰釋，而廢疾益起。若其類別之詳審、引信之簡明，以況武子，其庶焉！劉原父言窨於日月，焉在其窨也！甘泉汪喜孫記。

◎羅士琳跋：右《春秋穀梁傳時月日書法釋例》四卷，先師許月南先生所著也。第一卷為總論，第二卷為提綱，第三卷為述傳，第四卷為傳外餘例。總論一卷先述《穀梁》之有功於經者三端，次辨趙匡、劉敞、程願學、汪克寬、顧棟高諸說之誤，終論《左氏》《公羊》之異同，蓋即以此篇為自序也。提綱一卷舉其大端。述傳一卷析其子目，所分之門類大率相同。正月例第一、夏四月秋七月冬十月例第二、閏月例第三、朔晦例第四、即位例第五、公如例第六、朝例第七、盟例第八、郊例第九、烝嘗例第十（提綱以郊與烝嘗合為一，述傳分為二）、嘉禮例第十一（提綱以覲附於朝後，述傳因《春秋》所書之覲乃大夫宗婦見夫人，故別列於此以備嘉禮一門）、大閱例第十二、侵例第十三（附公羊伐例）、公羊戰例第十四、敗例第十五、潰例第十六、入例第十七（此滅入之入）、取例第十八、滅例第十九、入例第二十（此出入之入）、歸例第二十一、奔例第二十二、卒例第二十三（提綱分卒葬為二，述傳合為一）、弒例第二十四、殺例第二十五（附用例）、日食例第二十六、旱雩例第二十七（附雨不雨例）、災異例第二十八（提綱有地震山崩蟲災等門，述傳皆括於災異之內）、傳疑例第二十九。若夫書時月日正例及不用正例列於提綱之始，書昔例及夜中日中日下稷例列於提綱之末而述傳內不列之者，以其為全書之通例，不專屬於一門，故有綱而無目也。傳外餘例一卷，則以傳無明文而僅見於范注者附之於後：夫人如例第一、外相朝例第二、聘例第三、會例第四、平例第五、遇例第六、夫人響例第七、王使例第八、歸例第九（此歸地之例，與提綱、述傳人歸之例不同）、宗廟例第十、祭

祀例第十一、逆女例第十二、送女例第十三、狩例第十四、城例第十五、伐例
第十六、圍例第十七、克例第十八、救例第十九、遷例第二十、諸侯奔例第二
十一、諸侯歸例第二十二、執例第二十三、立例第二十四、公薨例第二十五、
夫人薨例第二十六、周大夫卒例第二十七、內女卒例第二十八、賵例第二十九、
有年例第三十、大水例第三十一、內災例第三十二、外災例第三十三，凡注稱
傳例為傳所本有者，則不復更錄焉。此書寫稿初成，先生遽歸道山，故本無目
錄。先生之兄石華國博，亦吾師也，將梓先生遺稿，奉命校刊既竣，敬識數語，
俾易檢尋。至作書大旨，則游夏不敢贊一辭，已詳見諸家之序矣。道光甲辰冬，
受業甘泉羅士琳謹跋。

◎劉毓崧《通義堂文集》卷四《春秋穀梁傳時月日書法釋例跋》（代）：右
《春秋穀梁傳時月日書法釋例》四卷，先師許月南先生所著也。第一卷為總論，
第二卷為提綱，第三卷為述傳，第四卷為傳外餘例。總論一卷先述《穀梁》之
有功於經者三端，次辨趙匡、劉敞、程頤學、汪克寬、顧棟高諸說之誤，終論
《左氏》《公羊》之異同，蓋即以此篇為自序也。提綱一卷舉其大端。述傳一
卷析其子目，所分之門類大率相同。正月例第一、夏四月秋七月冬十月例第二、
閏月例第三、朔晦例第四、即位例第五、公如例第六、朝例第七、盟例第八、
郊例第九、烝嘗例第十（提綱以郊與烝嘗合為一，述傳分為二）、嘉禮例第十一（提
綱以覯附於朝後，述傳因《春秋》所書之覯乃大夫宗婦見夫人，故別列於此以備嘉禮
一門）、大閱例第十二、侵例第十三（附公羊伐例）、公羊戰例第十四、敗例第十
五、潰例第十六、入例第十七（此滅入之入）、取例第十八、滅例第十九、入例
第二十（此出入之入）、歸例第二十一、奔例第二十二、卒例第二十三（提綱分
卒葬為二，述傳合為一）、弒例第二十四、殺例第二十五（附用例）、日食例第二
十六、旱雩例第二十七（附雨不雨例）、災異例第二十八（提綱有地震山崩蟲災等
門，述傳皆括於災異之內）、傳疑例第二十九。若夫書時月日正例及不用正例列
於提綱之始，書昔例及夜中日中日下稷例列於提綱之末而述傳內不列之者，以
其為全書之通例，不專屬於一門，故有綱而無目也。傳外餘例一卷，則以傳無
明文而僅見於范注者附之於後：夫人如例第一、外相朝例第二、聘例第三、會
例第四、平例第五、遇例第六、夫人饗例第七、王使例第八、歸例第九（此歸
地之例，與提綱、述傳人歸之例不同）、宗廟例第十、祭祀例第十一、逆女例第十
二、送女例第十三、狩例第十四、城例第十五、伐例第十六、圍例第十七、克
例第十八、救例第十九、遷例第二十、諸侯奔例第二十一、諸侯歸例第二十二、

執例第二十三、立例第二十四、公薨例第二十五、夫人薨例第二十六、周大夫卒例第二十七、內女卒例第二十八、賵例第二十九、有年例第三十、大水例第三十一、內災例第三十二、外災例第三十三，凡注稱傳例為傳所本有者，則不復更錄焉。此書本無目錄，故因校刊既竣，敬識數語於後，俾閱者易於檢尋。至於作書之大旨，則諸家之序已詳言之，無庸復贊一詞矣。

◎伍崇曜跋：右《春秋穀梁傳時月日書法釋例》一卷，國朝許桂林撰。案桂林字同叔，號月南，又號月嵐，海州人。嘉慶二十一年舉人。羅著香續阮文達《疇人傳》稱其至性純粹，丁內艱，以哀毀卒。生平博綜羣書，好學深思。體素弱，不耐勞，然不能無所用心，若靜攝一二日輒病，唯讀書始精神煥發，故日以詁經為事。人以疑義就質，有問必答，藹然示人以可親。談他事，未數語便覺氣餒。兼治六書九數，著有《易確》二十卷、《毛詩後箋》八卷、《春秋三傳地名考證》六卷、《漢世別本禮記長義》四卷、《大學中庸講義》二卷、《四書因論》二卷、《許氏說因》十二卷、《說文後解》十卷、《太元後知》六卷、《參同契金隄大義》二卷、《步緯簡明法》一卷、《立天元一導窾》四卷、《擢對》八卷、《半古叢鈔》八卷、《味無味齋文集》八卷外集四卷詩集二十六卷外集八卷駢體文四卷、《壹籟齋詞》一卷及是書，刊行者僅十之一耳。竊嘗歷覽數百年來治《穀梁傳》，成書者絕鮮。昔番禺亡友侯君謨康撰《穀梁禮證》一書，余嘗刻之《嶺南遺書》五集中，似可與是書相輔而行。噫！闡千秋之墜緒，鼎興於吳粵之間，而余皆得而付之剞劂，亦一重文字香火緣也。咸豐甲寅孟冬之吉，南海伍崇曜跋。

◎唐仲冕《陶山文錄》卷九《許月南哀辭》：許生桂林字月南，與其兄喬林字石華皆海州舉人。余刺州試諸生，月南冠其曹，因師余。嘗課余兩兒，為人文行並篤，為余註《家塾蒙求》，梓於廣陵；余亦梓所著《宣西通》於白下。久別輒與其兄寄詩古文辭為問遺，近又以易義商榷。雖數千里外，渠兄弟無歲無執訊也。道光壬午閏月，余官關中，忽得其兄書，無月南名，愕不敢啟，啟乃知月南於辛巳九月十九日辰時告終，久不以聞者，恐傷懷抱也！云屬纊時自題輓帖曰：「只恨著書未了，要為孔聖明一經，望後起有人，儻與吾徒傳絕學；若論短命堪悲，已比顏子多十歲，況天上不苦，還從老母侍仙游」，端坐而逝。著書四十餘種，凡百數十卷。嗚呼！月南潛心經學，兼通象緯勾股、音韻小學諸家。余嘗序其《穀梁釋例》及《宣西通》，皆傑識精裁也，他書可知也。

◎《易碻》卷二十《北堂永慕記》：桂林自十三歲自以次補讀《周易》、三禮三傳、爾雅，又借讀《史記》《漢書》《資治通鑑》《說文》《文選》《唐文粹》諸書于友人卓筆峰家。

◎民國《歙縣志》卷十《人物志・士林》：著有《易碻》十二卷、《穀梁釋例》四卷、《許氏說音》十二卷、《說文後解》十卷。尤精於算，有《宣西通》三卷、《算牖》四卷。江都羅士琳師事之，弟喬林亦有名。

◎民國《歙縣志》卷十五《藝文志・書目》：《許氏說音》十二卷、《說文後解》十卷、《穀梁釋例》四卷、《易碻》十二卷、《宣西通》三卷、《算牖》四卷（俱許桂林）。

◎李慈銘《越縵堂讀書記・經部・春秋類》：

得問月書，以孔氏微波榭所刻宋元憲《國語音》及近人海州許月南孝廉（桂林）《春秋穀梁傳時月日書法釋例》見贈。《穀梁》之學鮮傳者：邵氏、洪氏所輯皆未行；近日鎮江柳賓叔孝廉（興恩）撰《穀梁大義述》，儀徵太傅為之序；閩中陳頌南侍御復撰《穀梁傳廣證》，而其書都未見於世。許氏與柳氏同出吾鄉湯文端之門（文端典江南試，二君皆以經學得雋）。許氏此書，先從《穀梁》所書時日疏通其大旨，以《公羊》為《穀梁》外傳、《左氏》為《穀梁》衍義，唐陶山作序已譏其武斷，則漢人專門之結習，其能謹守師法者在此，其不能擇善而從亦在此。予未暇為此學，亦未究閱其書，姑識其大端而已。同治癸亥正月二十八日。

閱海州許桂林《穀梁傳時月日釋例》，亦一家之學，而首為總論，極詆《左氏》，其言甚悖，且云所著尚有《疑左》二卷，蓋妄書也。是書成於道光丁未，前有阮儀徵、唐陶山兩序，唐序尤佳。同治壬申三月十一日。

◎張桂麗輯校李慈銘著《越縵堂讀書記全編》光緒三年十月「《易碻》」條：十七日牧莊來，以海州許氏桂林所著《易碻》見眎。許字月南，嘉慶丙子舉人。著有《庚辰讀易記》二十卷、《毛詩後箋》八卷、《春秋三傳地名考證》六卷、《穀梁傳時月日釋例》六卷、《漢世別本禮記長義》四卷、《大學中庸講義》二卷、《四書因論》二卷、《許氏說音》十二卷、《說文後解》十卷、《太玄後知》六卷、《參同契金堤大義》二卷、《宣西通》三卷、《算牖》四卷、《步緯簡明法》一卷、《立天元一導窾》四卷、《擢對》八卷、《半古叢鈔》八卷、《味無味齋文集》八卷外集四卷、《詩集》二十六卷外集八卷、《駢體文》四卷、《壹籟詞》二卷。余所有者，《穀梁傳時月日釋例》而已。

◎孫殿起《販書偶記》卷二：《春秋穀梁傳時月日書法釋例》四卷，海州許桂林撰。道光二十五年刊。

◎張之洞《書目答問》卷一《經部》：《穀梁釋例》四卷（許桂林。粵雅堂本題一卷，實四卷）。

◎趙爾巽《清史稿》卷一百四十五志一百二十《藝文》一：《穀梁釋例》四卷，許桂林撰。

◎王欣夫《蛾術軒篋存善本書錄・癸卯稿》卷一《漢世別本禮記長義》一卷、《鄭氏原本禮記存義》一卷（一冊）：桂林字同叔，號月南。嘉慶丙子舉人。深於經學，以著書為事。道光元年卒，年四十三。《清史稿・儒林》附《柳興恩傳》。徐世昌《清儒學案》附《淵如學案》。桂林於諸經咸有發明，著書四十餘種，百數十卷。已刊者《春秋穀梁傳時月日書法釋例》四卷、《易確》二十卷；未刊者有《毛詩後箋》八卷、《春秋三傳地名考證》六卷、《漢世別本禮記長義》四卷、《大學中庸講義》二卷、《四書因論》二卷、《許氏說音》十二卷、《說文後解》十卷、《宣西通》三卷、《算牖》四卷、《味無味齋文集》八卷外集四卷、《詩集》二十六卷外集八卷、《駢體文》四卷、《壹籟齋詞》一卷，稿多散佚。

◎許桂林（1779～1822），字同叔，號月南（嵐），別號棲雲野客。江蘇連雲港海州板浦人，祖籍安徽歙縣許村。許喬林胞弟。嘉慶二十一年（1816）舉人。少孤，孝於母及生母，無間言。家貧，不以厚幣易遠遊，日以詁經為事。道光元年（1821）丁內艱，以毀卒。著有《易確》二十卷《自序》一卷、《庚辰讀易記》三十二卷、《禹貢蒙求》一卷、《毛詩後箋》八卷、《春秋三傳地名考證》六卷、《穀梁傳時月日釋例》六卷、《漢世別本禮記長義》四卷、《大學中庸講義》二卷、《四書因論》二卷、《許氏說音》十二卷、《說文後解》十卷、《大元後知》六卷、《參同契金提大義》二卷、《立天元一導窺》四卷、《步緯簡明法》一卷、《宣西通》四卷、《算牖》四卷、《擢對》八卷、《半古叢鈔》八卷、《鹽議愚籌》一卷、《日月合璧五星聯珠考》一卷、《琴想山房傳聲譜》一卷、《味無味齋文集》十六卷《詩集》二十六卷、《七嬉》、《春夢十三痕》諸書。

許桂林 春秋三傳地名考證 六卷 佚

◎趙爾巽《清史稿》列傳第二百六十九《儒林傳》三：桂林於諸經皆有發明，尤篤信穀梁之學，著《春秋穀梁傳時日月書法釋例》四卷。其書有引

《公羊》而互證者，有駁《公羊》而專主者。陽湖孫星衍嘗以條理精密、論辨明允許之。又著《易確》二十卷，大旨以乾為主，謂全易皆乾所生，博觀約取，於易義實有發明。別有《毛詩後箋》八卷、《春秋三傳地名考證》六卷、《漢世別本禮記長義》四卷、《大學中庸講義》二卷、《四書因論》二卷。嘗以其餘力治六書、九數，著《許氏說音》十二卷以配《說文》，又著《說文後解》十卷。又以岐伯言「地，大氣舉之」。氣外無殼，其氣將散；氣外有殼，此殼何依？思得一說以補所未及。蓋天實一氣，而其根在北，北極是也。北極不當為天樞，而當為氣母。因採集宣夜遺文，以西法通之，著《宣西通》三卷。又以算家以簡為貴，乃取欽定數理精蘊，撮其切於日用者，著《算牖》四卷。生平所著書四十餘種，凡百數十卷。甘泉羅士琳從之遊，後以西算名世。

　　◎張桂麗輯校李慈銘著《越縵堂讀書記全編》光緒三年十月「《易確》」條：十七日牧莊來，以海州許氏桂林所著《易確》見眎。許字月南，嘉慶丙子舉人。著有《庚辰讀易記》二十卷、《毛詩後箋》八卷、《春秋三傳地名考證》六卷、《穀梁傳時月日釋例》六卷、《漢世別本禮記長義》四卷、《大學中庸講義》二卷、《四書因論》二卷、《許氏說音》十二卷、《說文後解》十卷、《太玄後知》六卷、《參同契金堤大義》二卷、《宣西通》三卷、《算牖》四卷、《步緯簡明法》一卷、《立天元一導竅》四卷、《擢對》八卷、《半古叢鈔》八卷、《味無味齋文集》八卷外集四卷、《詩集》二十六卷外集八卷、《駢體文》四卷、《壹籟詞》二卷。余所有者，《穀梁傳時月日釋例》而已。

　　◎王欣夫《蛾術軒篋存善本書錄・癸卯稿》卷一《漢世別本禮記長義》一卷、《鄭氏原本禮記存義》一卷（一冊）：桂林字同叔，號月南。嘉慶丙子舉人。深於經學，以著書為事。道光元年卒，年四十三。《清史稿・儒林》附《柳興恩傳》。徐世昌《清儒學案》附《淵如學案》。桂林於諸經咸有發明，著書四十餘種，百數十卷。已刊者《春秋穀梁傳時月日書法釋例》四卷、《易確》二十卷；未刊者有《毛詩後箋》八卷、《春秋三傳地名考證》六卷、《漢世別本禮記長義》四卷、《大學中庸講義》二卷、《四書因論》二卷、《許氏說音》十二卷、《說文後解》十卷、《宣西通》三卷、《算牖》四卷、《味無味齋文集》八卷外集四卷、《詩集》二十六卷外集八卷、《駢體文》四卷、《壹籟齋詞》一卷，稿多散佚。

許桂林 疑左 二卷 佚

◎李慈銘《越縵堂讀書記‧經部‧春秋類》：閱海州許桂林《穀梁傳時月日釋例》，亦一家之學，而首為總論，極詆《左氏》，其言甚悖，且云所著尚有《疑左》二卷，蓋妄書也。是書成於道光丁未，前有阮儀徵、唐陶山兩序，唐序尤佳。同治壬申三月十一日。

許勉燉 左氏指證 佚

◎陳兆崙《紫竹山房文集》卷十六《文林郎知陳留縣事贈中憲大夫許公墓誌銘》：所著有《九經同源》《通鑑歲得》《左氏指證》《歷朝詩宗》《風雅頌五編》《類約》《韻薈》《疊字考續》《三元考》《汜水／陳留縣志》《宛在子賸稿》《中州紀年》《南行近草》《四書五經文稿》《德星堂集》《發錄》等書數十種。

◎許勉燉，字觀文，一字思晦，號晚榆。浙江海寧人。雍正四年（1726）鄉試經魁，五年（1727）選中書，出知魯山縣縣令。乾隆三年（1738）任汜水知縣。又嘗知陳留縣。遷阿迷州知州，未赴任。敕授文林郎。子道基，雍正八年（1730）進士。著有《九經同源》《左氏指證》《韻薈》《疊字考續》《風雅頌五編》《通鑑歲得》《歷朝詩宗》《類約》《三元考》《宛在子賸稿》《中州紀年》《南行近草》《四書五經文稿》《德星堂集》《發錄》《晚榆軒詩文集》《續海邦耆舊志》，修《陳留縣志》、乾隆《汜水縣志》二十二卷。

許銘彝 春秋公羊傳考異 十一卷 存

湖南藏光緒二十四年（1898）澹園抄本

◎許銘彝，字篤齋。湖南湘潭人。著有《春秋公羊傳考異》十一卷、《韻譜》一卷、《澹園經說》、《澹園答問》、《玉佩瓊珊詞》一卷、《靜安書舍課藝》（《澹園文存》）五卷，編有《秦文粹》六卷、《曾左聯語合鈔》、《許乃玉挽聯》。《船山學報》1937 年 02 期有許氏《春秋義序》可參。

許培文 左傳條敘 八卷 存

天津藏雍正四年（1726）李治國刻本
◎李治國、劉謨校閱。

許體元 春秋傳敘 佚

◎乾隆《寧夏府志‧朔方志》：著有《春秋傳敘》《易經匯解》。

◎胡玉冰等輯校《陝甘地方志中寧夏史料輯校・甘肅地方志編》卷四十九《藝文・著書目錄寧夏府》：《春秋傳敘》《易經彙解》，安定訓導靈州許體元著。

◎民國《朔方道志》卷之十七《人物志》二《學行》：著有《春秋傳敘》《易經彙解》。

◎民國《朔方道志》卷之三十一《志餘》下《著作》：《春秋傳敘》，清靈州許體元著。

◎許體元，字御萬。寧夏靈武人。乾隆九年（1744）〔註42〕優貢。任安定縣司訓，時值歲荒，奉令出賑，寧濫毋遺。尋告休。賦質純樸，沉潛理學，尤精於易。年七十七卒。著有《周易匯解衷翼》十五卷、《春秋傳敘》。

許文質 三傳纂要 佚

◎道光《桐城續修縣志》卷十七《人物志・篤行》：嗜讀《春秋》，著有《三傳纂要》。

◎許文質，字晴山，號淡園。安徽桐城人。性儉約而好施。著有《三傳纂要》。

許揚祖 春秋說 十六卷 存

上海、南京、湖北、重慶、北師大藏緒十六年（1890）羅正鈞刻本（陳三立序）

國圖藏臺中縣文聽閣圖書有限公司2010年晚清四部叢刊・第二編據光緒十六年（1890）刻本影印本

◎許揚祖，又名榮祖，字念雲，號季銘。湖南寧鄉人。著有《尚書說》六卷、《春秋說》十六卷、《歷史說》二卷、《抱經軒詩文鈔》二卷。

許沅 公羊證經異句 一卷 存

光緒十一年（1885）陸嗣章鈔許氏證經異句本

◎許沅，著有《周易證經異句》三卷、《尚書證經異句》一卷、《偽書證經異句》二卷、《毛詩證經異句》一卷、《周禮證經異句》一卷、《夏小正證經異句》一卷、《左傳證經異句》四卷外傳一卷、《公羊證經異句》一卷、《穀梁證經異句》一卷、《四書證經異句》四卷、《爾雅證經異句》七卷，計二十七卷，合稱《許氏證經異句》。

〔註42〕一說十一年（1746）。

許沅 穀梁證經異句 一卷 存

光緒十一年（1885）陸嗣章鈔許氏證經異句本

許沅 左傳證經異句 四卷 外傳一卷 存

南京藏光緒十一年（1885）陸嗣章鈔許氏證經異句本

許之獬 春秋或辯 一卷 存

國圖藏道光三十年（1850）金山錢氏漱石軒重印嘉慶南匯吳省蘭聽彝堂刻藝海珠塵・甲集本

南開藏清刻本（附注異同考）

商務印書館 1939 年叢書集成初編據藝海珠塵排印本

◎跋：余宰黔之餘慶，與學博蓮峯許先生交最善，因得讀其《太樸園集》，詩宗盛唐，古文似歐曾，而於辯證之學尤精，類劉原父、薛尚功，余所見南北之士未能或之先也。既又出《春秋或辯》一編示余，余觀周未改時與月，前賢辯之屢矣，第謂時月竟未之改，吾夫子語顏子，以為邦，何又曰「行夏之時」？私心懷疑久之。今先生著辯曰：「夏以建寅之月為歲首，商以建丑之月為歲首，周以建子之月為歲首，三代各取一義，至斯月舉祭告朝賀之禮，以為一歲始朔，時月原未嘗改，夫子之言，不過欲以建寅之月為歲首。」誠發前人所未發，一破千古之疑，一定千古之案，而余胸懷數十年之疑渙然冰釋矣。余因益以服先生之學，考據精確，其言足以羽翼經傳，有功聖門，匪獨文辭淹洽已也。爰泚筆而書其端若此。康熙丙午夏，長洲蔣深敘。

◎許之獬，字直菴，號蓮峯。長洲（今江蘇蘇州）人。拔貢生。官貴州餘慶縣學教諭。著有《春秋或辯》一卷、《太樸園集》，與蔣深纂修康熙《餘慶縣志》八卷。

許自俊 左氏提綱 十二卷 佚

◎秦瀛《己未詞科錄》卷六：著有《潛壺／韞齋》等集、《左氏提綱》、《三通要錄》、《歷遊山水記》、《司計全書》、《了公宗旨》等書。

◎光緒《寶山縣志》卷之十二《藝文志・書目》：《左氏提綱》（許自俊著）、《三通要錄》（同上）、《讀史偶評》（同上）、《北征錄》（同上）、《歷遊山水記》（同上）、《休寧縣志》（同上）、《司計全書》（同上）、《內外編旨》（同上）、《敝貂錄》（同上）、《韞齋集》（同上）、《潛壺集》（同上）、《鐵硯吟》（同上）、《昔昔吟》

（同上）、《籌筆小草》（同上。同邑汪价序）、《樂府指南》（同上。汪价序）、《了公宗旨》（同上）。

◎光緒《重修寶山縣志‧藝文志》上：《三通要錄》、《北征錄》、《敝貂錄》、《休寧縣志》、《左氏提綱》、《司計全書》、《韞齋集》、《內外編旨》、《讀史偶評》、《歷遊山水記》、《潛壺集》、《鐵硯吟》、《昔昔吟》、《籌筆小草》、《樂府指南》、《了公宗旨》（並許自俊撰）。

◎光緒《嘉定縣志》卷二十四《藝文志》一《經部》：《左氏提綱》十二卷，國朝許自俊著。

◎許自俊（1600～1683），字子位，一字潛壺，號韞齋。嘉定（今屬上海）人。康熙九年（1670）進士。十八年（1679）舉博學鴻詞，報罷，授山西聞喜知縣，分校鄉試，士民攀留不得，為建生祠，崇祀名宦。著有《左氏提綱》十二卷、《三通要錄》、《讀史偶評》、《北征錄》、《潛壺集》、《韞齋集》、《內外編旨》、《敝貂錄》、《鐵硯吟》、《昔昔吟》、《籌筆小草》、《樂府指南》、《歷遊山水記》、《司計全書》、《了公宗旨》等書，參纂康熙《嘉定縣續志》五卷、《休寧縣志》。

薛承宣 讀左小記 二卷 存

國圖、吉林社科院藏道光十九年（1839）刻本

◎讀左小記序：余同邑汪子南士，名文臺，博覽多識，治漢學尤精熟。兒子大慈、大甲皆從之遊。邑廣文暨陽薛桐友好讀書，廣購羣籍，與余交最深，亦令其孫子冶、子布往受業焉。子布幼而聰穎，得南士啟發，見聞日擴，學業亦日精。余己丑歲家居，每過南士書齋，見子布案頭草稿繁積，展之，乃輯隋劉炫《規過》三卷，又申《規過》之說若干條。改訂精詳，疏證明確。竊喜劉氏之學，復有以行世。余向謂《規過》一書駁杜氏之失一百數十條，其中豈無是處？孔疏則盡駁之，雖信專門著書家所不免，而擇善而從，殊有乖乎聖人立教之意。今子布乃于輯《規過》之外，擇劉說之是、孔駁之非尤著者錄之，以申劉說，為劉、杜持平焉，與余意何相合邪！余因語南士，子布生年十六而識力如此，佗時著作未可言量，南士亦以為然。庚辰冬，余自北歸里，則其書已裒然成帙，屬序於余，余未有之報也。後桐友以截取班到，北上謁選，遂挈眷歸。余亦南北饑驅，蹤跡無定。今茲江陰署令陳君延思以纂邑乘之役，致書相招，至則桐友已官山右，子冶、子布因試事南旋，得相與聚首數日。問

其書，則又得駁正杜、孔之失若干條，合申《規過》之說為二卷，名曰《讀左小記》。余旅居無事，得書讀之。其中如以齊仲孫湫為無知之後、「申蒯侍漁者」侍漁非官名之類，皆援據精確，道古人所未道，又非好為異見，試有合於《春秋左氏》之旨者也。余喜南士之教得所施、桐友之業有所世，而子布之學且愈進愈深也，爰綴數語於簡端。道光十九年己亥三月，黟縣理初俞正燮書於江陰縣署。

◎孫殿起《販書偶記》卷二：《讀左小記》二卷，暨陽薛承宣撰。道光間刊。首有俞正燮序。

◎薛承宣，字子布。暨陽（今江蘇江陰）人。著有《讀左小記》二卷、《黔遊草》、《問梅草》，輯補《規過》三卷。

薛承宣輯補　規過　三卷

◎孫殿起《販書偶記》卷二：《規過》三卷，隋劉炫撰。江陰薛承宣輯補。道光庚寅刊。

◎隋劉炫原撰。

薛宮　春秋論略　四卷　存

浙江藏乾隆四十二年（1777）樹滋堂刻本

◎王其淦、吳康壽光緒《武進陽湖縣志》卷二十八《藝文》：薛宮《春秋折衷》（佚）、《春秋論略》四卷（存）。

◎薛宮，著有《春秋論略》四卷、《春秋折衷》。

薛宮　春秋折衷　佚

◎王其淦、吳康壽光緒《武進陽湖縣志》卷二十八《藝文》：薛宮《春秋折衷》（佚）、《春秋論略》四卷（存）。

薛峭岑　春秋胡傳審鵠要解　存

萬卷樓刻本

薛日熙　春秋傳撝秀　十二卷　佚

◎光緒九年（1883）博潤《松江府續志》卷三十七《藝文志・經部》：《春秋傳撝秀》十二卷（國朝薛日熙著）。

◎光緒《青浦縣志》卷二十七《藝文》上《書目・經部》：《春秋傳撝秀》（十二卷，薛日熙著，道光四年自序）。

◎薛日熙，松江府青浦縣（今屬上海）人。著有《儀禮津逮》、《春秋傳撝秀》十二卷。

薛時雨 春秋鴻裁 四卷 存

萊陽藏同治十二年（1873）刻五經鴻裁本

山東藏光緒元年（1875）雙鳳家塾刻五經鴻裁巾箱本

國家圖書館出版社 2018 年全椒古代典籍叢書・薛時雨集・五經鴻裁本

◎凡例謂：所採除近科鄉會試墨、同門硃卷、優拔試卷外，兼採各省書院小課，旁及近人專集、同人未刻之稿。佳文林立，美不勝收，擇其尤者以為圭臬。又謂不拘一格，整散兼行。要以沈博絕麗，流動充滿，合於墨裁者為主。旁及貫串註疏說經之文，其枯冷率易者概從割愛。

◎薛時雨（1818～1885），字慰農，一字澍生，因祖居桑根山，故晚號桑根老人，別號醉歌叟。安徽全椒人。咸豐三年（1853）與二兄同榜進士，分發浙江，任嘉興知縣。七年（1857）代理嘉善知縣。九年（1859）任鄉試同考官。十年（1860）赴部引見，因戰亂流寓南昌。同治元年（1862），李鴻章統淮軍援上海，上疏請佐機要。三年（1864）以浙撫左宗棠疏薦任杭州知府，代理糧儲道。四年（1865）辭官。光緒七年（1881）任全椒觀察使。先後主講杭州崇文、江寧尊經／惜陰等書院。工詩聯，善書法。治學不宗門戶。與李慈銘等善。著有《五經鴻裁》二十卷（括《易經鴻裁》四卷、《書經鴻裁》四卷、《詩經鴻裁》四卷、《禮記經鴻裁》四卷、《春秋經鴻裁》四卷）、《續五經鴻裁》二卷、《疏通知遠》、《皇朝水道略》、《藤香館詩鈔》四卷、《藤香館詩續鈔》一卷、《藤香館詩刪存》四卷、《藤香館詞刪存》二卷、《藤香館詞稿》一卷、《藤香館剳記》、《藤香館啟蒙草》不分卷、《藤香館小品》二卷、《掃葉山房叢鈔》、《西湖櫓唱》、《江舟欸乃》、《札禮》等，評選《湖舫會課》八集不分卷、《惜陰書院西齋課藝》八卷、《桂杏聯芳》不分卷。

薛約 春秋經朔表 四卷 存

北大藏道光刻本

國圖藏清刻本

◎李兆洛序〔註43〕：《春秋》上律天時，具四時，正閏餘，備晦朔，謹薄蝕，治曆者求千載之日至，恒推策而稽之。然時世曠遠，書策訛缺，往往或合或不合。至于治經之家，但循其年月，考次前後，足以除顛倒、祛複重足矣。而好學者亦復旁諏疇人以求其通，此實事求是之宜也。然治曆者不能盡求其合，治經者亦不必過求其通，則以課曆之疏密、釋經之精粗，義固不在是。《晉書・律曆志》云：「漢末宋仲子集七曆以考《春秋》。」今其書已亡，所謂七曆者，蓋即《開元占經》所載黃帝、顓頊、夏、殷、周、魯加漢之三統為七術也。杜預作《春秋長曆》而實不諳曆法，徒依經傳甲子推移前後，遂有比年置閏、一年再閏、曠數歲無閏之說，不足憑也。北周甄鸞著《五經算術》，以周術推《春秋》曆法，略舉數端，曾不該徧。晉姜岌、唐一行／郭守敬則各推《春秋》以自課所定之曆，又在七術之外。國朝陳氏泗源亦著《春秋曆》，所用古曆即七術之殷曆也，大旨謂日食為考曆之原，但食朔日名推驗相合，則其餘疏失可不問，以糾正杜氏，于置閏及月之大小反覆推校，意亦主于課曆。顧氏震滄著《春秋大事表》，有《朔閏門》及《長曆拾遺》，亦如杜氏不諳曆筭，徒積累日月，其弊同于杜氏。姚文僖公秋農著《邃雅堂學古錄》，亦有《春秋朔閏表》，以為用顓頊曆推筴，其實即殷曆也；又不能守一家之法，而仍依違出入于杜氏，名規杜失，而乖舛彌甚。近時甘泉羅君茗香著《春秋朔閏異同》，徧列七曆，條其同異，以補宋仲子之書之亡。其言曰：《春秋》經傳之文，或一事異時，或一事異月，或一事同日異月，或一事日月並異，或一事兩見于傳而月日互異，或時日雖具而脫月名，或日月初無異名及參以上下之月推勘遠近而不得其日，且有別本異文如成十八年辛巳《正義》曰「服虔作辛未」之類，蓋以時閱二千年，書非金石，輾轉傳寫，豈無失悞？《正義》謂或史文先闕而仲尼不改，或仲尼備文而後人脫誤，誠有然也。蓋生數千載之後而考稽數千載以上之日月，異同可得而言也，是非不可得而知也，則亦存其可知者焉耳，可謂博學而廑守之者歟！吾友江陰約齋薛君，老而好學，研經能得要領，其治《春秋》，以五經筭術之法備推章蔀、元餘、閏餘、中氣及每月大小餘，而列之備檢核也。二百四十二年依年排次，省積筭也。其日食則旁採姜岌、一行、郭守敬所測而稽之考得失也。經傳中干支有合有不合，則一一著之而不加擬議，闕疑而慎餘也。成書四卷，題曰《春秋經朔表》，絕《長曆》之迷惑，攬諸家之指要，于以方舟初學擁篲遺經拾遺補萟之雅，庶無缺憾焉。道光十四年九月。

〔註43〕又見於李兆洛《養一齋文集》卷三，題《薛約齋春秋經朔表序》。

◎孫殿起《販書偶記》卷二：《春秋經朔表》四卷，暨陽薛約撰。無刻書年月，約道光間刊。

◎薛約，字雯博，號約齋。嘉慶間暨陽（今江蘇江陰）人。與李兆洛善。著有《春秋經朔表》四卷、《六書敦古編》、《薛氏前譜案證》四卷、《台灣竹枝詞》。

Y

延棠 春秋補義 佚

◎光緒《山西通志》卷八十七《經籍記》上：《春秋補義》，延棠撰。

◎光緒《山西通志》卷一百五十六《文學錄》下：所著有《春秋補義》《論孟史通》《易註》《四書廣義》《芻蕘碎語》《少池詩文集》。

◎延棠，字少池。山西陽城人。延君壽第三子。道光十五年（1835）舉人。任解州學正。好學，於書無所不讀，尤深於《詩》。著有《易註》、《周易月編》四卷、《春秋補義》、《四書廣義》、《論孟史通》、《芻蕘碎語》、《少池詩文集》。

閻循觀 春秋一得 一卷 存

國圖、吉林、北師大、中科院藏乾隆三十八年（1773）韓夢周樹滋堂刻西澗草堂全集本

四庫全書存目叢書影印乾隆三十八年（1773）韓夢周樹滋堂刻西澗草堂全集本

◎提要：循觀有《尚書讀記》已著錄。然《尚書讀記》多推求文句，未能闡帝王經世之大法，是編則於筆削大義多所發明。如曰：「胡氏夏時冠周月之說理所必無。夫子作《春秋》以明文武之道文武之制，而夫子更之可乎？」曰：「武氏子來求賻，罪魯也。」曰：「州吁不稱公子，絕之於衛也。胡氏謂莊公不待以公子之道，以為為人君父之戒，何以懼亂臣乎？」曰：「諸侯不得專殺大夫，故凡大夫之殺，《春秋》皆稱國舉官，不論有罪無罪及殺當其罪否也。此義先儒多誤會。」曰：「說者謂王不稱天，為《春秋》貶黜天子，不亦甚乎！『春王正月』不曰天王，則天王、王一也。」曰：「梁山崩，穀梁氏曰：『君親

縞素帥群臣而哭之，既而祠焉，斯崩山之壅河流者矣』，此術者之言也。左氏曰：『君為不舉，降服乘縵，徹樂出次，祝幣史辭以禮焉』，此有司之存也。胡氏曰：『古之遭變異而外為此文者，必有恐懼修省之心生於內，徒舉其文而無實以先之，何以弭災變乎』，此儒者之道也。」其言明白正大多類此，惜止八十八條，未能成書也。

◎孫葆田《山東通志》卷百二十七《藝文志》第十：是書《四庫存目提要》引隱公三條、僖公／文公／成公各一條，謂「其言明白正大多類此，惜止八十八條，未能成書也。」按卷中所載，凡隱十條、桓十一條、莊二十四條、僖十條、文十條、宣七條、成五條、襄十一條、閔昭定哀四公俱闕。

◎趙爾巽《清史稿》卷一百四十五志一百二十《藝文》一：《春秋一得》一卷，閻循觀撰。

◎劉聲木《桐城文學撰述考》卷一「閻循觀撰述」：《尚書讀記》一卷、《毛詩讀記》一卷、《春秋一得》一卷、《困勉齋私記》四卷、《見聞隨筆》、《名人小傳》、《論語譜》、《制藝》、《讀禮□註》□卷、《困勉齋記志》□卷、《求心編》□卷。

◎雷夢水《販書偶記續編》附錄「四庫存目有」：《西澗草堂文集》四卷、《詩集》四卷、《困勉齋私記》四卷、《尚書讀記》一卷、《春秋一得》一卷（清昌樂閻循觀撰。乾隆癸巳樹滋堂精刊）。

◎閻循觀（1724～1768），字懷庭，號伊嵩。山東昌樂人。乾隆七年（1742）舉人、三十一年（1766）進士。官吏部主事。初好佛學，後專宗程朱。講學於麓臺書院，與韓夢周並稱「山左二巨儒」。著有《尚書讀記》一卷、《毛詩讀記》、《讀禮□註》、《春秋一得》一卷、《論語譜》、《名人小傳》、《西澗文集》、《西澗草堂詩集》四卷、《西澗制義》、《困勉齋私記》四卷、《求心編》。

嚴毅 春秋論 二卷 未見

四庫提要著錄江蘇巡撫採進本

◎提要：是書凡九十九篇。每篇略如袁樞《紀事本末》之例，標舉事目，類聚經文於前而附論於下。其體在經義、史評之間，而持論嚴酷又頗傷輕薄。其《莊公忘父仇》一篇云：「王姬之卒，文姜之幸也，不然何以奪新婚之宴而復敘淫奔之好也。文姜數數與齊侯亨會是又莊公之幸也，不然安得結歡於齊侯而有狩獵之馳騁衛俘之弋獲也。」是豈儒者說經之體耶？

◎《清史列傳》卷六十六《儒林傳》上：性孝友，家貧，屏跡不出。篤學好古，經史百家，靡不研究。嘗讀高子遺書，歎曰：「吾舍是將安歸？」高世泰推為東林主講，督學張能麟欲禮致之，不赴；貽以「力扶正學」額，不受。或勸以野服謝，亦不答。所著有《易說》、《易同》、《春秋論》、《春秋集說》、《尚書講義》、《四書講義》、《生軒存稿》。

◎嚴轂，字佩之。江蘇無錫人。諸生。後絕意進取，嘗主講東林書院。著有《易說》、《易同》、《春秋論》二卷、《春秋集說》、《尚書講義》、《四書講義》、《東林書院志》、《生軒存稿》。

嚴轂 春秋集說 佚

◎《清史列傳》卷六十六《儒林傳》上：嚴轂，字佩之，亦無錫人。性孝友，家貧，屏跡不出。篤學好古，經史百家，靡不研究。嘗讀高子遺書，歎曰：「吾舍是將安歸？」高世泰推為東林主講，督學張能麟欲禮致之，不赴；貽以「力扶正學」額，不受。或勸以野服謝，亦不答。所著有《易說》、《易同》、《春秋論》、《春秋集說》、《尚書講義》、《四書講義》、《生軒存稿》。

嚴啟隆 春秋傳注 三十六卷 提綱一卷 存

常熟藏康熙二十七年（1688）抄本（清禹嚴批校。何焯跋）

國圖藏康熙四十七年（1708）朱彝尊家抄本（朱彝尊跋）

復旦藏康熙五十三年（1714）歸安鄭氏刻本（錢謙益定。無提綱）

無錫藏清初抄本

續修四庫全書影印康熙四十七年（1708）朱彝尊家抄本

四庫全書存目叢書影印康熙四十七年（1708）朱彝尊家抄本

◎朱彝尊跋：《春秋傳注》三十六卷，烏程縣學生嚴啟隆爾泰著。爾泰名在復社，甲申後遁跡，自稱「巔軨子」，始為是書示學徒。以胡氏為非，而不敢盡攻其謬。錢尚書受之遺之書，勸其改作。此編成，庶幾起《膏肓》而鍼《廢疾》矣。康熙戊子二月，竹垞老人抄竟，因書其略。

◎錢謙益書〔註1〕：虞山老經生蒙叟錢謙益謹奉書于開止徵君嚴先生門下：僕家世授《春秋》，兒時習《胡傳》，麤通句讀，則已多所擬議，而未敢明

〔註1〕 又見於錢謙益《牧齋有學集》卷三十八（《四部叢刊初編》景上海涵芬樓藏崇禎癸未刊本），題《與嚴開正書》，惟無首「虞山老經生蒙叟錢謙益謹奉書于開止徵君嚴先生門下」句。

言。長而深究源委，知其為經筵進講、箴貶國論〔註2〕之書，國初與張洽傳竝行。已而獨行胡氏者，則以其尊周攘夷〔註3〕，發抒華夏之氣，用以斡持世運，鋪張金元已來驅除掃犁之局，而非以為經義當如是也。竊謂左丘明親受經于仲尼，公、穀皆子夏之門人，以宗法言之，左氏則宗子也，公、穀則別子之子也。漢世《公羊》盛行，《左氏》後出，立于劉、釋于杜，至孔氏而始備。迨于有唐之世，學者鑿空好新，咸〔註4〕欲舍傳以求經，于是入主出奴，三傳皆茫無質的，而《春秋》之大義益晦。元季有黃澤楚望者，獨知宗《左氏》以通經，以其說授之于東山趙汸，東山《屬辭》諸書殆高出宋元諸儒之上，而惜其所謂《集傳》者猶為未成之書，擇焉而未詳也。本朝〔註5〕富順熊過有《春秋明志錄》，援據該博，而于彭山季氏〔註6〕杜撰不根之說亦有取焉，則亦好新說之過也。私心不自量，謂當以聖經為經、《左氏》為緯，採集服、杜已後訖于黃、趙之疏解，疏通畫一，訂為一書，而盡掃施丐、盧全高閣三傳之臆說，庶幾《春秋》一書不至為鄆書燕說，疑誤千載。日月逾邁，舊學荒落，憒悶遺忘，不復省記蓋二十年于此矣。荒邨臥病，冒絮蒙頭，門下忽以《春秋大聲》擲示，忽漫開卷，頭目岑岑然，俄而目光迸發，心華怒生，如向所失物取次得之，記憶宛然，口不能喻，惟有歡喜踴躍而已。書之大指在乎據傳以通經，據經以訂傳，其于文定傳義，發凡起例，條析理解，如秦越人之診病洞見其臟腑癥結，攻伐療治，燎如指掌，雖有二豎子，不能逃之于膏之上肓之下也。今略撮其要義，如曰：「《春秋》之託始以魯隱之見弒而始，其終以請討陳恒而終。」又曰：「文公以前政在諸侯，文公以後政在大夫。二百四十二年間但有大夫弒諸侯，不聞諸侯弒天子。經為大夫作，不為諸侯作也。」又曰：「齊桓既霸〔註7〕，諸國無一人敢弒君者，齊桓殺哀姜之威所懾也。楚莊既伯，二十餘年之內海內無弒君之患，楚莊殺徵舒之威所懾也。大夫之惡莫大于趙盾，聖人所取無急于楚莊，此《春秋》大關目，炳如日星，古今未嘗標舉者也。」謂隱桓二十年間外事皆以鄭莊為綱，魯隱半生全被鄭莊播弄，此老吏斷獄，案問得其主名，無可解免者也。謂盟會城築無皆譏之例，謂母弟稱弟史家恒詞，齊年鄭語初無貶例，此

〔註2〕錢謙益《牧齋有學集》卷三十八《與嚴開正書》「論」作「倫」。
〔註3〕錢謙益《牧齋有學集》卷三十八《與嚴開正書》「夷」作「彝」。
〔註4〕錢謙益《牧齋有學集》卷三十八《與嚴開正書》無「咸」字。
〔註5〕錢謙益《牧齋有學集》卷三十八《與嚴開正書》「本朝」作「明朝」。
〔註6〕錢謙益《牧齋有學集》卷三十八《與嚴開正書》「季氏」作「李氏」。
〔註7〕錢謙益《牧齋有學集》卷三十八《與嚴開正書》「霸」作「伯」。

如良吏平反，盡洗酷吏故入文致之案，深文者亦無所置其喙也。此書雖專攻胡氏，如古人所謂箴膏肓、起廢疾者，覈其實，則根據《左氏》，貫穿全經。胡氏棄灰之璅法一切平亭，而諸儒墨守之疑城一往摧倒，斯則尼父之功臣，非獨康侯之諍友也。非門下具千古心、開千秋眼，不能信手開闢發此議論。慮非僕老眼無華，似亦不能作此賞識也。所最可惜者，本是通經著述之書，卻言為舉業而作，先之以標題舉業，繼之以別論經義，先號後笑，曲終奏雅，高明之士一見講章面目，不待終卷已欠申恐臥矣。辟之隋侯之珠光可照乘，而崑山之人用以彈鵲；又若圭〔註8〕璋穀璧裏襲敗絮、天吳紫鳳顛倒短褐，物之失所，莫甚于此。猶記兒時，先宮保授以《春秋錄疑》，訓之曰：「此晉江趙恒先生所著也。先生著此書，顓心屏氣，以纊塞其耳，然後執筆。書成，去其纊，兩耳聾矣。先輩專勤如此，雖可重亦可哂也。」今門下所撰述，縱橫千古，可以發〔註9〕口游／夏、輊〔註10〕簡談／趙，而乃沿襲流俗，夾雜講章，徒為趙先生瑱耳之物而已，豈不可為歎息哉。倘門下不棄瞽言，慨然改正，削芟蕪梗，斷為一書，僕雖老耄，尚當溫繹舊聞，悉意而為之序。如其不然，畢竟以舉業為主經義為客，則僕之斯言或可命侍史繕寫，置之末簡，使世之君子有習其讀而不欲竟者，或將為之決眥拭目，蹷然而興起也。歲在丙申五月五日，謙益再拜。

◎春秋傳注自序：《春秋》之所紀者事也而非文也，其文則史而已。何以筆，何以削，何以絕筆于獲麟，何以託始於隱公，則竊取之義存焉。今則其削者不可見，就一經而觀之，則莫大乎其所絕筆與所託始之意。此之不辨而好言《春秋》，譬則狂者之惑方，夫且不知東西之易向也，而又與言人事之際乎？隆嘗挈其端倪，疏其條件，大略一本孔孟之遺言，終不雜以後人之測議。學者從其緒而求之，則千聖之絕業可得也。何言之？世之言獲麟者夥矣，其說百出而不離乎麟，而不知麟直其寄也。何謂寄？哀公十四年春西狩獲麟，夏四月齊陳恆執其君壬寘于舒州，六月齊人弒其君壬于舒州。夫陳恆弒君，孔子沐浴而朝請討之，公曰：「告夫三子」，之三子告，不可。子曰：「以吾從大夫之後，不敢不告也。」當時季氏之行事與陳恆之行事何異？其視哀公與陳恆之視簡公何異？齊弒君而魯請討，豈真志在討齊哉？要使三子之心知弒君一事為人人

〔註 8〕錢謙益《牧齋有學集》卷三十八《與嚴開正書》「圭」作「珪」。
〔註 9〕錢謙益《牧齋有學集》卷三十八《與嚴開正書》「發」作「廢」。
〔註10〕錢謙益《牧齋有學集》卷三十八《與嚴開正書》「輊」作「轍」。

所欲誅。萬一有人焉為楚莊、石碏之為，則亦事理之或然者耳。至于三子不可，而聖人之心戚矣，故于是乎作《春秋》，作而懼與否不可知，然哀雖有適越之憂，而終不蹈簡公之轍者，未必非《春秋》之所留也。若是則宜大書其事以明沐浴之義，何以絕筆于獲麟，而及以陳恆之事置之言外乎？今夫人之有言之所及者淺，不言之所寓者深。夫比物連類，本無預于我之生平，而適與我之生平相中，未有不聞之汗下者也。若直指其生平而斥之，人心懼机反塞，今舉陳恆之事而大書之，是直指其生平而斥之也。曆書二百四十二年之事，至于陳恆之事將見而反為之默，是比物連類本無預于三子之生平，而適與生平相中者也。適有獲麟之異屹然而止，使天下之人一以為紀異一以為紀祥，一以為志悲一以為志喜，若無預于三子也者，而三子之心默然而懼默然而慙默然而悔默然而感，是聖人之書全乎机也而出於誠，全乎誠也而一本於厚，由是聖人之書有以收亂賊之心而為萬世經常之本矣。何以徵之？即以其託始隱公徵之。夫魯隱之元年，周平王之四十九年也，平王之始可託，惠公之始可託，今舉無所託而獨託始于隱公，何哉？隱固讓國之賢君也，讓國之賢君宜不以國故弒，今反至于見弒，彼直以其君為戲而以弒為常，意所欲生則生之，意所欲去則去之耳，若是則何難于弒？聖人之託始于隱公，若曰當世之君臣宗國之往事固有若是其可畏者耳，故託始于隱公。與絕筆于獲麟為一經之本義，孟子所謂「臣弒其君者有之，子弒其父者有之，孔子懼，作《春秋》」是也。隆故疏其條件而曰：有一經之經，有一經之緯，弒君三十六，其經也。雖非弒君，而事有關于弒君者，亦皆經。若夫王迹之凌夷、伯功之升降、夷夏之盛衰、大夫之專政、陪臣之擅權，皆緯也。經之所繫者重，緯之所繫者輕。舉經緯而竝言之，則說經者之大誤也。而況今日會某侯明日盟某公、今日某侯來赴明日會葬某公，此不過內詞所不廢，夫子存之以實一經之歲月。緯且不足以當之也，而況經之為用乎哉？隆故疏其條件而曰：有內詞有外詞，內詞詳，崩薨卒蓳水旱螟螽大雩郊禘朝聘君行之類皆是；外詞要，苟無關于王迹之凌夷、伯功之升降、夷夏之盛衰、大夫之專政者，不告則不書。有詳而當乎一經之經，有要而止于一經之緯，此在學者之自為辨晰而已。若夫二百四十二年但有大夫弒諸侯，不聞諸侯弒天子，經為大夫作不為諸侯作也。故夫子曰：「天下有道，則政不在大夫。天下有道，則庶人不議。」文公以前，政在諸侯，天下弒君之禍猶緩。文公以後，政在大夫，天下弒君之禍益急，隆故疏其條件而曰有一經之賓有一經之主。賓

者何？文公以前是也。主者何？文公以後是也。至若詞之為用，有複有單，有一事而僅見一詞者，有一事而始終偹載者，則詳略之用昭焉。善乎左氏之言曰：「《春秋》之稱微而顯，志而晦，婉而成章，盡而不汙，懲惡而勸善，非聖人孰能修之」，蓋所以美《春秋》者大略如此。而以歸于稱族尊君命、舍族尊夫人，則非。後之言經者，其說愈煩，其文愈鑿，至求于或稱爵或不稱爵、或名或不名、或人或不人、或日或不日、或月或不月、或至或不至，離于事而究于文，嗚呼，聖人之旨隱矣。丁酉菊月，烏程後學嚴啟隆書于墨蕉園之澹軒。

◎著書年譜序：是書也，我叔開止所著也。叔少治《春秋》，慨世之宗《胡傳》者多附和雷同者，未有能明大旨。竊謂《春秋》之大旨莫重於誅亂討賊，而治亂賊尤莫嚴于大夫。識此以貫二百四十二年之始終，而要以根據《左氏》箴砭《胡傳》為著書之本旨。顧自慮窮鄉後學，何敢妄有著述以蹈荒經滅古之譏。寔因舉業起見，故先之以標題，繼繼〔註11〕之以別論經義，名其編曰《春秋大聲》，而未敢遽以通經自命也。始于天啟子丑，庚午科試以經藝，受知于毘陵鄒常先生。以及寅卯，遂有就緒。甲申乙酉以後，絕意進取，益專心卒業，念茲在茲。至丙申命範清稿，請正虞山錢牧齋太史，深加歎賞，以書見遺，累幅數百言，稱為尼父之功臣、康侯之諍友，顧惜其以舉業兩岐也。于是謹遵先生教，凡有涉于舉業者，悉芟之，專以明經為務。早夜精研，必欲傳千古不傳之秘，至夢寐飲食無非經義。猶憶範嘗侍食左右，見叔穆然若思，忽投箸而起，起而書，書而已復食，指食前蔬菜顧謂範曰：「我頃有所得，雖八珍之味何以加乎此！」其專心篤好若此。丁酉而書大成，更其名曰《春秋傳注》，命範錄之。出其稿紙，皆零星補綴，不啻再易三易至有十二易而始定者，其反復詳慎如此。錄就再正虞山，乞其序，未幾而錢太史已逝矣。嗚呼！我叔當聖遠言湮之會，不憚排羣說而為是書，先生獨見賞於世俗意論之外，豈非千古之僅事歟？孰意序未出而知已云亡，良可憾也。然舉是書之提綱挈領，貫穿全經之要，已具載于原所遺札中。故即以弁之簡方，欲付之剞劂以公世。夫何書成而心血已枯，我叔亦於辛丑歲捐館矣。痛念疾革時無他囑，惟以此書為諄諄。爰是揮淚手錄，携至林村。不意癸丑慘遭回祿，凡所著書文稿本并遺像俱成灰燼，可勝悼歎！今年範年已七十有六矣，兩目雖未昏華，而精力衰落，自分無幾歲月，恐此書一旦散佚，有負所所〔註12〕托，他年何顏相見於地下。其原所清稿又經

〔註11〕周按：原文如此。
〔註12〕周按：原文如此。

改削者，向存文昭侄處，移來繕寫副本。夫此書之果有當于宣聖微旨、堪繼丘明之席以救文定之非、垂天壤而炳日星與否，余小子則何敢知。第以我叔三十餘年攻苦心血，重以遺命，敢不敬述以俟後之善讀經者？至其間不無訛謬舛錯處，捴在先在先叔歿後，無可攷證，仰冀高明鑒之。康熙歲次戊辰仲秋，侄民範敬述。

◎春秋傳注提綱：

一、明原

原者何？原聖人之德也。聖人作經，其文則史，其所竊取之義又不著於文字之間，何故？《春秋》成而亂賊懼，萬世之人赫然炳日月而流江河，相與尊其義於不悖哉！蓋以聖人作經實在臨歿之年，其道德之盛為世主之所欽、卿士大夫之所仰及門弟子之所揚榷而奔行之者，已非一日。而又當贊《易》以翼經，刪《詩》《書》以垂訓之後世，但有所筆，必知其為聖人之書。且懼而作書，書成而無汲汲以自明之意。迨乎歿而其書始行，以故竊取之義為當世所繹思。群弟子所講習，其所為誅亂臣討賊子之義亦漸悟而得其意之所存。于是天地之性各見于人心，幡然而動其悔過之意。孟子曰：「《春秋》成而亂臣賊子懼」，則以戰國之亂方烈于春秋，而弒父弒君之禍反不甚作，則一治之功已實見于百年之內，非虛加之譽已也。然則此書而不作于孔子，即有此竊取之義，人亦未必懼。即作于孔子，而有汲汲以自明之意，則其自懼也不切，而人亦不能重古而為之懼。然則亂賊之懼與此書之所以為經，全乎聖人之德與聖人之懼，而不在乎區區事義之間也。作《明原》第一。

一、明義

凡讀《春秋》，當首觀其絕筆之義與托始之情，而後一經之綱領始挈。何故絕筆於獲麟？《論語》陳恆弒其君，孔子沐浴而朝請討之。公曰：「告夫三子，三子不可。」此《春秋》之所以絕筆，聖人所甚欲明之、甚欲晦之，終其身不以告人者也。今觀哀公十四年春西狩獲麟，其夏四月齊陳恆執其君壬實于舒州，六月齊人弒其君壬于舒州。夫子懼三子復為陳恆而哀公之不免于齊簡，于是假魯史以作經，以默示夫力曉三桓力警哀公之意。若將此事實之言內，則所曉三桓與警哀公之意全乎不著。若竟絕筆于此事，則于譏切當世之意又懼太明。明之不可，晦之不可，于是巧為之法而絕筆于獲麟，使當其事者如逆子之聞雷，自驚自懼；而身在事外不關痛癢之人則直以為麟而已矣。故麟之說百變以至于今，而卒無能得其解者，則聖人之所不欲著也。今以托始隱公之說證之，

夫使為周衰而作，則何不始於平王之初而始于平之四十九年？又何不始于孝公之世惠公之世，而必始于隱？蓋以讓國之賢君心可旌乎白水，而一不免為賊臣之所弒，托始于此，則天下知作經之本意確乎其為臣弒君、子弒父而作，而與絕筆獲麟之意昭然相見于終始之間。內自子般以迄昭公，外自州吁以迄陽生，皆包舉于一始一終之內，則《春秋》一書但有誅亂臣討賊子之一義，而更無他義之可言也。然則引他義以說經，皆如迷者之易方、盲者之揣籥，其說愈詳其旨愈遠。自左氏以來，共相誑惑，以至于今，不知其幾何年矣。隆不揣，竊欲起古人而問之。

凡讀《春秋》，當明賓主。何謂賓？文公以前是也。何謂主？文公以後是也。夫子曰：「天下有道，則禮樂征伐自天子出。天下無道，則禮樂征伐自諸侯出」，此指文公以前而言。又曰：「天下有道，則政不在大夫」、「天下有道，則庶人不議」，此指文公以後而言。何謂文公以後？春秋之初，鄭莊為尊，攬天子之權以歸諸己。其時天子失馭，政在諸侯，亂端雖啟，尚無煽于臣弒君、子弒父之變，《春秋》一書可以作可以無作，所謂政不在大夫則庶人不議也。文公以後，趙盾專晉，攬權任數，卒使政歸于臣，列國因之，各逞其勢，各凌其君。魯成季氏，衛成孫氏，齊成陳氏，鄭成三卿，陳成二慶，列國之君各寄虛位于權臣之上，而天下之倒置乃極。夫春秋以來但聞大夫弒諸侯，不聞諸侯弒天子，縱不得政，已知大夫之難治矣。又舉一國之柄而盡歸之，則顧盼之際即為風雲，弒一君更立一君，何待咄嗟而後辦哉？於是不得已而作經，所謂政在大夫則雖以庶人之賤犯天下之不韙而不能不為之一議者也，是則經為大夫作不為諸侯作也。故曰文公以後為一經之主。且自晉有趙盾，而天下之弒君者十五年間其事八見，楚莊一出，名正言順以討徵舒，則二十五年之內寂然無一聞。事皆在于文公之後，痛心切骨，非復前此之情可以作可以無作之比，然則但言誅討，尚未明乎誅討之緩急也。而況夷誅討于他義乎哉！吾以是歎諸傳家之舉不得其要領也。

凡讀《春秋》，當明經緯。誅亂臣討賊子，其為此經之本義不待辯矣。然經所書二百四十二年之事，豈皆一出於弒君？蓋有旁見雜出以實一經之歲月者矣，又將何道以治之乎？此非無義也，雖有其義，不足以當一經之義，則燭火螢光終無與于日月之炤也。今以弒君諸條及事涉弒君者為此經之經，而以旁見雜出以實一經之歲月者為此經之緯，則竊取之義約然在經而不在緯，緯縱有義，付之不問可也。作《明義》第二。

一、明事

《春秋》之所記者，事而已矣，而文無與。文者所以載事，不聞文以載義也。故必明于事而後可以言義，如公攝位而欲求好于邾，故為蔑之盟，是盟蔑之事。惠公之季年敗宋師于黃，公立而求成焉，是盟宿之事。衛為公孫滑伐鄭取廩延，已而鄭人伐衛討滑之亂，是伐衛之事。若以盟為義而謂盟即聖人之所惡，以征伐大權為義而謂伐即聖人之所惡，則全離其事矣。如蔡侯、鄭伯會于鄧，傳言始懼楚也，義在楚始強，不在蔡鄭始懼，若以懼為義而謂懼即聖人之所惡；如荊敗蔡師于莘，以蔡侯獻舞歸，經言荊始橫也，若以蔡為義，而謂歸即聖人之所惡；如齊師滅譚，譚子奔莒，經言齊用強也，若以譚為義，而謂無罪見討為聖人之所恕，則全移其事矣。如胥命于蒲，所以相命者當自有事，而即以胥命為其事；會曹伐鄭復納厲公，而直以蔡衛後先為其事；三國伐宋討宋之背北杏也，而直以將平師少為其事，則全遺其事矣。如州吁之事連稱管至父弑齊襄而立無知，是無知之事，若舍州吁無知之罪而以不稱公子不稱公孫為衛莊齊僖之咎，則全悖其事矣。如經書同盟者十有六，他盟皆次第歃，此則一時歃，故言同，而強為之說曰：「諸侯同欲而書同，惡其反覆而書同」，如會畢即伐，急於納厲公，期諸侯于棐林，所以訂伐鄭，而強為之說曰：「地而後伐為疑詞，地而後伐以著其美。」如會王世子于首止，以鄭伯之有二心也而復盟；宰周公會于葵丘，以叔帶之謀未息也而復盟；會于宋所以訂彌兵，以屈建之言交見也而復盟；會于平丘所以合諸侯，以齊人之有異志也而復盟。盟之與會，各自為事，而強為之說曰：「言之重、詞之複，其中必有大美惡焉。」則曲生其事矣。如圍宋彭城以討五大夫也，而專惑于追書之說；城虎牢以偪鄭也，戍鄭虎牢尤以偪鄭也，而專惑于城不繫鄭、戍還繫鄭之說，則反棄其事矣。原其所以，緣乎以文為義而不知夫義之在事，又不知夫事之在《左氏》，故其奏記高宗曰：「《左氏》繁碎，不宜虛費光陰」，此正文定之所以誤也。今於每條之下專明事實，後略說義。義所不及，則但詳事實，不復說義。其傳與經違，及理所難信者，亦復時有辯晰。或《左氏》不備，間採他書以佐之什一千百，要之不離乎《左氏》也。

《春秋》紀事用編年，故事嘗雜出，要其本末，未嘗不具。苟循其緒而求之，則條理秩如，可燭炤而數也。有數條而祇言一事者，有數十條而祇言一事者，有數條而始竟一事者，有數十條而始竟一事者。如莒人入向、無駭入極、紀子伯莒子盟于密、莒人伐紀取牟婁、公及莒人盟于浮來，此數條而祇言一事

者也。如伯姬歸于紀、齊侯鄭伯如紀、公會紀侯于郕、紀侯來朝、天王使家父來聘、蔡公來遂逆王后于紀、紀季姜歸于京師、齊鄭衛來戰于郎、公會齊侯于艾、公會齊紀盟于黃、齊師遷紀郱鄑郚、紀季以酅入于齊、紀伯姬卒、紀侯大去其國、齊侯葬紀伯姬、紀叔姬歸于酅、紀叔姬卒、葬紀叔姬，此數十條而秖言一事者也。如有克段然後有伐衛之師，有伐衛然後有東門之役，有東門然後有入郜之兵，有入郜然後有長葛之圍，有長葛然後有華督之弒，此數條而始竟一事者也。如馬陵之役、吳入州來／鍾離、會戚、會相、會向、極之戰、長岸敗雞父，至于柏舉之師、楚人失郢，而後通吳之策始遂，此又數十條而始竟一事者也。迹其首尾而知盛衰，迹其盛衰而知升降，二百四十二年之間，所書者不過數十餘事而已矣，又多乎哉？此讀《春秋》者貴乎求其事而不在乎揣其文也。作《明事》第三。

一、明文

孟子曰：「其文則史」，史者，魯史之舊文。聖人即魯史之舊文以寓作經之大義，不聞有所是正于其文也。自《史記》曰：「筆則筆削則削，子夏之徒不能贊一詞」，於是後世之言經者遂舍孟氏而專從《史記》矣。要其所以見惑之故，則曰經實有翼文。如會于稷以成宋亂、如鄭棄其師、如天王狩于河陽、如會于澶淵、宋災故之類，有此異文則他處之或爵或人或名或字之類，疑皆聖人之筆削。甚則舉夫元年春王正月、秋七月之類，而皆以聖人之文當之，於是舍事論文之說沸然而起。今試舉史文之可議而聖人之所終不為改者，一略數之。夫閏月定四月成歲，唐虞已然。閏無定月，氣盈則各斗指兩辰之間，天之垂象固可據也。周自幽王以後，曆官失傳，遂置閏月於歲尾，故言閏月不言閏某月，以閏為歲尾之定名也。若舊史可改，則首宜改者宜莫若閏，今仍以閏月書，是不改者一矣。僖公二十八年公兩朝于王所，其明年告廟飲至朝王為重，則當言公至自王所，今仍以圍許至，是不改者二矣。文八年秋八月戊申，天王崩，公孫敖如京師，必在天王之崩後；十月乙酉公子遂會雒戎之前。今因丙戌奔莒，然後挈書公孫敖如京師，不至而復，丙戌奔莒，是為奔莒書不為弔天王書，是不改者三矣。鄭伯使宛來歸祊，義在歸祊不在使宛；韓穿來言汶陽田，義在言汶陽不在使穿。今仍書使宛使韓穿，是不改者四矣。晉人及姜戎敗秦于殽，義在晉敗秦，不在及姜戎；齊侯伐我北鄙，遂伐曹，入其郛，義在伐曹，不在入郛；伐莒取向，則莒人之不肯可知；公會齊侯於夾谷，則及齊平可知。今皆仍史文之贅記而書，則不改者五矣。哀公十二年十有二月螽，季孫問諸仲尼，仲

尼曰：「火伏而後蟄者畢，今火猶西流，司曆過也。」火猶西流，則今之八月
也。舊史可改，則宜改者莫急於此，今仍司曆之過而誤書，則不改者六矣。州
吁以後，商人以前，亂賊之人未知禁告，告者得以實聞。自趙盾有自辯之言、
鄭公子宋移獄于歸生，而天下始之弒君之名之當避，于是晉欒書不以名告。鄭
公子騑、楚公子圍皆以疾赴楚，楚公子棄疾以比弒其君，聞而已，乃自居于殺
比，使舊史可改，則不書其名者當直著其名，不言其弒者當直言其弒，今皆仍
舊史之偽告而書，則舊史之文固無一字之改矣。凡此之類，難可悉數。何獨于
棄師、河陽之事而以為斷制其義，于會稷、澶淵之事而以為增益其詞也哉？然
則告有參差史有文質，或略或詳或顯或晦，總非經義之所存，必欲執文以言經，
而動指為聖人之義，是枉為舊史作傳，而於聖情了無涉也，則正聖情所大惑也。
作《明文》第四。

一、明內外

內者魯事，公及邾儀父盟于蔑及宋人盟于宿、祭伯來之類是也。外者他國
未告之事，鄭伯克段于鄢、鄭人伐衛、齊鄭盟于石門之類是也。內詞詳，若君
行、若大夫出、若來聘、若來朝、若受兵、若往伐、若築、若城、若婚姻、若
時祭、若水旱、若螽螟之類，無不悉書，其義之所繫，往往而細。外詞必告而
後書，或專告魯，或徧告以及魯，苟非理所宜告與意所欲告，則不來告，其義
之所繫往往而鉅。今取內事之最細與外事之最鉅者而各舉一字以為之言，則此
可以立義彼亦可以立義，斷爛朝報之譏真難免于妄人之口矣。當知內事有時或
鉅而細者恆多，外事有時或細而鉅者恆多，分類而觀，則若網在綱，秩然可數。
其有伯主之令而魯往會盟，則雖內詞而實外事；若崩告卒而魯使往弔，則雖外
詞而實內事。又不可執一論焉。作《明內外》第五。

一、明告

《周禮》列國各有史官掌邦國四方之事，達四方之志。掌四方之事者，謂
他國來告則史得而書之；達四方之志者，謂我國有事則史得而告之，故有國滅
而史未嘗滅者，則猶得以國之見滅告于諸侯也。是以州吁弒君則曰衛人來告
亂，甲戌己丑陳侯鮑卒則曰國人分散故再赴。國人分散則史亦分散也，其有本
非大故而與魯有涉，則小事亦告，如莒人入向、莒人伐紀取牟婁之類，所謂專
告在魯者，是其有天下之大故告於諸侯，如鄭伯克段于鄢、鄭人伐衛、齊鄭盟
于石門之類。所謂徧告及魯者，是其有本為天下之大故而彼不來告，如鄭高渠
彌弒昭公、齊人殺子亹、鄭傅瑕弒子儀、陳陀殺太子、曹負芻殺太子、衛殺太

子伋、鄭殺太子華之類，則不見經絲不告。其王朝大故宜必得書，而王室衰微，史或不脩，或雖脩而紀綱已弛，不嚴赴告，則子克、子頹之難竟不來告。其晉楚秦三國，春秋之初本已強大，而赴告未通，則不告。其吳在成公前並兼所及，已在江淮之際，而未通上國，則不告。其楚滅江漢間小國，無歲無事，而南北方敵，則不告。惟盟齊之後，魯方媚楚，則伐隨、伐陳、圍陳、納頓、滅夔之役即頻來告。踐土後魯服晉，遂不復告。其魯與晉本相終始，而晉方怨魯，當晉成初立以後、黑壤用賂以前，如晉侯伐鄭及鄭荀林父救鄭伐陳之類，則不見經，絲不告。其有本一事，而伐國者示威則伐國者告、受伐者示紲則受伐者告，其襄公以後赴告日煩，雖當兩敵用兵之際，而諸侯卒薨及殺大臣等事亦無不告。其有兩國皆來告，而一國先告則據先告之國詞以書，後亦不復贅書。其有兩本皆不告，而公親在行君行史從，則以事有相涉而亦書。凡此皆告之情狀，即所以獲見于經之情狀。左氏親見舊史，舊史本無文，故得確知其為不告也。作《明告》第六。

一、明筆削

筆削之說出自《史記》，《左氏》絕無其文。當思左氏春秋時人，其親受經于仲尼雖不可知，要之舊史之文則所親見也。假令舊史所有聖筆所無，則筆削之說當已早發于左氏矣，何待漢時而後發乎？！其曰不告故不書者，明是舊史本無，而本無之故必有當日之人為之口授，故不告之說最為可憑，筆削之說最無可憑也。今試就筆削而辯之，夫所謂筆則筆者，指其所存者以為言也。既指所存者以為言，則此語已為虛位，既而訛以傳訛，遂謂有所改正于舊文，則并史遷之意而失之矣。故筆之一字，直可竟廢。所謂削則削者，指其所去者以為言也。舊史既亡，所去之迹終不可見，今就外詞以推之，夫必有關于大義而後存，則必無關于大義而後去。今若隱五年之衛師入郕、八年之宋衛過垂、十年之齊鄭入郕，此亦何關於大義乎？又若桓三年之胥命於蒲、莊四年之三國過垂、十年之宋人遷宿、二十九年之鄭人侵許、僖十五年之宋人伐曹、三十年之介人侵蕭、文五年之蔡人入郡、宣九年之齊侯伐萊、宋人圍滕、十年之齊崔氏出奔衛、宋師伐滕、成十二年之周公出奔晉、十七年之齊高無咎出奔莒、襄十七年之宋人伐陳、宋華臣出奔陳、三十年之王子瑕奔晉、昭九年之秦鍼出奔晉、十四年之莒殺意恢、十九年之齊高發伐莒、定十二年十三年之衛公孟彄出奔鄭、哀十一年之陳轅頗出奔鄭、衛世叔齊出奔宋之類，此又何關於大義乎？無關于大義而亦書之，則是削之一法實未嘗加於

外詞，削之為言亦既先失其半矣。復就內詞以推之，內詞所書，無關于大義者什之七，以為有削，何獨不削？不削則無輕削可知，惟是內女嫁於諸侯，法宜得書，而所書者不過紀伯姬、紀叔姬、杞伯姬、鄫季姬、宋伯姬；內女嫁為夫人，其卒也亦必來告，法宜得書，而所書姬卒者惟七；四時之祭，法宜得書，而所書烝嘗者惟三；每歲孟春之有郊、五年一禘之有禘、每歲龍見之有雩，法宜得書，而所書郊者惟九、禘者惟二、雩者惟二十；公不朝正于廟，法宜得書，而所書公在楚、公在乾侯者惟四；內大夫卒，法宜得書，而桓、莊四十九年不一書。此疑有削，然亦意之云然，豈能確見其為是哉！是執削之一法以說經，是使聖人之意空寄於所不可知之地者不知凡幾，而凡見於傳而不見于經者皆得疑為聖人之所削矣。然則又何據為去取，而于此條獨削于彼條則獨不當削乎？是知主筆削以言經，全乎無據；不告則不書，益確然其有據矣。作《明筆削》第七〔註 13〕。

一、明攷

經有正事有旁事，正事依經，旁事軋出。如元年春王正月本為公即位而書，此正事也。而此春王正月確是冬十一月，此春王正月之稱確是周先王所改稱，即是旁事。公伐齊納子糾，此正事也，而子糾、小白確是齊僖子非齊襄子，即是旁事。宋督弒輿夷並及孔父，此正事也，而三大夫確以大臣故並告非為死節書，即是旁事。會于北杏以平宋亂，此正事也，而蔡哀侯已入楚，此來會者確是世子盻，即是旁事。圍宋彭城討五大夫，此正事也，而齊獨不會，晉以為討至，戚之會齊亦不至，即是旁事。旁事皆所當攷，然雜之正事，則正事之義類不清。今以正事歸傳，以旁事歸注，凡所當攷者悉屬之注，庶使讀者燎然，無與正事相奪倫焉。作《明攷》第八。

丁酉菊月，烏程嚴啟隆志。

◎提要：其說謂孔子欲討陳恒而不得，故作《春秋》以戒三家。不始惠公而始隱公者，以隱有鐘巫之難，特托以發凡。不終於陳恒、簡公之事而終以獲麟者，欲以諱而不書陰愧三家之心。又謂《春秋》治大夫非治諸侯。以三十六君之事為經而其餘為緯。以文公以前為賓而以後為主。經之義當明，緯之義可以不問。主之義當明，賓之義可以不問。又謂「《春秋》一字一句皆史舊文，聖人並無筆削」。其意蓋深厭說《春秋》者之穿鑿，欲一掃而空之，而不知矯枉過直反自流於偏駁也。

〔註 13〕「第七」二字原為雙行小字。

◎曹寅《楝亭書目》卷一：《春秋傳註》，抄本，一函四冊。本朝烏程嚴啟隆序輯。三十二卷。

◎河田羆《靜嘉堂秘籍志》卷十五《經部》三《春秋類》：《春秋傳注》（清嚴啟隆撰。抄五本）。案：《提要》存目：《春秋傳注》三十六卷。啟隆，字爾泰，烏程人，前明諸生。卷中有「愛日精廬藏書」朱文方印、「泰峰」朱文方印。

◎丁日昌《持靜齋書目》續增卷五經部春秋類：《春秋傳註》三十六卷（刊本），明嚴啟隆著（入《存目》）。

◎《文選樓藏書記》卷五：《春秋傳注》三十六卷（明諸生嚴啟隆著。烏程人。抄本。是書卷首列八例，不專主《胡傳》）。

◎朱彝尊《曝書亭序跋》卷八《嚴氏春秋傳注跋》：《春秋傳注》三十六卷，烏程縣學生嚴啟隆爾泰撰。爾泰名注復社，甲申後遁跡，自稱巔軡子。始為是書示生徒，以胡氏為非，不敢盡糾其繆，錢尚書受之勸其改作，乃復點竄舊稾成之。繹其辭，庶幾針膏肓而起廢疾矣。康熙戊子二月，竹垞老人書，時年八十。

◎吳壽暘《拜經樓藏書題跋記》卷一《春秋傳注》：鈔本。前有朱竹垞檢討手跋云：「《春秋傳注》三十六卷，烏程縣學生嚴啟隆爾泰撰。爾泰名注復社，甲申後避迹，自稱巔軡子，始為是書示生徒。以胡氏為非，不敢盡糾其謬。錢尚書受之勸其改作，乃復點竄舊稿成之。繹其辭，庶幾鍼膏肓而起廢疾矣。康熙戊子二月，竹垞老人書，時年八十。」此跋見《曝書亭集》。後有康熙戊辰姪明範《著書年譜述》。

◎《浙江採集遺書總錄・乙集・經部・春秋類》：《春秋傳註》三十六卷（寫本），右明諸生烏程嚴啟隆撰。卷首提綱列八例，并諸考。其書初名《春秋大聲》，因舉業起見，先標題，繼別論經義。後芟其涉舉業者，專以明經為務，始改今名。有姪民範所述著書年譜及朱彝尊跋語。

◎上海古籍出版社 2015 年《續修四庫全書總目提要・春秋類》「《春秋傳注》三十六卷提綱一卷」：是書首有朱彝尊跋，稱嚴氏名在復社，甲申（1644）後遁跡，自稱巔軡子，始為是書示生徒。以胡氏為非，不敢盡糾其繆。錢尚書受之遺之書，勸其改作，此書乃成云云。其後有錢謙益序及嚴氏自序。後為嚴氏自撰《提綱》，以明原、明義、明事、明文、明內外、明告、明筆削、明考為綱。又列《諸國廢興原委》、《諸國官制考》、《諸國用人異制考》、《大夫為卿考》、《晉中軍楚令尹考》、《晉六卿八卿考》等十九篇論文目錄，然此本只見《大

夫為卿考》一篇。嚴氏以為，孔子欲討陳恒而不得，故作《春秋》以戒三家。所謂筆削，何以筆？何以削？今既不可見其所削者，就一經而觀之，莫大乎其所絕筆與所托始之意。不始惠公而始隱公者，以隱有鍾巫之難，特託以發凡。不終於陳恒簡公之事，而終以獲麟者，欲以諱而不書，陰愧三家之心。又謂《春秋》治大夫，非治諸侯，以三十六君之事為經，而其餘為緯。以文公以前為賓，而以後為主。經之義當明，緯之義可以不問；主之義當明，賓之義可以不問。是故嚴氏以為，《春秋》懲惡勸善，非聖人不能修之，然而《春秋》之旨在義而不在於例。故其說愈煩，其文愈鑿。至於稱爵不稱爵、或名或不名、或人或不人、或日或不日、或月或不月者，則曰聖人之旨皆隱於此。蓋不許以例解經之法。朱彝尊以為此書「庶幾起膏肓而針廢疾矣」。是書亦收入《四庫全書總目》春秋類存目，提要謂：「嚴氏謂《春秋》一字一句皆史舊文，聖人並無筆削。其意蓋深厭說《春秋》者之穿鑿，欲一掃而空之。而不知矯枉過直，反自流於偏駁也。」是說亦頗精當。此本據國家圖書館藏清康熙四十七年朱彝尊家鈔本影印。（陳峴）

◎嚴啟隆，字爾泰，號開之（止），自號巔軩子。烏程（今浙江湖州）人。明諸生。著有《春秋傳註》三十六卷提綱一卷。

嚴天顏等輯 春秋總傳說約 三十卷 存

臨海〔註14〕、汕頭市金山中學〔註15〕藏乾隆五十五年（1790）刻本

◎一名《春秋說約》。

◎扉頁題：嚴喜侯、戴于周、朱與偕、朱裴東先生全輯《春秋總傳說約》。較對無訛，汲古閣藏版。

◎嚴天顏，與馮如京善。參輯《春秋說約》三十卷，曾選定《詩家望古集》不分卷，又與梁廷柱參閱《武經全題匯解》。

嚴蔚 春秋內傳古注輯存 三卷 存

美國芝加哥大學、國圖、北大〔註16〕、清華、山東、南京、上海、中科院〔註17〕藏乾隆五十二年（1787）嚴氏二酉齋初刻本

〔註14〕存九卷：卷一至九。
〔註15〕缺九卷：卷一至九。
〔註16〕臧庸校。
〔註17〕臧禮堂校補。

南京、復旦、吉林大學藏乾隆增補刻本

國圖藏光緒四年（1878）武林竹簡齋刻本

上海藏光緒十五年（1889）味義根齋刻巾箱本

續修四庫全書影印南京藏乾隆五十二年（1787）嚴氏二酉齋初刻本

線裝書局 2020 年何俊主編左傳評注文獻輯刊影印乾隆五十二年（1787）嚴氏二酉齋初刻本

◎錢大昕序〔註18〕：漢儒傳《春秋》者，《公》《穀》為今文，《左氏》為古文，班孟堅謂《左傳》多古字古言，而今所行杜元凱本文多淺俗，轉不如《公》《穀》二家。元凱名其書曰《集解》，蓋取何平叔《論語》之例。顧平叔於孔、包、馬、鄭諸解各標其姓名，而元凱於前賢義訓隱而不言，則又近於伯宗之攘善矣。《左氏》解義莫精於服子慎，魏、齊、周、隋之世與鄭康成所注諸經並行，當時有「寧道周、孔誤，不言鄭、服非」之諺。自唐初《正義》專用杜說，而服學遂亾，世遂不復知《左氏》之為古文者，此嚴子豹人《古注輯存》所為作也。夫窮經者必通訓詁，訓詁明而後知義理之趣。後儒不知訓詁，欲以鄉壁虛造之說求義理所在，夫是以支離失其宗。漢之經師，其訓詁皆有家法，以其去聖人未遠。魏晉而降，儒生好異求新，注解日多而經益晦。輔嗣之《易》、元凱之《春秋》，皆疏於訓詁，而後世盛行之，古學之不講久矣。豹人篤於信古〔註19〕，乃刺取《經典釋文》、羣經《正義》，參以它書，采獲若干條，所師不專一家，要皆漢儒舊義。譬之鑿石得金、探水出珠，雖霾掩千百年，其為希世寶，有目者所當共賞也。抑予更有進焉：世儒尊杜氏者，謂其精於地理，今攷鄭伯克段于鄢當為陳留之傿，而杜以潁川之鄢陵當之；楚靈王城陳、蔡、葉、不羹，故子革稱四國，杜本脫葉字，乃分不羹為二以當之；同盟京城北，京即叔段所封，而杜訛為亳；防門、廣里皆齊地，與平陰相近，而杜亦不知也。賈誼、應劭、京相蹯、司馬彪諸人遺言具在，其足箴杜氏之膏肓者正自不少。予嘗有志裒輯而未逮也，博文嗜古如豹人，盍〔註20〕留意焉！乾隆丁未重陽後三日，竹汀錢大昕書於婁東書院西齋〔註21〕。

〔註18〕錢大昕《潛研堂文集》卷二十四亦收錄此序，題《左氏傳古注輯存序》。

〔註19〕錢大昕《潛研堂文集》卷二十四《左氏傳古注輯存序》「篤於信古」作「有憂之」。

〔註20〕江蘇古籍出版社《嘉定錢大昕全集》第九冊《潛研堂文集》卷二十四《左氏傳古注輯存序》「盍」作「幸」。

〔註21〕錢大昕《潛研堂文集》卷二十四《左氏傳古注輯存序》無此句。

◎敘：漢儒說經，各有家法。何謂家法？經者夫子之所修，而七十子傳之，遞相授受。以及於漢儒，必定從一家以名其學，故謂之家法也。《宋書‧百官志》云：「漢武建安五年初置五經博士；宣、成之世，五經家法稍增，經置博士一人」，《後漢書‧儒林傳》云：「光武中興，僻好經術，未及下車而先訪儒雅，於是立五經博士，各以家法教授」，此之謂也。漢末大儒鄭氏康成，乃會通眾家，遍釋羣經，獨《春秋左傳》則不注，而以推服子慎。自是以後，天下並稱鄭、服。晉杜預者乃別為《集解》一書，夫名曰《集解》，則是集合諸家之解矣，其自敘乃云「鑭子駿創通大義，賈景伯父子、許惠卿皆先儒之美者也。末有潁子嚴者，雖淺近，亦復名家。故特舉鑭、賈、許、潁之違以見同異」，吁！《左》學以服為首，杜解中攘竊其義甚多，顧隱而不言，明係忌服名高，作此狙詐耳。孔穎達疏附會之云：「杜以先儒之內四家差長，故特舉其同異。自餘服虔之徒殊劣於此輩，故棄而不論。」此等夢囈之談，將誰欺乎？預在晉功名既盛，書遂大行。而南士輕浮好異，故六朝皆以杜為宗。然《北史‧儒林傳》云：「《左傳》江左則杜元凱，河洛則服子慎」，是知服氏家法猶在北方。奈何唐人襲用鑭光伯《義疏》，又惟杜是遵邪！嚴生豹人，安貧樂道，篤志耆古，作《春秋內傳古注輯存》，漢人家法藉以不墜。此書出，彼杜氏之苟駁前師鄉壁虛造者，尚能以惑人哉？且夫學莫善於有本而功莫大於存古，九經疏漢學佚其四，而《穀梁》之用范寧猶為稍可，其佚而可惜者，《周易》《尚書》《左傳》也。《周易》有李鼎祚、王應麟所輯，《尚書》有予所輯，漢學略具梗概，惟《左傳》未有輯本。曩者敘生所輯魯齊韓三家《詩》，曾反覆低回屬望之。生果能踐此言，再有此輯。彼《詩》有毛、鄭歸然在，生所搜羅，厥功差小。若此編繼絕表微，功視《詩》尤偉矣。生性謙，未敢定從一家，要其輯之之本意，原欲定從服氏。服注殘闕，故不得不兼取賈逵。賈注又殘闕，故不得不兼取鑭歆、鄭興及興子眾。而諸注又不全，不得不旁取以益之。掇拾鳩聚，遂至數家，竹頭木屑，船釘稱星，裝合輻湊，眉目井井，字裏行閒，苦心如見。予敘其書，不禁爵躍欣喜，以為斯文之厚幸焉。乾隆丁未仲春，西莊老史王鳴盛題，時年六十有六。

◎序〔註22〕：《春秋三傳》，《左氏》最後出。鑭歆欲立學官，諸儒多不肎置對。蓋因陋就簡，自古已然。唐時貢舉之法，習小經、中經者兼一大經，於是人皆習《禮記》而不習《左氏傳》，以《左氏》文繁故也。至於先儒訓釋，

〔註22〕又見於盧文弨《抱經堂文集》卷三，題《春秋內傳古注輯序》（丁未）。

亦代廢代興。漢東京以來，陳元、鄭眾、賈逵、馬融、延篤、彭汪、許淑、潁容之徒皆傳《左氏》，而鄭及賈、服為最著。季長則謂賈精而不博、鄭博而不精，合之則無以加矣。魏則賈、服盛行，晉時唯傳服義，而杜預之注亦立國學。至隋杜氏盛行而服義遂微，蓋《左氏》謂之古文《春秋》，其中多古字古言，漢人尚能通之，及乎年祀緜邈，耳目益所不習，於賈、服所釋格乎不相入，而唯喜杜說之平易近人，相與尚之。唐時作《正義》，遂專取杜氏一家，此外多所訾謷，以致精誼美言，棄之不復甚惜。後人無由得見全書，此可為浩歎者也！東吳嚴子豹人，其治經也，深懲專己守殘之陋，而於《左氏》用功尤深，始灼見杜氏之弊，有違禮傷教者，有肆臆妄說者，慨然思漢人之舊。於是凡唐人《正義》及《史》《漢》《三國》舊注，與夫唐宋人類書所引，綜而緝之。賈、服兩家而外，若王肅之《注》、孫毓之《異同略》、京相璠之《土地名》，雖已竝佚，偶有一二言之見於他說者，亦不忍棄也。蓋當古學廢墜之後，而幸有不盡漸滅者，與其過而棄之也，毋寧過而取之，以扶絕學，以廣異誼，俟後之人擇善而從斯可矣，何庸先以一己之見律天下後世哉？斯則嚴子兼收竝錄之微恉也。今天下好古之士多於前時，嚴子此一編出，吾知善學者必能因此以定所宗，而復推類以盡其餘，安知夫賈、服之不復生於今日也？！是則嚴子之為功大矣！其或以為斷爛而不之貴，是所謂嘉肴弗食者也，又烏足與之論學問之事哉！乾隆五十有二年歲在丁未五月，杭東里人盧文弨序於鍾山書院之須友堂。

◎例言〔註23〕：

唐儒義疏，于經不為無功，但嫌擇取不精，未堪奉為準的。即如《春秋內傳》取杜、《易》書之取王弼偽孔，皆魏晉人改師法者。並又曲拘一家庸妄之說，不從漢儒精核之誼。間遇支吾之處不能曲為臆說以抉謬誤，仍引一二經師舊說，用相攷證。以故漢人經義不盡湮沒者，尚賴此得存什一。蔚居貧多暇，采錄羣經《正義》及《史記／後漢書／三國志注》及唐人類部諸書所引《內傳》漢注，共得如干條。雖非全書，然嘗鼎一臠足知正味，學士勿以缺而不完庋諸高閣。

《漢書‧劉歆傳》云：「歆校秘書，見古文《春秋左氏傳》，大好之，從尹咸、翟方進受《左氏》，質問大義。」又云：「歆治《左氏》，引傳文以解經，轉相發明，由是章句義理備焉。」《後漢書‧鄭眾傳》云：「眾從父受《左氏春秋》，作《春秋雜記條例》。」唐陸氏《釋文》亦云然。兩家古注亡佚久矣。蔚

〔註23〕此據二酉齋刻本。各本次序不一，內容亦有別。

今捃拾子駿所傳、五行仲師之注《周官》，間有引徵經傳，用相發明。訓釋字義，亦足旁通。雖劉、鄭之注別有所屬，然據史傳所稱，兩君俱有傳注，即謂此注為傳注，孰云不可？！

漢儒注解，翼贊經傳，咸能各依本文，敷暢厥指，義理剖判，無少疑滯。然諸君辭多援据，注鮮臆度，即所引用，或有與杜預殊異者。此蓋古今訓義不同，未足生疑。況漢人所据書籍，晉人安能盡杜？至於實無所据，或有隨文解釋，要亦信而有徵，非若杜預未學，遇有未通，汎說越理，穢濫實多。是為左氏之蟊賊，反得大顯，良可憫也。

今本《左氏傳》年上有「經」「傳」字，是杜預所題，目分年相附，此亦杜撰之一端也。蔚今依其所分，亦標經傳目別之者，蓋《集解》單行已久，恐稍為改易，易生學士少見多怪之疑。至於預之改經以從其注，如宣二年遂跠以下預改跠為扶、襄二十五年陪臣干諏預改諏為撤之類，惜乎賈、服古本不可得見，莫能一一校對，刊其繆誤。止就《釋文》所列異同注明本文之下，云某本作某字，略存賈、服古本真面目之櫱爾。

諸書所引漢注，即於注下注明書名，庶便檢核。或有一注而數見者，其文句之間有多有少，蔚未敢定彼從此，祇就最詳者錄之而已，餘止載書目。曰《正義》者，孔氏本經《正義》也；他經《正義》則標明某經某《正義》以別之也。許朱重《五經異誼》中載左氏說者，皆經師舊說也，但原書已亡，僅見之於羣經疏中，不曰某經某《正義》者，存其本來耳。

蔚采輯存，乃知《集解》一書，其文證詳悉、義理精審者，皆屬漢人舊說；或辭多舛訛、理昧精研者，俱出一己新意。蓋預本膚淺俗儒，未經師匠，反欲違禮媚時，創為既葬除喪之說，並思盲聾千古，濫入麟經傳注之中（隱元年「弔生不及哀」注云：諸侯以上既葬則縗麻除），此甚可閔笑者，抑何無忌憚若斯耶！杜預之謬不可勝記，蔚別有《左傳杜注摘謬》將復嗣出印可，故此於古注下不盡指斥焉。

《劉歆傳》云：初，《左氏傳》多古字古言，學者傳訓詁而已。改從今文，大半出之杜預手。今唯「公即立」（見《周禮》鄭注）、「曰為衾夫人」及「有文在其手曰㸱」（見正義引石經古文）寥寥數見而已。鄭康成注《三禮》不敢擅改，間有改正，仍存故書。漢儒虛心詳慎，晉人率意妄改，殊可痛恨者也。

蔚家藏注疏本，曾借友人唐石經、宋槧本對校，略有增改，別成《汲古閣春秋疏補正》一書。此但就有古注經文及引用賈、服注正義，今各舉其一，餘

可類例。僖四年傳「昭王南征，沒而不復」，增監本之漏一「沒」字；隱元年正義「魯公自與戰」，改毛刻之「隱」為「魯」字。學士瀏覽此書，幸宥蔚之非妄可也。

賈氏《周禮》《儀禮》兩疏，援及傳注不稱作者姓氏，不能定其誰何。及目它書覆對，則皆服誼居多。惠松厓先生槧作服注，其書雖有據依，蔚今如《大師》疏及襄十八年「吾驟歌北風，又歌南風，南風不競，多死聲」注疏「雖之言注云」而下、《保章氏》疏則云「服注矣」、《輿人》疏載昭十年「請斷三尺而用之」注疏有駁服語云「服君誤」，如此數條，即於「注云」之上添一「服」字，餘仍作「注云」者，要亦裴駰「未詳則闕，弗敢臆說」之義〔註24〕。

杜氏所釋《春秋》地名皆望文為義，非實有典據。如僖元年「邢遷于夷儀」注云：「邢地，《續漢書・郡國志》曰『東郡聊城有夷儀聚，有磥城』。聊攝，齊西界也。」夷儀係於聊攝之閒，不屬諸邢明矣。又哀元年「敗越于夫椒」注云：「夫椒，吳郡吳縣西南大湖中椒山。」是役也，吳報檇李之敗，加兵于越，而乃取勝于境內之地，如越來侵伐。然事甚難曉，然世之儒者往往狃于平易尚矣。時京相璠箸《土地名》三卷，書闕無傳，其逸乃旹旹見於它典籍。蔚佔畢之下，攟拾殘璣，附於賈、服之後，間加攷索，知賢於杜氏居多〔註25〕。

何邵公注《公羊》，以昭、定、哀為所見之世、文宣成襄為所聞之世、隱桓莊閔僖為所傳聞之世。顏安樂以襄二十一年孔子生後即為所見之世，其說未允。蔚今古注分為三冊者，蓋亦主何氏說也。

◎朱筠、朱錫庚《椒花吟舫書目》：《春秋內傳古注輯存》三本。

◎周中孚《鄭堂讀書記》卷十一經部六之下：《春秋內傳古注輯存》（無卷數，二酉齋刊本）。國朝嚴蔚撰（蔚字豹人，吳縣人）。是書不分卷數，唯分隱、桓、莊、閔、僖為上冊，文、宣、成、襄為中冊，昭、定、哀為下冊。蓋主何邵公所見所聞所傳聞之說也。豹人篤志治經，而于《左氏》用功尤深，灼見杜氏之弊，有違禮傷教者，有肆臆妄說者，慨然思漢人之舊，因采輯羣經《正義》及《史》《漢》《三國》舊注與夫唐宋類書所引《內傳》古注以成是編。餘若王肅之《注》、孫毓之《異同略》、京相璠之《土地名》，其軼語之見於他說者，亦為攟拾，間加攷索。所主不專一家，要皆賈、服舊義居多，咸能各依本文，敷暢厥旨，義理剖判無少疑滯。即或有與杜氏殊異者，此蓋古今訓義不同，未

〔註24〕周按：此條自他本錄出。
〔註25〕周按：此條自他本錄出。

足生疑。至于實無所據，或有隨文解釋，要亦信而有徵，非若杜氏之蹖駁前師鄉壁虛造者也。卷首有自撰例言及乾隆丁未盧抱經（文弨）、王西沚（鳴盛）、錢竹汀（大昕）三序。

◎孫殿起《販書偶記》卷二：《春秋內傳古注輯存》三卷，東吳嚴蔚撰。乾隆丁未二酉齋刊。光緒己丑味義根齋重刊巾箱本。

◎嚴可均《鐵橋漫稿》卷七《臧和貴〔註26〕別傳》：

和貴善著書，慕古孝子孝女孝婦事，作《孝傳》百三十卷。又纂《尚書集解案》六卷、《三禮注校字》六卷、《春秋注疏校正》六卷、《補嚴氏蔚左傳賈服注》三卷、《說文解字經考》十三卷、《南宋石經考》二卷，增訂孫氏星衍《倉頡篇》三卷，重編《說文繫傳》十五卷、《通俗文》一卷，輯臧榮緒《晉書》二卷、《鄭氏義門傳志》二卷、《先考遺事》一卷、《拜經堂書目》四卷、《愛日居筆記》六卷。

嚴可均曰：以和貴之孝行卓卓矣，而未永其年，惜哉！然著述等身，聲施藝苑，亦吾黨之榮也。彼歿世而名不稱者，可勝慨哉！

◎翁方綱《復初齋文集》卷十四《節孝處士臧君墓表》：然其撰孝子孝女孝婦事至數百卷，又《三禮校字》六卷、《春秋注疏校正》六卷，集南齋臧榮緒《晉書》二卷，刪補吳江嚴氏《左傳賈服注》三卷、《南宋石經攷》二卷、《拜經堂書目》四卷，皆尚未刊行。以予所見者，《說文解字經攷》十三卷。予嘗謂宋節孝徐處士善讀《儀禮》，而今見君所攷禮今文，蓋許祭酒不及見鄭氏疊出古今文，故未嘗析言，而君特表出之。又所手輯其高祖琳《尚書集解案》六卷。君之兄庸客京師，篋書不多，俟他日求而讀之。而先諾其請，為援大略表於石。君名禮堂，和貴其字也。

◎李慈銘《越縵堂文集》卷五《復王益吾祭酒書》（光緒十三年八月）：辱示《經解續編目錄編》，凡二百一十六部，皆近代經學大師徵言秘籍。然尚有管見小須參酌：宋确山《周禮故書疏證》尟所發明，見聞亦隘，較之金壇段氏《周禮漢讀攷》相去遠甚，似可不刻。邵位西《禮經通論》持議不根，實漢學之大蠹；戴子高《論語注》怪誕謬悠，牽引《公羊》，拾劉申甫遺唾，支離益甚，且多掩舊注以為己說而沒其名，此兩種者宜從刪汰。桂氏《說文義證》書太繁

〔註26〕傳主臧和貴（1772～1805），名禮堂，以字行，私諡節孝先生。武進（今江蘇常州）人。臧琳孫。與兄庸人稱二臧。師事庸，又師事錢大昕，業益進。所與游皆東南知名士。參撰《經籍籑詁》。

重，又湖北已有刻本，其書亦無甚精義。洪北江《左傳詁》僅存古注之略，無所證成，既刻李次白《賈服解輯述》，則洪書似可不刻。其中宜采補者，茹三樵《周易二閭記》（名敦和，會稽人。乾隆十九年進士，官湖北德安府同知。所著《易學十種》精貫鄭、虞之義，而以《二閭記》為最精。其書仿毛西河《白鷺洲主客說詩》，作二人問對，詁訓名通，穿貫諸經。慈銘有其書）、丁小雅《周易鄭注後定》十二卷（蕭山陳氏《湖海樓叢書》有刻本，張皋文訂補即臧在東所輯本）、臧在東輯《子夏易傳》（已刻。又張介虞澍亦有《子夏易傳》輯本一卷）、宋半塘《尚書考辨》（名鑒。慈有其書）、丁儉卿《禹貢集釋》（已刻）、范左南《詩瀋》（名家相。會稽人。乾隆十九年進士。官廣西柳州府知府。即著《三家詩拾遺》者。平生著述，如《易說》《書義拾遺》《家語證偽》等甚夥。今其後人尚藏其經說未刻者。其書義論辨多通，兼有精義，發前人之所未發）、宋緜初《韓詩內傳徵》（已刻。長洲王蒂卿同年有其書）、臧在東《詩考異》四卷／《韓詩遺說》二卷／《訂偽》一卷、丁儉卿《毛鄭詩》四卷／《詩攷補注補遺》三卷／《毛詩陸疏校正》一卷（皆已刻）、林月亭《毛詩通攷》三十卷／《毛詩識小》三十卷（皆已刻入《嶺南遺書》）、包季懷《毛詩禮徵》（已刻，慈有其書）、嚴豹人《春秋內傳古注輯存》（已刻。前見張香濤有之）、張阮林《左傳杜注辯證》（未見。胡竹邨《研六室文鈔》有序，言已刻。近人經說亦有引之者）、邵瑤圃《劉炫規過持平》（名瑛，餘姚人。乾隆甲辰榜眼。慈有其書）、高江邨《春秋地名考略》（慈有其書）、雷（鐏）《古經服緯》（順天通州人。乾隆中舉人。官教論。慈有其書。頗謹嚴有條理）、夏嗛父《五服釋例》（慈有其書）、丁儉卿《儀禮釋注》二卷／《周禮釋注》二卷／《禮記釋注》四卷（皆已刻。丁氏之書以此三種為最精）、江震滄《讀儀禮私記》（未見，惟胡氏正義引之）、呂雲里《周禮補注》（名飛鵬。旌德人。貢生。工部侍郎文節公賢基之父。凌次仲弟子。其書頗駁鄭注，亦尠精義，而終有家法）、宋于廷《釋服》（未見。有言其已刻者）、蔡立青《蔡氏月令輯注》（其書雖考蔡邕《月令》及《名堂論》，而甚有功於《禮記》。所訂正皆極精確）、王實甫《大戴禮釋詁》（此書未見，然阮文達集中有序，似已刻。近人書中亦有推重之者）、宋于廷輯《論語鄭注》十卷／《論語發微》四卷（二書皆未見。然《論語鄭注》似已刻；《發微》則劉氏《正義》屢引之，亦已刻無疑，四卷是足本，學海堂所刻寥寥數頁不成書）、王亮先（鎏）《論語正義》（此書未見。劉氏《正義》亦屢引之）、俞蔭甫《論語古注擇存》一卷／《孟子古注擇存》一卷（兩書最平實）、畢季瑜《論語廣注》（名憲曾，太倉人。秋帆尚書之從子。乾隆乙

卯順天舉人。書止兩卷,頗寥寥,而多存古義)、葉蘭如《介疋古注斠》(揚州人。李祖望之室。兩書慈皆有之)、王汾原《小爾雅注疏》(名煦。上虞人。乾隆四十四年舉人。官甘肅通渭縣知縣。其書逐句為釋,兼義疏注,實較宋于廷《訓纂》為密)、胡墨莊《小爾雅義證》(已刻入《墨莊遺書》,昔年在廠市見之),又郝氏《爾雅義疏》學海堂所刻非足,宜取聊城楊氏本更刻之;邵瑤圃《說文羣經正字》、王汾原《說文五翼》(慈銘皆有其書。《五翼》且有新刻本)、徐謝山《說文段注匡謬》(名承慶。長洲人。錢竹汀弟子。由舉人官山西知府。前見吳侍郎存義有鈔本,近聞吳中已刻之。其書謹守大小徐家法)、王南陔《說文段注攷》(名紹蘭。蕭山人。乾隆五十八年進士。官至福建巡撫。平生著述甚富,于《說文》尤精。此書稿本近為天津胡觀察燭棻所得,乙酉在津門,胡君謀刻之,曾屬慈銘作序,慈屬其付沈子封校勘。而迄今未刻,當趣成之)、鈕匪石《說文攷異》三十卷(此書為匪石一生精力所萃,聞吳門有寫定本。昔年曾有請刻之者。鈕氏《說文段注訂》及《新附攷》兩書雖謹嚴,而采取未博,此為勝之)、毛清士《說文解字述誼》二卷/《新坿述誼》二卷(名際盛。寶山人。毛申甫父。慈舊有其書,頗多古義,今失去)、張皋文《說文諧聲譜》(其子成孫續補,共五十卷,近聞亦有刻之者)、李子饗《說文正俗辨字》(名富孫,慈銘有其書)、沈西雝《說文古本攷》(近者潘伯寅尚書刻)、王菉友《說文釋例》(此為治《說文》者不可不讀之書,實在其《說文句讀》之上),以上諸書皆宜隨地訪求,依類增入。至經總類則莊葆琛《五經小學》(《珍蓺宦叢書》以此種為最醇)、王南陔《經說》(近者潘尚書刻入《功順堂叢書》)、雷竹卿《介菴經說》(名學淇。鐏之子。嘉慶十九年進士,官知縣。著述頗夥。其書雖不名家法,多出新意,而引證辨博,精確者不少)、胡竹邨《研六室文鈔》(其中皆考辨經義之文。學海堂刻者太寥寥,非其全也,宜重刊)、凌曉樓《四書典故覈》、趙鹿泉《四書溫故錄》(其書亦不名家法,而所言多確實,考據亦博)、胡文甫《四書拾義》(名紹勳。胡竹邨族子。道光丁酉拔貢,薦舉孝廉方正。其書止五卷,甚精確。亡友張牧莊有其書)、毛西河《四書改錯》(此其晚年改定之本,雖終不免矜氣,然甚有功於學者,故凌次仲極推重其書,阮文達亦亟稱之。不可不刻),又陳蘭浦《東塾讀書記》、桂浩亭《羣經補證》(同治壬戌進呈,曾見之南書房諸翰林處。浩亭所著書,此為最佳),似皆宜刻入,不可少也。病耗遺忘,姑舉其略,不能一一幸賜裁正。附呈前年題徐氏科名記五古一首,及雜文十首,聊答盛意,並莞正之。蒙索拙著經說,本多口耳之學,無可采者,以散在日記及經籍眉端,一時輯錄不易。又苦乏寫官,

擬俟病愈，招邑子及門生一二人，處之寓齋，寫出數卷，名曰《越縵堂經說》，奉正台端，以待別裁。

◎張桂麗輯校李慈銘著《越縵堂讀書記全編》同治十一年十一月「張之洞架上書」條：初七日，下午詣肯夫，久談。傍晚同詣香濤，見其架上書有錢坫獻之《新斠注漢書地理志》十六卷無序目、元和嚴蔚豹人《春秋內傳古注輯存》六卷前有王西莊序、秀水張庚浦山《通鑑綱目地理糾繆》六卷、遵義鄭珍子尹《儀禮私箋》八卷，皆平生所未見也，稍暇當次第借閱之。

◎莫友芝《邵亭行篋書目》三號：《春秋內傳古注輯存》（東吳嚴蔚豹人。三卷。三冊。乾隆五十二年二酉齋刊）。

◎錢思元《吳門補乘》卷七《藝文補》：嚴蔚《詩攷異補》○《春秋內傳古注輯存》（字豹文，元和人，國子生）。

◎孫星衍《孫氏祠堂書目》內編卷一《經學第一・春秋》：《春秋左傳古注》三冊，嚴蔚集本。

◎李盛鐸《木犀軒藏書書錄・經部・春秋類》：《春秋內傳古注輯存》三卷〔清嚴蔚輯〕。刊本〔乾隆二酉齋刻本〕。題東吳嚴蔚豹人。有朱墨二筆校補。首頁欄外墨筆題「武進臧禮堂和貴補正」一行。

◎雷夢水《販書偶記續編》卷二《經部・春秋總義類》：《春秋內傳古注輯存》三卷（東吳嚴蔚撰。乾隆丁未二酉齋刊，光緒己丑味義根齋重刊巾箱本）。

◎上海古籍出版社2015年《續修四庫全書總目提要・春秋類》「《春秋內傳古注輯存》三卷」：是書據何休「三世」之說分為三卷，上卷隱、桓、莊、閔、僖，中卷文、宣、成、襄，下卷昭、定、哀。嚴氏篤於信古，采錄群經正義、《後漢書》、《三國志》注及唐宋人類書所引漢注，賈、服之外，若王肅注等，雖佚而偶有一二言見於他說者，亦有所錄。依杜標經、傳二字以分年，於杜預改經之舉，不能一一校對，據釋文刊其謬誤，異同注於本文之下，云某本作某字。有與杜注相異者，且非古今訓義不同所致，力求有理有據，信而有證。諸書所引漢注均標書名於杜注之下，或有一注而數見者，其文句之間有多有少，只錄最詳者，餘僅載書目。曰「正義」者，為孔氏本經正義，他經正義標明某經某正義。賈氏《周禮》、《儀禮》兩疏援引傳注不稱作者姓氏，不能定其誰何，引以它書覆對，以服、賈居多。因有《左傳杜注摘謬》將印，故於古注下不盡指斥。是書作者雖非大家，然得錢大昕、王鳴盛、盧文弨作序，並給予較高評價，足見當時世人對《左傳》古注之重視。返古為當時之學術潮流，是

書有意采用古字，如「春」作「萅」等，反映了當時依托漢注探尋《左傳》義理之學術風尚。此本據南京圖書館藏清乾隆五十二年二酉齋刻本影印。（潘華穎）

◎嚴蔚（～1788～），字豹人，一字豹文。吳江（今江蘇蘇州吳江區）人。友盧文弨、黃丕烈。喜藏書，藏書齋名二酉齋。有「嚴蔚」「嚴蔚私印」「嚴蔚豹人」「二酉齋藏書」「東吳嚴蔚所藏」等藏書印。著有《詩考異補》二卷、《春秋內傳古注輯存》三卷、《汲古閣春秋疏補正》、《左傳杜注摘謬》、《石墨考異》二卷。

嚴蔚 汲古閣春秋疏補正 佚

◎嚴蔚《春秋內傳古注輯存・例言》：蔚家藏注疏本，曾借友人唐石經、宋槧本對校，略有增改，別成《汲古閣春秋疏補正》一書。此但就有古注經文及引用賈、服注正義，今各舉其一，餘可類例。僖四年傳「昭王南征，沒而不復」，增監本之漏一「沒」字；隱元年正義「魯公自與戰」，改毛刻之「隱」為「魯」字。學士瀏覽此書，幸宥蔚之非妄可也。

嚴蔚 左傳杜注摘謬 佚

◎嚴蔚《春秋內傳古注輯存・例言》：杜預之謬不可勝記，蔚別有《左傳杜注摘謬》將復嗣出印可，故此於古注下不盡指斥焉。

嚴宗六 左傳類編 佚

◎民國《續遵義府志》卷二十二《列傳》四：著有《四書識注》《左傳類編》《摘韻辨訛》《太極圖論》各書，未梓行。

◎嚴宗六（1825～1895），字子誠（成），號青雲。貴州正安州思里鄉楊柳壩人。邑庠生。學優有謀略，時講求武備。咸豐初，因功獲六品藍翎頂戴。同治十二年（1873）與族人興辦義塾。著有《太極圖論》《左傳類編》《四書識注》《摘韻辨訛》《青雲集》。光緒元年（1875）與纂《續修正安州志》。

研經堂主人 春秋擬題集傳 二卷 存

貴州、雲和藏光緒元年（1875）研經堂刻本

光緒五年（1879）研經堂刻本

◎一名《春秋題集傳》。

◎卷上隱公至文公。卷下宣公至哀公。

◎序：近科鄉會試第二場以五經命題，而《春秋》一經傳類多殊，余曩欲輯成繕本，而卒未果也。適過友人館，見其案頭有先得我心者，其於本經概從節錄，凡闈中應出之題，皆採取無遺，餘俱從畧，便觀閱也。其中或有分用一傳，或合徵諸傳，大抵不出三傳之外，併間取杜、林註以盡其義。《胡氏傳》弗攔入一條，遵功令也。又恐傳意不明，仍於每題下繫以破承，使閱者瞭如指掌焉。因與友人詳加參考，分為二卷，顏曰《春秋擬題集傳》，付諸梓以公同好。至於卷冊刊刻袖珍，取其舟車便覽，慎勿悞帶入塲可耳。時在光緒元年歲次乙亥〔註27〕季夏月，研經堂主人記。

◎研經堂主人，又號灌園主人。著有《春秋擬題集傳》二卷、《正續分類左腴》二卷、《左腴類眉》四卷。

研經堂主人 正續分類左腴 二卷 存

貴州〔註28〕、中國民族圖書館藏光緒二年（1876）酉山堂刻本

◎序：《分類左腴》，灌園居士之所撰輯也。居士幼習舉子業，結習未忘，有以時藝就質者，輒樂與之講論。間及《春秋》兩闈之文，竊謂衡文諸公鐵網窮搜，兼收並蓄，雅正清真而外，不乏偏師制勝。以用經言，其五經五比或六經六比未免無理取鬧，至專經獲雋，若《書》、若《周禮》，歷科以來傑作林立，獨《左傳》不數覯，非肄習者之少，抑以風簷寸晷組織之難耳。因不自揆，于抱甕之暇，取傳中佳典豔字裁剪配合，駢四驪六，心撰手寫，甫浹旬得數百聯，以平昔所輯釐為數篇，不敢謂《左傳》之腴遽盡於此，姑約畧聯之，以為行文之助云爾。光緒二年歲次丙子孟春月，研經堂主人識。

研經堂主人 左腴類眉 四卷 存

重慶藏清刻本

顏三秀 春秋四傳合鈔 佚

◎孫葆田《山東通志》卷百二十七《藝文志》第十：是書見《縣志》。

◎顏三秀，字茂遠，號筠齋。山東滕縣人。諸生。著有《春秋四傳合鈔》。

〔註27〕光緒五年版「元年歲次乙亥」作「五年歲次己卯」。

〔註28〕一卷。

晏貽琮 讀左 三卷 佚

　　◎鄧顯鶴《南村草堂文鈔》卷十七《晏湘門行狀》：授徒都門，每得資脯，輒就廠肆購古書，朝夕稽考。尤善《左氏春秋》……所著有《過且過齋詩集》四卷、《制藝》一卷、《讀左》三卷未成書。

　　◎晏貽琮（1788～1815），字幼瑰，自號湘門。湖南新化人。嘉慶十二年（1807）舉人。明年赴禮部試報罷，留京師，凡四試皆被黜。負才不遇，益肆志於古。嘗摘《史記》《漢書》義事相比附者數百條，編為一帙，皆新異可喜。為文清矯曲折。性孤僻，非其人不交一語。居京師八年，公卿之門未嘗投一刺。獨與同里歐陽磵東紹洛、譚吾肩瑞及鄧顯鶴善，並以疏狂為時所嫌，嘗語人曰：「磵東吾師事，吾肩吾父執，湘皋則父執而兼師友者也。」著有《讀左》三卷、《過且過齋詩集》四卷、《制藝》一卷。

燕毅 五經三傳讀本 四十四卷 存

　　內蒙古自治區藏咸豐二年（1852）刻朱墨套印本

　　陝西藏光緒十年（1884）刻本

　　◎燕毅，曾與修同治《南昌縣志》，著有《五經三傳讀本》四十四卷。

楊邦瑀 春秋纂要 佚

　　◎孫葆田《山東通志》卷百二十七《藝文志》第十：是書見《縣志》。

　　◎楊邦瑀，字佩紳。山東益都人。順治歲貢。官莘縣訓導。著有《春秋纂要》。

楊昌霖輯 春秋會義 二十六卷 存

　　國圖、首都圖書館、天津、保定藏光緒十六年（1892）榮成孫氏刻孫氏山淵閣叢刊本

　　1935 年南海黃肇沂輯印芋園叢書本（十二卷）

　　國家圖書館出版社 2014 年晁岳佩宋志英選編春秋研究文獻輯刊影印光緒十六年（1892）榮成孫氏刻孫氏山淵閣叢刊本

　　◎宋〔註29〕杜諤原撰。

　　◎扉頁題：光緒壬辰，古不夜城孫氏山淵閣用四庫館元輯《永樂大典》本校勘付梓。

────────────

〔註29〕或誤題作清。

◎新校春秋會義目錄序：

隱公（元年至二年）卷第一。隱公（三年至六年）卷第二。隱公（七年至十一年）卷第三。桓公（元年至四年）卷第四。桓公（五年至十年）卷第五。桓公（十一年至十八年）卷第六。莊公（元年至九年）卷第七。莊公（十年至二十一年）卷第八。莊公（二十二年至三十二年）卷第九。閔公（元年至二年）卷第十。僖公（元年至七年）卷第十一。僖公（八年至三十二年）卷第十二。文公（元年至八年）卷第十三。文公（九年至十八年）卷第十四。宣公（元年至十年）卷第十五。宣公（十一年至十八年）卷第十六。成公（元年至十年）卷第十七。成公（十一年至十八年）卷第十八。襄公（元年至十年）卷第十九。襄公（十一年至二十年）卷第二十。襄公（二十一年至三十一年）卷第二十一。昭公（元年至十二年）卷第二十二。昭公（十三年至二十四年）卷第二十三。昭公（二十五年至三十二年）卷第二十四。定公（元年至十五年）卷第二十五。哀公（元年至十四年）卷第二十六。

宋鄉貢進士江陽杜諤字獻可，所著《春秋會義》為書二十六卷，晁氏《郡齋讀書志》、陳氏《直齋書錄解題》並載其目。獨鄭氏《通志》作三十六卷，以入《春秋》通論。馬氏《文獻通考·經籍考》亦作二十六卷，並引晁氏、陳氏之說。知其書實為宋元閒所重，故程時叔《春秋本義》閒復稱引。至明永樂中修《春秋集傳大全》采用杜氏說至七十餘條，所謂蜀杜氏是也。其全書不知亡於何時，國朝朱錫鬯氏《經義考》以為久佚。乾隆中詔修《四庫》，館臣始從《永樂大典》輯出，書已成而《總目》失收。聞當時吾鄉孔葒谷戶部曾錄有副本，今流傳至江南為某氏所藏。此本乃鄒孝廉道沂家存故籍，予聞諸蔣性甫太史，因亟從借鈔。會歸安陸存齋至濟南，於予齋中見此書，詫為未有，並屬傳鈔一部。原本首行標「四庫全書」，疑即館中擬進本，然書內不著纂輯人姓名，後見今人所輯《春秋規過》《春秋摘微》序言，乃知是書成於楊君昌霖手。楊君字簡齋，吳縣人，乾隆四十年進士，特旨改為庶吉士，散館改戶部主事，與邵二雲、周書昌、戴東原諸人同為校勘《永樂大典》纂修兼分校官。予既喜得是書本末，思廣其傳，乃捐貲付梓，以公諸同人，蓋數百年之祕笈於是復顯矣。攷說經家之有門戶自《春秋三傳》始，兩漢諸儒為《公羊》《穀梁》，與左氏學者恒齗齗不相合。唐宋而後，乃有棄傳從經之說。夫舍事實而專談義理，則一知半解議論易生，此啖、趙諸家所以為世詬病，而朱子亦謂經文太略諸說太煩，前後牴牾非一，不敢妄為必通也。杜氏生當北宋，在王安石詆廢聖經之際，乃獨采集眾說，自董仲舒以下至孫莘老《經社》凡三十餘家，斷以己意，

自成一家之書。晁氏所謂「其說不必皆得聖人意旨，然使後人博觀古今，攷其同異，則於聖人之旨或有得焉」，可謂得此書要領矣。書中所引唐宋人舊說如陳氏《折衷論》、王氏《箋義》、李氏《集議》、孫氏《經社要義》諸書，今並不存，《經義考》僅據山堂章氏《羣書考索》采錄《春秋折衷論》二十七條，至謂斷圭零璧亦足寶貴，使朱氏得見此書，其欣快當更何如！楊氏蓋治《春秋》之學者，其於此書采輯頗勤，然猶未能旁搜博引。蓋自《永樂大典》外所得僅一二十條，而又皆為節文，亦不出乎今書所載。予深愧弇陋，輒就目前所見略為編訂，並附校刊略例於後。噫！吾見今世箸述之士，大率以為名耳，非果能於聖賢之旨有所發明也。竊嘗深戒乎此，故不敢以剽竊為能，而欲以一己之私得公諸人人。昔朱子嘗論二程未出時有胡安定、孫明復諸人，說經雖有疏略，觀其推明治道，直凜凜然可畏。蓋《春秋》所以別嫌疑、明是非、遏人欲於橫流、存經世之大法，故曰有國者不學《春秋》，前有讒而弗見，後有賊而弗知；為人臣者不學《春秋》，守經事而不知其宜，遭變事而不知其權，《春秋》其萬世之鑑乎！采善貶惡，將於是乎在，予是以願學而有志焉。至杜氏此書，在《春秋》部中猶《禮記》之有衛正叔《集說》，學者固不可不究心也。光緒十有八年秋九月，榮成孫葆田序於尚志書院之授經樓。

◎校刊略例：

一、杜氏《春秋會義》二十六卷，原書久佚，今本乃吳縣楊昌霖充四庫館纂修兼分校官從《永樂大典》輯出。原鈔本作四十卷，蓋因注文並作大字，故卷數較繁。茲仍釐為二十六卷，雖不必果符杜氏之舊，然猶不至後多於前，亦庶幾存其梗概云耳。

一、原書自僖公十有四年秋八月至僖公三十三年末、又襄公十有六年齊侯伐我北鄙至襄公三十一年末《永樂大典》並缺，楊氏據他書采輯。有注從《春秋傳說彙纂》補入者，乃《春秋集傳大全》所引，而御纂本因之，楊氏偶未詳攷，蓋康熙時杜氏書固已不復流傳也。此等今皆改正。又有《大全》本所載，楊氏未及采輯者，亦為附錄，並加「今按」以別之。

一、原書引陳岳《折衷論》類多節文，楊氏據章如愚《羣書考索》所載校訂，或附錄全文或注，餘與本書所引同。今仍其舊，讀者可以互觀而得之。

一、原書引《箋義》不詳名氏，攷《宋史・藝文志》有王沿《春秋集傳》十五卷，《文獻通考》引《崇文總目》云：「沿患學者自私其家學，而是非多異，失聖人之意。乃集三傳之說，刪為一書。又見《祕書目》有先儒《春秋》之學

頗多，因啟求之，得董仲舒等十餘家。沿自以先儒猶為未盡者，復以己意箋之。」是沿書又名《箋義》，故《春秋大全》特標「王氏《箋義》」以示區別。今所補輯凡數條。沿字聖源。

一、原書自《箋義》外，引《集議》為多。攷《玉海》載慶歷中大理丞李堯俞辨三傳諸家得失及采陳岳《折衷》，總其類例五百餘目而成一百九十五論，表進稱《春秋集議略論》三十卷，今分上下二卷，蓋即本諸王氏。今《春秋大全》或誤作《集義》，茲本補輯凡二條。蓋杜氏書每云《集議》取陳岳論，知其書旨與《折衷》同。

一、原書引《指掌》或稱《指掌義》，或稱《指掌釋》，或稱《指掌碎玉》，或稱《指掌異同篇》，實本一書。按《文獻通考》載《崇文總目》云「《春秋指掌》，唐試左武衛兵曹李瑾撰。瑾集諸家之說為《序例》《凡義》各一篇，鈔孔穎達《正義》為五篇，采撅《餘條》為《碎玉》一篇，集先儒異同辨正得失為三篇，取劉炫《規過》申證其義為三篇，大抵專依杜氏之學以為說云」，又引巽巖李氏曰：「《春秋指掌》其第一卷新編目錄多取杜氏《釋例》及陸氏《纂例》，瑾所自著無幾。而《敘義》以下十四卷，但分門鈔錄孔穎達《左氏正義》，皆非瑾所自著也。本朝王堯臣《崇文總目》及李淑《圖書志》皆以先儒異同規過序例等篇為瑾筆削，蓋誤矣。」攷李瑾字子玉，所著《指掌》今亦不傳。

一、原書引胡氏論，又引胡氏曰者，蓋二書不同。胡氏為胡瑗翼之，即《宋史》所載《春秋口義》五卷；而《春秋論》則出自胡旦，按《文獻通考》引《崇文總目》云：「皇朝祕監胡旦撰《春秋論》，多撅杜氏之失，有裨經旨」，杜氏謂杜預也。

一、原書引《新義》亦不詳名氏，攷《宋史·藝文志》有《春秋新義》十卷，又《文獻通考》載《左氏傳引帖新義》無卷數，並引《崇文總目》云：「偽蜀進士謇遵品撰，擬唐禮部試進士帖經舊式，覈經具對」。按《宋志》作《引帖斷義》十卷，又別出《新義》，卷數正同，未知是一書否。

一、原書所引，自漢何休《左氏膏肓》、晉杜預《春秋釋例》外，如隋劉炫《春秋規過》，唐盧全《春秋摘微》、陸希聲《春秋通例》、陳岳《折衷論》，俱有近人輯本。他如《春秋指掌》、王氏《箋義》、李氏《集議》與陳洙師道之《春秋索隱論》（按陳洙字師道，建安人。所著《春秋索隱論》，其門人朱定傳之。《宋史·藝文志》載朱定序《春秋索隱論》五卷，程端學謂授於師道先生者是也。《經義考》先載陳師道《索隱》三卷，次載朱定《索隱》五卷，復載陳洙《索隱論》五卷，

並誤）、孫覺莘老之《春秋經社要義》及《本旨辨要》《旨要》諸書今並不傳。晁氏、陳氏俱稱此書所引凡三十餘家，今細核書目，則《春秋左氏傳》《春秋公羊傳》《春秋穀梁傳》《史記》《春秋繁露》《春秋公羊傳解詁》《春秋左氏膏肓》《春秋左氏經傳集解》《春秋釋例》《春秋穀梁傳集解》《春秋規過》《春秋摘微》《春秋集傳纂例》《辨疑》《微旨》《春秋指掌》《春秋通例》《春秋折衷論》《春秋論》《春秋口義》《春秋宗指議》《春秋箋義》《春秋總論》《春秋尊王發微》《春秋集議》《春秋本旨》《春秋辨要》《春秋索隱》《春秋新義》《春秋旨要》（齊賢良撰）、《春秋經社要義》，其稱引諸儒說則有劉向、劉歆、鄭康城、穎子嚴、歐陽氏、蘇氏，可謂博而篤矣。

一、書內敬避字樣皆恪遵功令，敬缺末筆，或用古文恭代。其他字句亦不免脫誤，擬別為刊誤一篇附諸卷末。世有博雅君子，更匡我不逮，則幸甚。

◎孔繼涵記：杜諤《春秋會義》，楊檢庵庶常（昌霖）自《永樂大典》輯出者，內惟僖公襄公《大典》有缺，餘俱完善。中為謄錄鈔脫三十餘條未補，余借鈔錄副。《宋史‧藝志》載《春秋會議》二十六卷，《文獻通考》同，晁公武曰：「皇祐間，進士杜諤集《釋例》《繁露》《規過》《膏肓》《先儒同異篇》《指掌碎玉》《折衷》《指掌議》《纂例》《辯疑》《微旨》《摘微》《通例》《胡氏論》《箋義》《總論》《尊王發微》《本旨》《辯要》《旨要》《集議》《索隱》《新義》《經社》三十餘家成一書，其後仍斷以己意。」今其引書有五十餘家，而其注曰「各見前」，則《永樂大典》已載其全書，故不復出，非杜本書也。乾隆丙寅冬十二月三十日丁卯，孔繼涵記。

◎《纂修四庫全書檔案》二七〇《諭內閣楊昌霖在四庫全書館編校實心著授為翰林院庶吉士》：乾隆四十年五月二十四日，內閣奉上諭：楊昌霖因在四庫全書館纂校書籍，是以欽賜進士，准其一體殿試。昨新進士引見，該員甲第在後，而江蘇省館選者已多，是以未經錄用。茲閱館中所進由散篇裒輯書內《春秋經解》一種，編校頗見實心，即係楊昌霖所辦，是其學問尚優。楊昌霖著加恩授為翰林院庶吉士。欽此。

◎楊昌霖，字際時，號簡齋。吳縣（今江蘇蘇州）人。乾隆四十年（1775）進士。特旨改為庶吉士，散館改戶部主事。四庫館開，與戴震、余集、邵晉涵、周永年同入翰林，人稱五徵君。又充《永樂大典》纂修兼分校官。輯有《春秋會義》二十六卷。

楊長年 春秋律身錄 二十二 存

湖南藏民國抄本（不分卷）

上海藏光緒元年（1875）刻本

上海、南京、湖北、復旦藏光緒十九年（1893）刻本

臺中文聽閣圖書有限公司 2010 年晚清四部叢刊‧第二編影印光緒十九年（1893）刻本

◎民國《上海縣續志》卷二十一《游寓》：著有《周易省心錄》《春秋律身錄》刊行於世。

◎民國《上海縣續志》卷二十六《藝文》：《周易省心錄》《春秋律身錄》（俱楊長年撰）。

◎楊長年，字樸庵，自號西華。江南江寧（今江蘇南京）人。同治九年（1870）舉人。早受業胡鎬，深通經義。光緒初主講滬上敬業書院，後移席鍾山書院。晚年究心釋典。卒年八十餘。著有《卦氣值日考》一卷、《慎獨齋周易省心錄》無卷數、《春秋律身錄》、《妙香齋詩文集》、《妙香齋制藝》不分卷等。

楊潮觀 左鑒 十卷 附錄一卷 存

國圖、中科院、上海、南京、湖北藏乾隆三十七年（1772）刻本

四庫未收書輯刊影印乾隆三十七年（1772）刻本

◎一名《春秋左鑒》。

◎左鑒序：昔溫公之作《通鑑》，取義於資治。治無古今，譬如置器，置諸安處則安，置諸危處則危，雖事變無常，而理勢不易。惟公於軍國之事，皆手所平章，而親嘗其甘苦，故其裒輯羣史有體有要，而於軍國重事尤本末賅僃。無少滲漏。至後來史乘，非不詞旨斐然，而事理或有未盡。讀至其間，每悵然恨其闕如矣。蓋書生不盡更事，又鮮能以意逆志、設身處地故也。孰知臨事與臨文不同，事必有要，而體無不僃，當局措手，苟心思有一隙不到、一事不牢，則全體俱受其敗。故史遷有言：「非好學深思心知其意，故難為淺見寡聞者道也。」余倦遊久矣，頃歲復有自蜀赴燕之役，計從夔、巫出江峽，更歷關、陝而趨劍門，虞阪鹽車，蓋一役往回而九州殆遍。寥落關河，憑今弔古，道中惟兒子掄隨侍，偶因身所經歷，取《左氏》書相質問。披圖聚米，遂為歷舉春秋當日軍國事之重者，條析其興亡得失所由，抗懷高論，以壯行色，幾忘車之殆而馬之煩也。惟是道路無書撿閱，夙昔見聞亦遺忘畧盡，惟與晉故征南將軍杜

公作對面談。觸類抒懷，積成十卷。其間軍之重事半、國之重事半。夫鑒往知幾，不必賢喆，但我非古人、卿非博士，惟其超然遠覽，有道存焉。此孔明之署觀大意，而淵明所以不求甚解者也。是為序。時乾隆歲次壬辰夏，梁谿楊潮觀書于臨邛署齋。

◎左鑒目錄：卷之一魯隱公攝位（隱公元年）、鄭伯克段於鄢（隱公元年）、宋穆公疾（隱公三年）、宋穆公舍其子而立殤公（隱公三年）、衛石碏討州吁之亂（隱公四年）、鄭敗燕師于北制（隱公五年）、鄭莊公大敗戎師（隱公九年）、鄭莊公伐許（隱公十一年）、魯取郜大鼎于宋（桓公二年）、晉封桓叔于曲沃（桓公六年）、鄭敗王師于繻葛（桓公六年）、楚武王侵隨（桓公六年）、楚武王合諸侯于沈鹿（桓公八年）、鄭莊公卒羣公子爭立（桓公十一年）、楚敗鄖師于蒲騷（桓公十一年）、楚屈瑕伐絞伐羅（桓公十二年）、楚武王夫人鄧曼（桓公十三年）、周王子克之亂（桓公十八年）。卷之二楚武王伐隨卒于軍（莊公四年）、楚文王滅鄧（莊公六年）、恆星不見（莊公七年）、秋大水無麥苗（莊公七年）、魯伐齊納子糾（莊公九年）、齊敗魯師于乾時（莊公九年）、魯敗齊師于長勺（莊公十年）、齊桓公會諸侯于北杏（莊公十三年）、楚鬻拳強諫（莊公十九年）、魯肆大眚（莊公二十二年）、陳敬仲奔齊（莊公二十二年）、有神降于莘（莊公三十二年）、魯慶父賊子般于黨氏（莊公三十二年）、晉侯為太子城曲沃（閔公元年）、齊桓公救邢（閔公二年）、狄人滅衛（閔公二年）、衛文公中興（閔公二年）、晉侯使太子申生伐東山皋落氏（閔公二年）。卷之三齊寺人貂始漏師于多魚（僖公二年）、晉侯假道于以伐虢（僖公二年）、齊桓公盟楚于召陵（僖公四年）、鄭太子華得罪于鄭（僖公七年）、齊管夷吾平戎于王（僖公十二年）、秦穆公敗晉師于韓原（僖公十五年）、晉人立子圉（僖公十五年）、隕石于宋五（僖公十五六年）、齊桓公卒（僖公十七年）、衛文公郤狄滅邢（僖公十八年）、宋襄公盟于曹南（僖公十九年）、梁伯好土功（僖公十九年）、宋襄公兵敗于泓（僖公二十二年）、邾人敗魯師于升陘（僖公二十二年）、晉公子重耳出亡在外（僖公二十三年）、周王子帶之亂（僖公二十四年）、晉文公秦王平叔帶之亂（僖公二十四年）、晉文公請隧（僖公二十五年）、晉文公始啟南陽（僖公二十五年）、秦晉伐郤（僖公二十五年）、楚子玉治兵于蒍（僖公二十七年）、晉文公敗楚師于城濮（僖公二十八年）、晉師三日館穀（僖公二十八年）、晉文公作三行以禦狄（僖公二十八年）、晉侯秦伯圍鄭（僖公三十年）、晉師與楚夾泜而軍（僖公三十三年）、秦穆公襲鄭（僖公三十三年）、晉先軫敗秦師於崤（僖公三十三年）。卷之四：楚成王欲廢太子商臣（文公元年）、秦穆公猶用孟明（文

公二年）、秦穆公伐晉遂霸西戎（文公三年）、晉賈季奔狄趙盾送其帑（文公六年）、晉趙盾當國（文公六年）、晉趙盾從秦師于河曲（文公十二年）、庸人率羣蠻以叛楚（文公十六年）、楚莊王滅庸（文公十六年）、晉趙盾弒其君夷皋（宣公二年）、楚莊王入陳討夏氏之亂（宣公十一年）、楚蒍敖為宰（宣公十二年）、楚莊王敗晉師于邲（宣公十二年）、楚莊王滅蕭（宣公十二年）、楚莊王圍宋（宣公十四年）、楚師築室反耕者（宣公十四年）、晉滅潞（宣公十五年）、晉盜奔秦（宣公十六年）、大有年（宣公十六年）、晉范武子請老（宣公十七年）、魯季文子逐公孫歸父（宣公十八年）、楚莊王卒（宣公十八年）。卷之五新築人請曲縣繁纓以朝（成公二年）、晉敗齊師于鞍（成公三年）、楚會諸侯盟于蜀（成公三年）、楚歸知罃于晉（成公三年）、魯季文子立武宮（成公六年）、晉遇楚師于繞角（成公六年）、楚申公巫臣通吳于晉（成公七年）、晉人執鄭伯（成公九年）、晉立太子州蒲為君（成公十年）、宋華元合晉楚之成（成公十一年）、晉侯使欒黶來乞師（成公十六年）、晉敗楚師于鄢陵（成公十六年）、甲午晦楚晨壓晉軍而陳（成公十六年）、諸侯會于沙隨（成公十六年）、晉范文子祈死（成公十七年）、晉悼公即位（成公十八年）、晉侯師于台谷以救宋（成公十八年）、救宋之役晉人師陳焚次（成公十八年）。卷之六晉城虎牢以偪鄭（襄公二年）、晉魏絳戮揚干之僕（襄公三年）、晉魏絳和戎（襄公四年）、晉悼公三駕而後服鄭（襄公九年）、晉滅偪陽（襄公十年）、楚共王卒（襄公十三年）、楚敗吳師于庸浦（襄公十三年）、晉執戎子駒支（襄公十四年）、晉伐秦至于棫林（襄公十四年）、衛孫林父出其君（襄公十四年）、宋平公築臺（襄公十七年）、晉悼公敗齊師于平陰（襄公十九年）、齊靈公廢太子光（襄公十九年）、晉人逐欒盈（襄公二十一年）、齊莊公伐晉（襄公二十三年）、魯臧孫紇奔齊（襄公二十三年）、晉師求御于鄭（襄公二十四年）、齊崔慶之亂（襄公二十五年）。卷之七鄭子產帥師襲陳（襄公二十五年）、楚滅舒鳩（襄公二十五年）、鄭子產獻捷于晉（襄公二十五年）、吳子諸樊伐楚（襄公二十五）、衛甯喜弒其君剽而納獻公（襄公二十六年）、齊烏餘以廩邱奔晉（襄公二十六年）、宋向戌弭兵晉楚同盟于宋（襄公二十七年）、齊盧蒲癸謀誅慶氏（襄公二十八年）、鄭子皮宋子罕救饋（襄公二十九年）、吳季札觀周樂（襄公二十九年）、晉趙孟以興人為絳縣師（襄公三十年）、晉人逐欒盈（襄公二十一年）、鄭人游于鄉校以論執政（襄公三十一年）、鄭子產為政廬井有伍（襄公三十年）。卷之八天王使劉定公勞趙孟子于雒汭（昭公元年）、晉荀吳敗狄于太原（昭公元年）、楚殺太宰伯州犁于郟（昭公元年）、楚靈王會諸侯于申（昭公四年）、魯豎牛亂叔孫氏（昭公四年）、吳子使其弟蹶由如楚師（昭

公五年)、鄭子產鑄刑書（昭公六年）、石言于晉魏榆（昭公八年）、陳袁克葬哀公（昭公八年）、楚靈王滅蔡（昭公十一年）、楚靈王城陳蔡不羹（昭公十一年）、晉荀吳滅肥（昭公十二年）、魯叔弓圍費（昭公十三年）、楚靈王乾谿之難（昭公十三年）、楚平王即位（昭公十三年）、晉治兵于邾南（昭公十三年）、晉荀吳侵鮮虞（昭公十三年）、晉荀吳圍鼓（昭公十五年）、晉荀吳滅陸渾（昭公十七年）、楚敗吳師于長岸（昭公十七年）。卷之九周原伯魯不說學（昭公十八年）、許世子弒其君買（昭公十九年）、齊高發伐莒（昭公十九年）、衛齊豹之亂（昭公二十年）、宋華向之亂（昭公二十年）、齊晏子侍景公于遄臺（昭公二十年）、鄭子產卒（昭公二十年）、宋華登以吳師救華氏（昭公二十一年）、晉荀吳滅鼓（昭公二十二年）、周王子朝之亂（昭公二十二年）、吳楚戰于雞父（昭公二十三年）、楚囊瓦城郢（昭公二十三年）、吳楚滅巢（昭公二十四年）、魯季孫意如出其君（昭公二十五年）、吳專設諸刺王僚（昭公二十七年）、伍員為吳謀楚（昭公三十年）、衛祝鮀從會于召陵（定公四年）、吳王闔廬大敗楚師于柏舉（定公四年）、魯陽虎囚季桓子（定公五年）、楚昭王復國（定公五年）、魯陽虎入于讙陽關以叛（定公八年）、齊侯伐晉夷儀敝無存死之（定公九年）、齊魯會于夾谷（定公四年）、魯侯犯以郈叛（定公十年）、魯仲由墮三都（定公十二年）、晉趙鞅殺邯鄲午（定公十三年）、越王勾踐敗吳于檇李（定公十四年）。卷之十吳王夫差敗越于夫椒（哀公元年）、吳師侵陳（哀公年）、晉趙鞅納衛太子蒯聵于戚（哀公二年）、晉趙鞅敗鄭師于鐵（哀公二年）、楚人既克夷虎乃謀北方（哀公四年）、晉執戎蠻子歸于楚（哀公四年）、楚昭王救陳卒于軍（哀公六年）、吳伐魯次于泗上（哀公八年）、吳伐齊師于郎（哀公十年）、齊師伐魯及清（哀公十一年）、吳王夫差敗齊師于艾陵（哀公十一年）、吳伍員使齊屬其子于鮑氏（哀公十一年）、吳王夫差會晉于黃池越入吳（哀公十三年）、西狩獲麟（哀公十四年）、齊陳恆弒其君壬（哀公十四年）、季路死衛孔悝之難（哀公十五年）、衛渾良夫免三死（哀公十五年）、孔子卒（哀公十六年）、楚沈諸梁平白公之亂（哀公十六年）、越王勾踐敗吳師于笠澤（哀公十七年）、楚師滅陳（哀公十七年）、巴人伐楚楚卜師（哀公十八年）、齊師救鄭（哀公二十七年）、晉荀瑤圍鄭（哀公二十七年）。附錄春秋邦彥表、春秋邦媛表。

◎附錄首云：春秋名卿大夫眾矣，不具錄。錄其士之尤異者及佳公子，得百人。兼用班史人物表、歐陽史一行傳之體例，表而出之，曰《邦彥表》。男女以班，又別為《邦媛表》，得二十五人云。

◎孫殿起《販書偶記》卷二：《左鑒》十卷附錄一卷，梁谿楊潮觀撰。乾隆壬辰刊。

◎楊潮觀（1710～1788，一作1712～1791），字宏度，號笠湖。江蘇金匱（今無錫）人。乾隆元年（1736）舉人，入實錄館供職，後出令山西、河南、四川諸縣。乾隆三十四年（1769）調知四川邛州。乾隆四十四年（1779）奉調瀘州，翌年回鄉家居。著有《易象舉隅》八卷、《周禮指掌》六卷、《左鑒》十卷附錄一卷、《吟風閣雜劇》四卷、《吟風閣詩鈔》、《吟風閣詞鈔》、《笠湖詩稿》、《家語貫珠》、《心經指月》、《金剛寶筏》諸書。

楊垂 分編左傳 佚

◎戴殿泗《風希堂文集》卷四《欽賜國子監學正可庵楊君墓誌銘》〔註30〕：卒後，篋中有《周易補義》一部、《分編左傳》一部、《密雲課徒草》百餘篇、《醉春吟稿》二卷。

◎楊垂（1723～1790），字統甫，號載春，一號可庵，亦號五洩山樵。浙江諸暨人。乾隆三十六年（1771）舉人。六上公車不售，滯京師十餘年，交戴殿泗等，學日精進。賞國子監學正。工行楷，得歐、趙法。著有《周易補義》、《分編左傳》、《密雲課徒草》、《醉春吟稿》二卷。

楊椿 春秋考 佚

◎春秋考序〔註31〕：《春秋》古文經十二篇，《公羊》《穀梁》二家見《漢書・藝文志》，《左氏》後出，其經頗不合於二家，而世所傳《公羊／穀梁經》亦互異，蓋皆非古文本書也。今年夏，余學《春秋》，日錄經文，以《左氏》為主，附以二家及漢人書之可參校者，已竟，乃為之序曰：孟子曰：「王者之迹熄而《詩》亡，《詩》亡然後《春秋》作」，趙邠卿云：「太平道衰，頌聲不作，故《詩》亡」，胡康侯云：「《黍離》降為國風，天下無復有雅，而王者之《詩》亡。《春秋》作於隱公，適當雅亡之後」，夫《頌》始太王、文王，迄於成、康，使《頌》不作為《詩》亡將迹熄，懿、共之世矣。《黍離》十篇，東周王朝新作之樂詩耳，非降也。《小雅・正月》云：「赫赫宗周，褒姒滅之」、《雨無正》云：「周宗既滅」、《小明》云「我征徂西」，皆東遷後語也。而《節

〔註30〕又見於陳遹聲、蔣鴻藻修纂光緒《國朝三修諸暨縣志》卷五十四《文徵》四，題《浦江戴殿泗〈東珊楊可亭墓誌銘〉》。

〔註31〕錄自楊椿《孟鄰堂文鈔》卷五。

南山》之家父，桓八年始見於經，則安見二雅之即亡於隱公之初乎？孔子曰「《詩》三百」，《詩》自合南豳雅頌王及列國言之耳。幽、平以前，天子采詩，協於南、雅，侯國未嘗有詩。桓王時邶鄘衛之詩作，五霸盛，商魯於是乎有《頌》。以今考之，《魯頌》皇皇后帝、皇祖后稷，郊祭而祀稷配天也；萬舞洋洋、孝孫有慶，禘廟而大合樂也；振振鷺鷺，于下大饗而徹以振羽也；公車千乘公徒三萬，大閱而簡軍實也；在泮獻囚在泮獻馘，師還而以訊馘告也。故列國有《詩》，王迹之衰也。衰而未遂至於熄，則先王遺風餘烈尚有因《詩》以存焉者。孔子曰：「斯民也，中代之所以直道而行也。」天下有道則庶人不議，直道在民而陪臣執國命之後，乃始有庶人之議，《詩》非若庶人之議也，其君卿大夫雍容壇坫，有歌即事，有賦內之夫人內子、外之戎夷君長附庸之大夫，亦皆溫柔敦厚之遺焉。誦之者有能論世以知其人，尋其迹以致于道，則東周可為，《春秋》不必作矣。《詩》之亡，其在定、哀之際乎？於是王室大亂，諸侯寖衰，曩之公庭萬舞者變而大夫八佾矣，鄉之在公振鷺者變而大夫雍徹矣，曩之郊神配稷者變而大夫旅泰山，曩之公車千乘公徒三萬在泮獻馘在泮獻囚者，變而作邱甲，變而作三軍，又變而郈、費，俱畔矣。其變愈下，其迹愈微。蓋自宋賦《新宮》而後侯邦無宴饗之歌，秦《無衣》而後亦無因事之賦者矣。雅頌相錯而樂壞，尊卑失序而禮崩，在位不復敦詩，聖門小子亦幾幾於莫學，孔子安得不懼，《春秋》安得而不作乎？曩使東遷而迹已熄，《黍離》作而《詩》已亡，則春秋二百四十二年間，一匡九合皆不得為迹，邶鄘以下、商魯二《頌》並不得為《詩》，不亦見之偏而說之固也哉？！雍正五年夏四月丁亥朔。

◎春秋考後序〔註32〕：或謂余曰：「子言迹熄《詩》亡，辨已。孟子曰『《春秋》天子之事』，何也？」曰：天子之事，禮樂征伐是也。周室盛時，禮樂征伐自天子出。五霸興，出自天子者，諸侯假天子之命出之，故曰王者之迹也。霸業衰，諸侯授其權於大夫，大夫猶必假諸侯所假者以從事，則迹或尚存焉。大夫弱，陪臣強，國命為陪臣所執，而迹於是乎熄矣。夫方諸侯力政，其臣用命之時，大夫之跋扈已萌，不必溴梁之會、雞澤之盟而始知其不臣也。大夫擅權、君若贅旒之日，陪臣之強悍復著，不必三都之圍、陽關之據而後知其叛夫也。魯史見其如此，始於隱終於哀，一皆書其自出。夫子因文以述其事，雖不能還其事於天子，然即文以觀，諸侯、大夫、陪臣之罪自見，此夫子之義，即魯史之義也。夫天子之事降而自諸侯出，降而自大夫出，又降而陪

〔註32〕錄自楊椿《孟鄰堂文鈔》卷五。

臣執國命，夫子皆如其自出者書之，見之者或以為此出於諸侯、出於大夫，執於陪臣者僭也、竊也，亂臣賊子之漸也。聖人不得已而直書之耳，或以為聖人以天子之事與諸侯矣，以天子之事與大夫矣，以天子之事與陪臣矣。且其時王楚者商臣子孫也，卿大夫遠則晉有趙盾近則齊有陳乞，皆直書其弒逆，而楚圍欒書中行偃之子孫微矣，則僅各從其所赴。夫子「知我罪我」之言，似此也。漢儒不察，謂竊取之者，夫子因魯史記設素王之法為天子之事也。宋儒曰：「夫子託二百四十二年南面之權，有德必褒，有罪必貶，使亂臣賊子禁其欲而不得肆。」夫作《春秋》儆亂賊也，無其位而取國之史，任私意為筆削，褒貶人於一字之間，以代天子之刑賞，誰信之而誰懼之？欲人之禁其欲而不肆也，能乎？躬自厚而薄責於人，誰毀誰譽？如有所譽，其有所試夫子之言也？若如漢儒所云《春秋》文成數萬其指數千、貶天子退諸侯討大夫，是二百四十二年中自天子至於大夫無不在所貶所退所討之中，吁！毋乃已甚乎！何其與夫子平日之言相戾也。則處士橫議，不將自《春秋》啟之乎？昔韓起聘，見《易象》與《魯春秋》，曰：「周禮盡在魯矣，吾乃今知周公之德與周之所以王也。」夫魯之《春秋》已與《易象》並稱，則其義不同於他史可知。夫子竊取云者，取魯史之義，非孔子自設之義也，豈有所刺譏褒諱抑損云乎哉！乾隆九年冬十月戊申。

◎王其淦、吳康壽光緒《武進陽湖縣志》卷二十三《人物・經學》：性矜慎，刻苦淹貫，經義不襲講學陳言，躬行實踐，耄而不倦，平生以該洽受知。所輯書校理精密，三館推重焉。

◎楊椿（1676～1754），字農先。武進（今江蘇常州）人。幼穎異。弱冠工古文詞，為姜宸英、朱彝尊所賞。康熙五十七年（1718）進士，改翰林院庶吉士。散館，授檢討。雍正初，充《明史》、《一統志》、《國史》三館纂修，官至侍講學士，充日講起居注官，兼修《三朝實錄》。又與修《憲皇帝實錄》。乾隆二年（1737）以原官致仕。家居二載，特召修《明監綱目》。晚年，留京就養，猶日研諸經不輟。子三：長述曾，進士，翰林侍讀；次耀曾，四川成都縣丞；次承曾，戶部廣西司郎中。著有《周易考》（一名《周易定本》）一卷、《孟鄰堂集》二十六卷《別集》六卷、《古周易》、《尚書定本》、《詩經釋辨》、《周禮訂疑》、《春秋考》、《春秋類考》、《稽古錄》、《水經注廣釋》、《古今類纂》、《毗陵科第譜牒》諸書。

楊椿 春秋類考 四卷 佚

◎王其淦、吳康壽光緒《武進陽湖縣志》卷二十八《藝文》：楊椿《春秋類攷》四卷（佚）。

◎齊召南《寶綸堂文鈔》卷八《日講官起居注翰林院侍講學士楊公墓誌銘》：尤貫串有明一代事，可匹鄞縣萬季野。所著《膽稿長編》與《一統志稽古錄》《水經注廣釋》《古今類纂》《毘陵科第譜牒》諸書並藏於家。晚坐一室窮諸經，手披口誦，著《古周易》《尚書定本》《詩經釋辨》《春秋類考》《周禮訂疑》，多創解。諸子勸少休，公曰：「我年視衛武作《懿戒》時尚遠矣，敢自怠乎？」自刪訂《孟鄰堂集》為二十六卷、《別集》六卷，郵寄同里蔣東委先生商搉。歲至再三，易簀時見架有賜書，曰：「我不敢以萎軀褻對。」命移之，瞑目而逝。嗚呼！篤學力行，自幼至耄寢食生死於經史古文中，不厭不倦，如公者世有幾人？公書室必揭二語為箴，曰：「從孝弟著力，以聖賢為師」，此可以見公之志矣。

楊鐏 春秋詠事詩 三卷 存

蘇州大學、江蘇師範大學藏清慶譽堂刻本

◎楊鐏，鎮洋（今江蘇太倉）人。著有《春秋詠事詩》三卷，曾修纂《南安府志補正》十二卷首一卷。

楊大鶴 春秋屬辭比事 二卷 佚

◎王其淦、吳康壽光緒《武進陽湖縣志》卷二十八《藝文》：楊大鶴《春秋屬辭比事》二卷、《左傳分國紀事本末》十二卷（並佚）。

◎朱汝珍《詞林輯略》卷二：著有《春秋屬釋比事》、《史漢注音辨誤》、《二十一史姓氏考》及詩文稿。

◎楊大鶴（1646～1715），字九皋，號芝田。武進（今江蘇常州）人。楊廷鑒次子、楊大鵾弟、楊椿父。康熙十八年（1679）進士。散館，授編修。官至左諭德。著有《春秋屬辭比事》二卷、《左傳分國紀事本末》十二卷，選輯《昌黎詩鈔》二卷、《香山詩鈔》二十卷、《劍南詩鈔》。

楊大鶴 左傳分國紀事本末 十二卷 佚

◎王其淦、吳康壽光緒《武進陽湖縣志》卷二十八《藝文》：楊大鶴《春秋屬辭比事》二卷、《左傳分國紀事本末》十二卷（並佚）。

楊大章 春秋比事 四卷 佚

◎光緒《湖南通志》卷二百四十六《藝文志》二：《春秋經傳彙編》二十四卷、《春秋比事》四卷，武陵楊大章撰（《永州府志》）。

◎楊大章，字海樵。湖南武陵人。嘉慶二十四年（1819）舉人。主講零陵群玉書院。著有《周易贅說》三十六卷、《尚書今古文分編》四卷、《尚書逸編》一卷、《尚書逸文》一卷、《尚書古文》二卷、《尚書異文》四卷、《春秋比事》四卷、《春秋經傳彙編》二十四卷、《四書補注》六卷、《詩三百韻》四卷、《後學說》、《海樵遺集》。

楊大章 春秋經傳彙編 二十四卷 佚

◎光緒《湖南通志》卷二百四十六《藝文志》二：《春秋經傳彙編》二十四卷、《春秋比事》四卷，武陵楊大章撰（《永州府志》）。

楊德恩 白話左傳讀本 二冊 存

廣益書局 1947 年石印本

◎一名《詳註話解左傳讀本》。

◎編輯大意：

一、《左傳》一書，不僅為我國史學上之鉅著，亦為文學上之偉構。惟全書篇幅浩瀚，勢難卒讀。茲為初學便利起見，就其重要事蹟，選輯六十篇，編為本書。

二、《左傳》所傳各國史事，多至二十餘國。本書除周以外，僅就魯鄭齊宋晉衛蔡陳楚秦吳越十二國中選輯，然《春秋》重要事蹟，大體已備，閱者鑒之。

三、《左傳》依《春秋》編年體例，分年列入各國史事。本書為使各國事蹟前後連貫起見，改用分國編錄。雖與原書體例相違，要為學者閱讀便利而設。

四、每一事蹟均另標題名，以醒眉目。下注原書年份，藉明此事發生之時代，故分之雖成為各國獨立之史事，合之仍與《左傳》原體例無異。

五、正文之後詳加注釋，一依杜預古注；其仍有疑難不能明者，則參酌唐宋以後諸家之注疏。地名概從今釋，無者闕之。

六、正文譯為語體，所以便於誦讀。除按句對譯外，其有原文較為簡省，非補充不能說明其義者，則於譯文中稍加補充，以便瞭解。

編者識。

◎目次：

上冊：魯：一三桓之始、二昭公出奔、三陽虎亂魯、四夾谷之會。鄭：一
莊公克段、二三子爭立、三染指構逆、四子產為政。齊：一桓公之立、二稱霸
伐楚、三易牙亂齊、四齊晉之戰、五崔杼弒君、六崔氏之滅、七慶封之勢、八
陳氏專國。宋易殤莊之立、二襄公求霸、三華元盟楚、四景公滅曹。晉：一驪
姬亂晉、二重耳之亡、三文公還晉、四文公圖霸、五城濮之戰、六靈公不君、
七趙孤之立、八三郤之亡、九欒氏之滅、十六卿亂晉。

下冊：衛：一石碏滅親、二懿公好鶴、三孫寧之亂、四蒯聵爭立。蔡：一
哀侯之難、二楚之滅蔡、三昭侯伐楚。陳：一陳完奔齊、二夏姬之禍、三楚之
滅陳。楚：一武王侵隨、二商臣弒君、三若敖氏亂、四莊王問鼎、五晉楚爭霸、
六鄢陵之戰、七靈王之難、八伍氏受讒、九白公亂楚、十惠王滅陳。秦：一韓
原之戰、二晉殽之戰、三秦霸西戎、四晉之絕秦。吳：一吳之始大、二季札論
人。三王僚被弒、四闔廬伐楚。越：一夫差報越、二句踐滅吳。

楊棐綸 春秋合纂 佚

◎光緒《湖南通志》卷二百四十六《藝文志》二：《春秋合纂》，寧鄉楊公
迪撰（《縣志》）。

◎楊棐綸，字公迪。湖南寧鄉人。著有《尚書句解》、《春秋合纂》、《夏小
正說》、《槐雲軒稿》、《鼓音錄》。

楊方達 春秋義補註 十二卷 存

日本京都大學、上海藏雍正乾隆武進楊氏復初堂刻楊符蒼七種本

四庫存目叢書本

◎此書為增注孫嘉淦《春秋義》而作。

◎目錄：卷一隱公。卷二桓公。卷三莊公。卷四閔公。卷五僖公。卷六文
公。卷七宣公。卷八成公。卷九襄公。卷十昭公。卷十一定公。卷十二哀公。

◎顧棟高《春秋義補註敘》：孟子說《春秋》曰：「其事則齊桓、晉文，其
文則史」，孔子謂「其義則丘竊取之」，然則《春秋》之不籍三傳而明也，審矣。
夫孔子當日豈預料沒世有作傳者，而故為微辭隱語以待後人之推測哉？傳曰：
「屬辭比事，《春秋》教也」，又曰：「筆則筆，削則削，游夏不能贊一辭」，若
是乎義不外乎事與文，而文與事初非義，由來舊矣。自遭秦滅學，漢興，《公
羊氏》最先立學宮，宣帝繼立《穀梁》，《左氏》於哀平間最後出，後乃孤行。

嗣後學《春秋》者非三傳不談，是仍其事其文而於孔子之義無與也。今試以經文合之三傳，其謬戾特甚：天王使宰咺歸賵，《左氏》謂兼賵仲子，為凶事，為非禮；尹氏卒，《公羊》以為男子，《左氏》以為婦人；又《公》《穀》多以日不日、月不月生義，《左氏》以舍族書族生義，其去孔子筆削之旨愈遠。昌黎云「《春秋三傳》束高閣，獨抱遺經究終始」，豈過論哉。合河孫先生著《春秋義》一書，神明孟氏之旨，盡撥棄三傳，專用經文立言，簡而明，約而淨，為二千餘年說《春秋》者獨闢障霧，其有功於經學不淺。顧其間不無遺漏，且其義或有可商。武進楊君符蒼復為補註，而後《春秋》之義大明，如日中天，非特為合河之功臣，并為三傳之諍友，真不朽之書也。書成辱以示余。楊君於《易》《尚書》多有著述，余每服其精敏，能發先儒所未發之蘊。今復得《春秋》讀之，益歎其好學深思不可幾及。爰不辭而為之序。時乾隆丙子上元日，錫山同學弟顧棟高。

　　◎春秋義補註序：《春秋》者，聖人垂教之書，立萬世之大防者也。上觀天道，下察地理，中驗人事，旁徵庶物，即事以見義。其間禮樂征伐綱常名分之大，法戒昭然，可以撥亂世反之正，故知《春秋》非聖人不能作也。然孟子曰：「其文則史」，史者紀實之書也，聖人因其所紀之實而直書之，而其是非善惡之辨未嘗不炳著於其間，初不假名號官爵、日月之詳略以為褒貶也。三傳興而聖人之筆說成刻酷，嗣是附會者眾，而穿鑿之說遂蔽錮於學者之心。自唐啖氏、趙氏、陸氏不守三傳，創通經旨，宋元諸儒始知褒貶之非。康侯胡氏又因三傳起例及一時進御之言，意存納約，不免於鑿而多偏。朱子答門人問《胡傳》云：「如此說三綱五常不至廢墜足矣」，其實不滿於《胡傳》也。欽定《春秋傳義》獨取朱子之言曰：「《春秋》明道正誼，據實書事，使人觀之以為鑒戒，書名書爵亦無意義。」此言真有得者，旨哉王言！學者可以知所宗矣。合河先生有《春秋義》一書，文類《公》《穀》而義出心裁，一洗凡例之陋，無事穿鑿而自得聖人屬辭比事之旨，可以救四傳之偏而發程朱所未發，是亦學者之指南針也。達從友朋間借觀此書，心大善之。今哲人云逝，其中尚有數處志欲質疑而不可得。不揣譾陋，妄為增汰，要皆參用儒先成說，以補其所未備，訂其所不同，亦祇體先生之虛衷而折衷之，非敢謂有功於前哲也。敢敬質之四方有道君子，其以為然乎，否耶？！乾隆十有九年甲戌七月朔，武進後學楊方達識。

　　◎梗概：

一、《春秋義》一書，于四傳之合于經者用之，其不合者未嘗輕假也。程子曰：「以傳考經之事跡，以經別傳之真偽」，朱子曰：「《春秋》不過直書其事而義自見」。今取程朱之說與《春秋義》之說參觀之，無不脗合。以之校正四傳，其得失不辨而自明矣。

一、先儒《春秋》疏解不下百數十家，自杜氏、何氏、范氏附益三傳，而經旨反晦。幸啖叔佐、趙伯循、陸伯沖、孫大山、劉原父、葉石林之流出，而有以辨三傳之非。復得呂居仁、鄭夾漈、呂樸卿、趙木訥、戴岷隱、李秀巖、黃東發諸儒一掃漏集而經旨復明。然學者必當以程朱為宗。元泰定間有程積齋採輯諸傳，一主程朱，名曰《本義》，復作《辨疑》以訂三傳之疑似，作《或問》以校諸儒之異同，可謂明辨析矣。近儒如孫合河、方望溪、顧復初，論斷精詳，俱能抉經之心，後學者無汩沒于四傳而不求其至當也。

一、朱子《四書集註》有宋時刻本與今傳本不相同者，其刻成復易，可想見好學無窮。今聞合河《春秋》板已自燬，雷翠庭先生云：「余親見合河先生晚年殊不滿于此書，其亦昔賢精益求精之意與？」茲編意主私淑，而理必折衷。原本中不可易者仍之，其可節者汰之，間有一說未盡者參眾說而增補之，或附鄙見而引伸之。凡以體經義而竟合河未竟之志也。然未學淺見，豈敢混入名賢之疏義乎？故標明增案以別之。

一、尊王黜霸，《春秋》之本旨也。今考桓、文行事名曰翼戴王室，而其實暗干王權，乃天下後世不惟少知其罪之人，且多艷羨其振世之烈，而世道人心之害靡有極矣。合河一書，必深切著明五霸假之之實，可知《春秋》尊王黜霸之本旨。如首止之會、葵邱之盟、城濮之師、踐土之盟，雖為彼善于此，而不得以大義許之。說《春秋》者當為世道人心計，無以後世英雄之識而論聖人正誼明道之書也。

一、《春秋》一書既多闕文，更有錯惧。緣當日魯史原編久已無存，即孔子手定之策書亦復盡失，于是傳寫三傳之門人弟子遞相傳授，率爾遺訛，兼經秦火與篆隸之變更，其間之附會穿鑿于強通者，合河一以闕疑之法斷之，謂隱之冊多惧、桓之冊多闕，信乎直捷自然。如二百四十二年歲首不書王者幾半，夫歲首稱王，《春秋》一經之大頭腦也，尚脫略如此，況其小者乎？諸儒不知，斷為傳寫之脫誤，而曲辭附和，謂春不書王為貶，過矣。又如王不稱天，皆非義之所存。有稱天王，有稱王，有稱天子，皆通稱也。以此類推，可知字褒字貶之說為非。

　　一、孔子魯人也，國惡宜諱，而魯之非禮踰分種種備書，不沒其實也。如公與夫人姜氏遂如齊、公薨于齊、夫人孫于齊、夫人姜氏會齊侯于禚、享齊侯于祝邱、夫人姜氏如齊師會齊侯于防、會齊侯于穀、比年如莒，經詳書之而不諱，但緩其辭爾。合河體其旨，一則曰病公也，一則曰絕之至也，一則曰書奸，再則曰書奸也，此教人以閑有家、杜禍亂也。又如內朝聘皆書如，見其出之無名也，是無等也，知聖人之悼傷于魯者甚殷，而不能盡為之隱也。

　　一、孟子曰：「其文則史，其義則邱竊取之」，可知《春秋》之微辭隱義有仍乎舊史之文者。或赴告偶略，史策無從而書之；或書其名矣、書其爵矣，而後異稱彼此未洽，凡此皆魯史之文爾。聖人非全憑策書，而概以為聖人之書法則不可也。《春秋》大義數十，無過正名定分，其或筆或削，炳如日星，而世變邦交物情事迹皆于是乎見，固無容以意更定而沒其實也。合河曰「文因舊史」，可以解後人之射覆矣。

　　一、《春秋》每一事而兼數義，必反覆詳註，其義始備。至于事有本末、義有輕重，在學者之以理為權衡，而不必于註腳上更加註腳也。

　　一、《春秋》之教全在屬辭比事。倫類區別為義至繁，聯貫紛紜其端難盡。序講中限于尺幅不遑累述，應俟另為編次。

　　一、解《春秋》者有文人之言有學者之言。文人之言，權時勢以立論者也。學者之言，宗理道以為歸者也。合河于弒逆之禍、閨門之變、權臣專政之漸必推原其所由然，以垂戒後世，要皆論是非不論利害，論曲直不論成敗，此孫氏之言所以為不可易也。合河文定先生愛士素著，然達在京師未嘗請謁也。後以易書呈覽，蒙賜大序。又聞以下士《易圖說》面奏天聽，未及進呈而先生云逝。今以蕪陋之見糸校遺論，書成，不得請質于賢門，所以撫卷低徊而不禁三歎也。爰刊而藏之家塾，以俟君子而是正焉。

　　◎提要：初，孫嘉淦作《春秋義》，大旨祖胡安國之說。後漸悟其非，旋自毀版。案嘉淦自毀其版，事見此書凡例第三條中。方達嘗受知於嘉淦，因為刪補其文以成是編。大旨於三傳多取《公》、《穀》經文。如裂繻作履繻、矢魚作觀魚、叔孫婼作叔孫舍、定姒作定弋之類亦多從《公》、《穀》。其《左傳》事蹟往往在所擯斥。如「天王狩於河陽」傳有明文，乃云「或魯史本書狩，或夫子書狩，皆不可知」，是並其可取之說亦不信也。於諸家多取宋以後，其唐以前之說僅采劉向災異一兩條。如「文公喪娶」一條全用《春秋繁露》而不肯標董仲舒之名，蓋諱言宗漢儒也。其持論尤務為深刻，二百四十二年之中偶免

譏彈者惟叔姬歸於紀、紀季以酅入於齊、紀叔姬歸於酅、葬蔡桓侯、齊師宋師曹師城邢、齊侯伐楚次陘盟於召陵、諸侯遂救許、宋公禦說卒、狄救齊、楚人救衛、寧俞來聘、叔肸卒、伯姬歸於宋、仲孫蔑卒、宋伯姬卒、劉子單子以王猛入於王城、叔孫舍卒、宋公佐卒於曲棘、劉卷卒十八九條而已。而召陵之盟、寧俞之聘，嘉淦所許者，方達又推論其失，咎齊桓不聲楚僭王之罪，咎寧俞知聘魯而不知朝周。實則幸邀寬論者僅十五六事也。其中自相矛盾者，如既謂隱公為篡又謂桓公為弒，是以討篡為弒也。既謂州吁弒桓公而王不問、衛人立晉而王不問，咎在天王；於王人子突救衛又罪其知順逆而不知眾寡，是為天王者進退無不干咎也。朱子稱孫復說《春秋》如商君之法，若是書者又豈止於商君乎？其最甚者，拘泥「常事不書」之說，於十二公之薨，即終於路寢合禮之正者亦必求其所以貶。然則苟無所貶，則國君易代，史可不詳歟？至於紀季姜歸於京師，謂「季姜非嫡長，不可以為王后」；許叔入於許，謂「許君有子叔不奉之而自立」，又不知其所據矣。

◎唐鑑《國朝學案小識》：又著《春秋義補註》十二卷。

◎王其淦、吳康壽光緒《武進陽湖縣志》卷二十三《人物·經學》：閉戶著書，絕干謁，喜施與，方形矩步，鄉里重之。貫串經史，旁及諸子百家，無不采擇。府縣交舉經學不應，年七十九卒。

◎王其淦、吳康壽光緒《武進陽湖縣志》卷二十八《藝文》：楊方達《春秋屬辭比事集說》、《孫文定春秋義補注》十二卷（並存）。

◎楊方達，字元蒼，一字符（扶）蒼。武進（今江蘇常州）人。雍正二年（1724）舉人。少凝重好學，精研經學。著有《易學圖說會通》八卷、《易學圖說續聞》一卷、《周易輯說存正》十二卷、《易說通旨略》一卷、《尚書約旨》六卷、《尚書通典略》二卷、《春秋義補注》十二卷。

楊方達 春秋屬辭比事集說 佚

◎王其淦、吳康壽光緒《武進陽湖縣志》卷二十八《藝文》：楊方達《春秋屬辭比事集說》、《孫文定春秋義補注》十二卷（並存）。

楊國楨 春秋公羊傳音訓 二卷 存

開封藏道光十年（1830）大梁書院刻十一經音訓本（不分卷）

湖南藏光緒三年（1877）湖北崇文書局十一經音訓本

◎楊國楨，字海梁。湖北崇陽人。楊遇春子。嘉慶九年（1804）舉人，輸貲授戶部郎中。十七年（1812）分發安徽司郎中。二十一年（1816）簡放安徽潁州府知府。二十五年（1820）陞授雲南鹽法道。道光元年（1821）陞授雲南按察使司。道光三年（1823）陞授河南布政使司。七年（1827）陞授河南巡撫。十五年（1835）丁母憂，十七年（1837）復丁父憂。十九年（1839）起復，署刑部右侍郎，旋授山西巡撫。二十一年（1841）有閩浙總督之命，以足疾復發離官歸鄉。著有《十一經音訓》。

楊國楨　春秋穀梁傳音訓　二卷　存

國圖、遼寧藏光緒三年（1877）湖北崇文書局刻十一經音訓本

臺中文聽閣圖書有限公司2011年晚清四部叢刊第五編據光緒三年（1877）湖北崇文書局刻十一經音訓影印本

楊國楨　春秋左傳音訓　八卷　存

國圖藏道光十年（1830）刻十一經音訓本

重慶藏光緒三年（1877）湖北崇文書局十一經音訓本

臺中文聽閣圖書有限公司 2011 年晚清四部叢刊第五編影印光緒三年（1877）湖北崇文書局刻本

◎《輯說》一卷、《集解序》一卷、《列國圖說》一卷、《興廢說》一卷、《提要》一卷。

楊宏聲　春秋困學錄　十二卷　存

國圖、天津、大連、黑龍江大學藏乾隆三十一年（1766）吳郡張若遷刻本

國圖、上海、瀋陽、吉林、嘉興藏乾隆三十九年（1774）尊五堂刻本

◎卷前有《春秋綱領》一篇。

◎春秋困學錄自序〔註33〕：非天子不議禮不制度不攷文，《春秋》，天子之事也，是故孔子曰：「罪我者，其惟《春秋》乎？」又曰：「其義則丘竊取之矣。」蓋《春秋》有是非無賞罰，而是非既明，賞罰之義已具。孔子雖大聖，不得位，當時諸侯卿大夫行事非所宜言，惟其本天道、奉王法為後世王者而脩立萬世治平之標準，故所謂「王者之迹熄而《詩》亡，《詩》亡然後《春秋》作」者為

〔註33〕序末題：吳郡張若遷刻。

時宜；而大夫告老，君相不諮訪而談時政為出位，而胡氏乃謂亂臣賊子禁其欲而不得逞，則戚矣。以之為罪，恐未然也。公、穀、左氏各以所傳聞筆之於書而為傳，漢興先後立於學宮，皆奉詔書集羣儒考其大義異同優絀，然後鼎峙以至於今。唐孔穎達亦奉勅箋疏，並非私作，以是知《春秋》果天子之事也。迨陸氏、啖氏、趙氏，始以經生學發明三傳所未及。宋初孫明復、石徂徠皆有著述，朱子謂「前輩《春秋》文字雖觕，尚知聖人正誼明道意思」，則諸儒雖抱殘守闕不足以折衷歸一，是疑於經義不無稍裨也。顧朱子於《易》《詩》《書》皆有成書而《春秋》則未之及，獨取涑水《通鑑》每事纂其首而冠之以為綱，此即「託之空言，不如見諸行事深切著明」之意，「罪」與「竊」其亦有不得而辭者與？宏聲少貧賤，家無藏書，習舉子業，惟《左氏》及《胡氏》耳。後遊學京師，然後得《公》《穀》監本讀之。既而又得程子及蘇氏《傳》。其餘數十百家，皆賴聖祖欽定《春秋傳說》《彙纂》見之。《彙纂》詳明該備，如集眾腋為裘，其偶有兩說皆通者並存之，以備余攷。又所引諸家攻辨雖明，而聖人書法本意猶有引而未發，此欲窮經之士深思而自得之也。於是困心衡慮，攻苦其中十有二年。今歲夏五始脫藁可繕寫。迨秋九月奉憲頒發御纂《春秋直解》於金山縣署，伏而讀之，閎深簡栗，大義炳而微言昭，發明經旨如化工之肖物，先聖後聖若合符節，豈非尼山捉筆即知今日有神契耶？《春秋》為後世王者而脩，信不誣也。日月出則爝火息，此藁不當復存。顧書名《困學》，亦如何休、范寧為《公》《穀》之學，初不敢當傳註。其於尊王正分、討逆彰善，大旨無謬。則陸、啖諸儒之後，或可系一末座。若夫由《彙纂》而精之，心法既契，書法自得。大哉王言，為天下後世治《春秋》者永永法守，則《御纂》《直解》如羲馭天中矣。乾隆三十一年歲次丙戌長至日，柏鄉楊宏聲自序。

　　◎孫殿起《販書偶記》卷二：《春秋困學錄》十二卷，柏鄉楊宏聲撰。乾隆三十一年刊。

　　◎楊宏聲，直隸柏鄉（今屬河北邢臺）人。乾隆十六年（1751）進士。二十六年（1761）任金山知縣。工草書。著有《春秋困學錄》十二卷、《尊五堂制義》不分卷。

楊洪才　春秋說經　佚

　　◎李文炤《恒齋文集》卷五《與黃上珍》：弟亦非勇於苟作者，因前年冬月，漢陽有傳慎全者，乃陝西李二曲之門人也，年已七十矣。因其師遺囑《易

經》不得真解，令遍求四方。渠乃筮之，以為在西南湖嶽之間。遂策杖至衡，諸友引之來舍，留止數月，以董蘿石自擬。攜拙作《易說》以歸，而留其鄉人楊恥庵所著《春秋說經》寫本於齋中。其書亢爽徑直，盡去諸儒牽合附會之陋習。但過於屏棄傳說，未免有扶醉漢之譏。

◎楊洪才（？～1671），字拙生，號恥庵。潮北孝感人。與同郡丁之灣（字漸齋，號素石）、程怡孔（字孟願，號鈍庵）、彭大壽（字松友，號魯岡）等倡貞通學社。著有《春秋說經》《五經四書諸說》《誠書》《弋獲錄》《正史法誡》。

楊恢曾 春秋左傳分類摘要 佚

◎同治《六安州志》卷三十二《儒林》：刻有《儀禮讀本》《春秋左傳分類摘要》《晴川課藝》《湖堤玩月圖題詞》《漢江雜著》行於世。

◎楊恢曾，字貞復，號涵齋，一號吟蕉。嘉慶六年（1801）舉人。授翰林院典簿。屢薦禮闈不第。植品砥行，學有根柢，平居以課讀為業。掌晴川書院數載，楚北士林咸引重之。歸里後，皖撫鄧廷楨延主正陽、霍山書院。卒年七十二。以弟懌曾貴，貤封通奉大夫。著有《儀禮讀本》《春秋左傳分類摘要》《晴川課藝》《湖堤玩月圖題詞》《漢江雜著》。

楊繼振 蜀石經春秋經注攷異 一卷 存

稿本
◎王欣夫《蛾術軒篋存善本書錄・庚辛稿》卷一：

《蜀石經春秋經注攷異》一卷附《歲閏朔晦攷》《疆域攷》《闕文攷》又《穀梁傳注攷異》（一冊），清燕南楊繼振撰。手稿本，並手跋。張恩澍跋。

楊幼雲，漢軍鑲黃旗人。官工部郎中，以富收藏名咸、同間。尤著者為宋拓蜀石經《周禮》卷九／卷十兩殘卷、《左傳》卷十五襄二全卷、《穀梁》卷九十九行，顏所居曰廣政三石經厂。此為所撰《左傳》《穀梁》二種校記。初題《蜀石經左氏傳校勘記》，因同儀徵阮氏書，故改今名。其書用阮刻十行本注疏詳校，并以武英殿仿宋岳氏本及殿本注疏參正，間引別本。于《左傳》凡得一百三十六科，並附《歲閏朔晦攷》及《疆域》《闕文》于後，《穀梁》則祇二科。始事于咸豐庚申八月十九日，成于九月四日。雖未匝月，而勘覈甚細，多足正阮刻及諸本之誤。如經十一年己未「同盟于亳城北」條校云：「亳，服作京，惠氏依之，謂京鄭地，在滎陽。阮氏《校勘記》亦主其說。余謂杜注已明

言鄭地,何必為是岐說,似仍以傳注為正。岳本、殿本皆作亳,同此。」傳十一年「居安思危」條校云:「岳本、殿本、阮本同此。惠氏謂周書程典居作於,引《國策》虞卿謂春申君曰:『臣聞之《春秋》,於安思危。』謂居當作於。案居、於音相近,義亦可通,似仍以傳文為是。」皆足糾定字之過于泥古。又如闕文攷十一年「會于蕭魚」條云:「杜氏曰:『經書秋,史失之。』正義曰:『經雖無月,但蒙上「秋七月」之文,又會下有「冬」,故以為會在秋也。傳言日月次第分明,是經謬,史官失之也。』趙氏曰:『傳于此年之事,自四月己亥以後,所書日月甚詳。經書「七月己未,盟于亳城北」,後有「公至自伐鄭」及「楚子、鄭伯伐宋」二事,則經書再伐鄭,在九月明矣。鄭受伐,乃使良霄如楚。諸侯觀兵鄭東門,鄭人行成。又晉、鄭交蒞盟,已不得復在九月。況蒞盟後始退師,為蕭魚之會,豈復一月中事乎?蓋下文冬字當在「會于蕭魚」上,不知何由致誤也。』顧氏曰:『杜、孔皆謂經書秋是經誤,但其說未分明,得東山而始暢。』今案此年傳云:『冬十月丁亥,鄭子展出盟晉侯。十二月戊寅,會于蕭魚。庚辰,赦鄭囚。』下秦人伐晉。傳:『壬午,武濟自輔氏。己丑,秦、晉戰于櫟。』從戊寅至壬午,才五日。至己丑,十二日。則自會蕭魚至伐晉,俱十二月事。而楚執鄭良霄,約略在會之前後不多時。蓋鄭人一面告楚,一面行成,公在會,尚未知有楚執良霄之事。逮公至自會,而後鄭人來告良霄見執,晉人來告秦人見伐,方知楚燄已息而心恨未已。魯史因其赴告之前後而書之,以志晉悼之功,其實二事在公未至魯之前也。蓋鄭之至楚、秦之至晉俱近,而公自鄭反魯極遠。反國之後,而二國之來告更遲。故書法次第如此耳。畢竟冬字當在『會于蕭魚』之上。古人文法疏略,自不拘此等,讀者當善會之。」案此說于當日情事,反覆推勘,而確定「會于蕭魚」上之闕冬字。並又知所謂冬者在十二月,以申成杜、孔之說,較東山更暢。亭林見之當亦首肯也。

　　據自跋,校此書時英人方踞安定門,城中辟兵者紛紛,幼雲獨閉關株守,日事丹鉛。張恩澍跋謂幼雲每曰:「脫有變,當挾此及婁壽碑與俱,如趙子固之于蘭亭也。」如護頭目,寧同玉碎,則其志可見。以視庚子之役,宮中文物及永樂大典之紛被掠奪又何如哉!亦足以愧脂韋涊忍之流矣。是冊于所藏三石經中,雖不及《周禮》,而末附粘葉數字數一單甚詳。至宋拓原本,今皆有盧江劉氏影印本在,可覆案也。繆荃孫于光緒丙子,見此于幼雲處,屬校未果。宣統辛亥,又從劉健之借得,以唐石經校經,岳本校注,成校記一卷,刊入古學彙刊,蓋未知幼雲已先從事于此也。羅振玉《俑盧日記》謂「楊氏曾撰《經

注攷異》三卷，鮑子年為作跋，不知生前已刊行否，其後人有無稿本，異日當一訪之」。則亦未見此稿。今祇存「子年」一印，而跋則已佚。

有「石經厂」朱文方印、「繼振」白文方印、「七佛蚌齋」朱文長方印、「繼振印」白文方印及「鮑康讀過」白文方印。

（《蜀石經春秋左氏傳》第十二卷裏二全卷，共五十三葉半。每葉一十二行，凡六百二十六行，經、注一萬二千一百一十七字。舊見梁茝林中丞藏本昭二殘傳，只三十五行，六百餘字。陳頌南侍御藏本《周禮》《公羊》二冊，最為巨觀，亦僅一萬一千餘字。卷帙字數，皆不逮此。奇緣勝賞，天之貺我多矣哉。謹撮異同，各條疏列于後。繼振謹記）

（楊昭武跋稱「以此本與阮刻十行宋本相校，同異至六十餘科」。每思質證楊君，又以罷官歸。此中切切，不忍暫釋。因竭旬餘力，取阮本及他善本互勘，比楊君又多得六十餘科。並詳攷閏朔、疆域及三傳同異附焉。觀者亦取其校錄之勤，無庸責其繁冗可也。繼振又記）

（凡經、傳一百三十六科，庚申八月十九日校起，九月四日畢事。時紅夷方踞安定門，城中辟兵者紛紛。余獨閉關株守，日事丹鉛，亦云戇矣。十二日和議成，是晼忻幸書此。繼振記）

（此以相臺岳氏宋本校勘，凡不同者一十四科，寫出以備詳定，並免忘失。繼振幼雲父記）

（「聊人紇抉之以出門者」楊陽湖謂唐石經及釋文、他宋本皆作「聊」，此獨與岳本合。具見蜀石祖本之正足破近儒邪說。幼雲又志）

（續又得周禮殘傳二卷，穀梁殘傳一冊，改顏巖居曰廣政三石經厂）

《題宋蛻蜀石經春秋經傳集解第十五殘本後，倒用壽陽相國什韻》：世儒詁經少心得，輒以奇說互驚衒。漢唐注疏本異趣，往往致愧心如面（一作「不同如其面」○余靖什「愚儒有所思，自愧心如面」）。周公孔子之滅沒，羣籍繆闕失校練。蘭臺行賂竄字句，鴻都刊石次篇卷。下逮文翁更高聯，石室禮殿胥良選。後元興平去千祀，文物凋殘孰構撰。遂使編韋裂點畫，二名之諱潏偏徧（段玉裁《經韻樓文集》有此辯說，極詳確）。龍門僕射頗解事，三雍規制嘅復見。鳩工八載亦勤勩，贔負千碑極雕絢。太和舊策儼型矩，平泉妙穎洵英彥。氊槧楮貴走曼本，江左流傳久跨擅。征南集解並粲列，開成楷式遜精善。胡然堂宇盡崩剝，匪獨山川有遷變。歷宋元明偶留此，如鳳毛一虯甲片。何須更足十二經，不知卻費幾千絹？降王休矣只宮詞，相公偉哉有佳傳（毋昭裔傳：後主時，拜中

書門下平章事、左僕射。精經術，嘗按雍經，令平泉令張德釗等書之，刻石成都學宮，皆出私財營建，共石千餘枚。由是文學復盛）。

《石經校勘記成戲用前韻題此柬張君佩紳索和篇》：我昨問學次南國，得覬湖墅舊鄭傳。綈槧精新出六枳，寶之不翅好東絹（湖墅黃氏《蜀石經毛詩殘傳》，唐陶山刻之吳門，余向藏一本。六枳，陶山別字）。以壓歸裝儘輕快，絕勝端溪石一片。爾來古緣益駢萃，迺歎元賞極譎變。漢碑晉刻訝創獲（謂華氏《婁壽》《夏承》二碑、項氏《千金本閣帖》），玆卷神奇美尤擅。發函古澤溢硯几，媲眎陳（頌南）吳（子肅）獨完善。押眉宮璽紅未沫，松煤黳黯芝泥絢（謂「東宮書府」一印）。曼二千字統經注（共經、注萬一千□百），一十三跋羅翹彥（謂何子貞、楊細芸、祁春圃諸公共十三跋，并恭邸一籤）。公武《攷異》既莫覩（晁氏《石經攷異》）。季野作記庸無見（萬氏《石經記》）。偏嗜敢云臣有癖（杜預），還讀或者月常遍（賈逵）。惜哉諸科有同異，靖恭罷棄慵次撰（細芸跋稱以阮氏十行景宋本相勘，同異至六十許條，又與諸善本同者十許條，以罷官不及備校）。十行影刻要足據（阮刻本），孤經校勘誰其選。緊余內外昧正義，率爾丹黃勉終卷（余新撰校勘記，比細芸多得六十許條）。遠依服（虔）杜（預）鮮引觸，近比段（玉裁）阮（元）差淹練（阮太傅《十三經校勘記》實出段大令手）。裝餘冰繭喜書尾，坐對文蟫愧牆面。什成莫漫寄人看，卻恐旁觀斥佔衒。

《庚申十一月二十日奇寒夜窗呵凍賦此并書》：蜀石經拓楮，天地間所存絕尠，翁北平記陳芳林所獲昭公二年殘傳，計不過五百餘字，已珍為虬甲鳳毛。至陳頌南藏本《周禮》《公羊》字數一萬一千餘，極稱富侈矣。此則竟襄二全卷，統一萬二千一百餘字，首尾完好，無絲毫污損，盛哉。弘農得寶，曷以逾玆。又雲先生癖嗜金石文字，知此冊在某賈處，竭力購之。居奇不輕售。海氛弗靖，畿垣告警，賈利腰纏，於是斯冊乃歸星鳳堂中。京師人海場，多搜古之士，重貲捷索者，亦不乏人。乃不為他人得，獨為又雲得。意精誠所結，動與古會，蒼蒼者特慎擇其人以貽之。又紆遲盤錯，乃使其人喜出望外而得之，大造情深，可謂篤顧又雲矣。君既獲此，發所藏書，陳篋數十，左披卷，右飛毫。斯時蓋礮震几，烽照牖，鼓角聲撼宵晝，而君孜孜讎勘，若惟恐弗能卒役者。每曰：「脫有變，當挾此及婁壽碑與俱，如趙子固之於蘭亭也。」猗歟！又雲亦可謂不負石經矣。余性好古，研經則業所在，徒以身世坎坷，每致悠忽。又雲年富才果，余輒豔之，亦殊忮之。顧君每勘金石文，必承相商。方勘此卷時，得數科即以見示。勘校記成，兼舉所攷「東宮書府」印跋及鉤摹副本，悉以屬

余檢視，又未嘗不為雙瞳慶幸。且感君之拯余孤陋者，不獨斯一編，而斯編固其一焉。讀既畢，為識情事如此。若《石經》攷據，諸跋較詳，勘校精博，見者自審，則弗之贅辭云。咸豐庚申冬月，感楓疢士張恩澍珮紳甫書後。

◎楊繼振（1832～1893？），字又（幼）雲，號蓮公。陽湖（今江蘇常州武進區）人。一作遼陽人。官工部郎中。富收藏，精鑒別。生平可參葉昌熾《藏書紀事詩》卷六。著有《蜀石經春秋經注攷異》一卷附《歲閏朔晦攷》《疆域攷》《闕文攷》《穀梁傳注攷異》。

楊繼振 蜀石經春秋疆域攷 存

稿本

◎王欣夫《蛾術軒篋存善本書錄・庚辛稿》卷一：

《蜀石經春秋經注攷異》一卷附《歲閏朔晦攷》《疆域攷》《闕文攷》又《穀梁傳注攷異》（一冊），清燕南楊繼振撰。手稿本，並手跋。張恩澍跋。

楊繼振 蜀石經春秋闕文攷 存

稿本

◎王欣夫《蛾術軒篋存善本書錄・庚辛稿》卷一：

《蜀石經春秋經注攷異》一卷附《歲閏朔晦攷》《疆域攷》《闕文攷》又《穀梁傳注攷異》（一冊），清燕南楊繼振撰。手稿本，並手跋。張恩澍跋。

楊繼振 蜀石經春秋歲閏朔晦攷 存

稿本

◎王欣夫《蛾術軒篋存善本書錄・庚辛稿》卷一：

《蜀石經春秋經注攷異》一卷附《歲閏朔晦攷》《疆域攷》《闕文攷》又《穀梁傳注攷異》（一冊），清燕南楊繼振撰。手稿本，並手跋。張恩澍跋。

楊繼振 蜀石經穀梁傳注攷異 存

稿本

◎王欣夫《蛾術軒篋存善本書錄・庚辛稿》卷一：

《蜀石經春秋經注攷異》一卷附《歲閏朔晦攷》《疆域攷》《闕文攷》又《穀梁傳注攷異》（一冊），清燕南楊繼振撰。手稿本，並手跋。張恩澍跋。

楊玶 分類春秋五傳 佚

◎王其淦、吳康壽光緒《武進陽湖縣志》卷二十八《藝文》：楊玶《分類春秋五傳》（佚）。

◎楊玶，著有《分類春秋五傳》。

楊景盛 左傳倣史錄 十二卷 存

河南大學藏康熙抄本

國家圖書館出版社2016年李景文郭鴻昌主編中國古籍珍本叢刊·河南大學圖書館卷影印康熙抄本

楊景行 春秋纂義 二卷 佚

◎同治《黔陽縣志》卷三十九《儒宿傳》：年十四即通易理，邑人潘士權以易象樂律負京師重望，所著《大樂元音》景行為刪存其要，而自著《樂論》以抒己見……遺著有《古周易草》、《周易億》、《詩經添聲說》、《春秋纂義》、《左傳彙集》、《郡縣志編定》、《詩韻提綱》、《願體集》、《潛溪文集》等書。

◎楊景行，字魯峰。湖南黔陽人。乾隆優廩生。幼聰穎好學，留心經濟，凡天文、曆數、輿圖、史事，無不涉獵。學政盧文弨歎為奇才。屢試不中，授徒為業。著有《古周易草》十二卷、《周易億》三卷、《春秋纂義》二卷、《左傳彙集》、《左傳類鈔》、《詩經添聲說》一卷、《詩韻提綱》一卷、《樂論》一卷、《陸子撮要》二卷、《願體集》二卷、《郡縣志編定》、《潛溪文集》。

楊景行 左傳彙集 佚

◎同治《黔陽縣志》卷三十九《儒宿傳》：年十四即通易理，邑人潘士權以易象樂律負京師重望，所著《大樂元音》景行為刪存其要，而自著《樂論》以抒己見……遺著有《古周易草》《周易億》《詩經添聲說》《春秋纂義》《左傳彙集》《郡縣志編定》《詩韻提綱》《願體集》《潛溪文集》等書。

楊景行 左傳類鈔 一卷 佚

◎光緒《湖南通志》卷二百四十六《藝文志》二：《左傳類鈔》，黔陽楊景行撰（《縣志》）。

楊浚〔註34〕 春秋紀年 一卷 存

上海、首都圖書館藏清刻觀頵道人輯閩竹居叢書本

◎楊浚（1830～1890），字雪滄，號健公，晚號冠悔道人，又號觀頵道人。原籍福建晉江，寄籍侯官（今福建福州）。咸豐二年（1852）孝廉。授內閣中書，充國史、方略二館校對官。歸里後主講丹霞、紫陽、浯江諸書院。工書，隸尤拔勁。同治五年（1866），左宗棠召入福州正誼書局，後邀之入幕襄贊軍務。同治八年（1869）至臺南，越年纂《淡水廳志》。著有《漢儒易義針度補》八卷、《春秋紀年》一卷、《五國執政表》一卷、《戰國七雄圖說》一卷、《郊說》一卷、《禘說》一卷、《爾雅歲陽攷》一卷、《孔門弟子攷》一卷、《門人攷》一卷、《孟子弟子攷》一卷、《山左六朝摩崖各碑存目》一卷、《唐叢碑目稿》一卷、《冠悔堂訪碑記》一卷、《冠悔堂金石題跋》一卷、《冠悔堂書目》四卷、《冠悔道人年譜》一卷、《滕縣漢殷微子墓碑考》一卷、《金荽颺言》一卷、《小演雅》一卷續錄一卷別錄一卷附錄一卷、《冠悔堂文鈔》、《冠悔堂筆記》、《冠悔堂示兒錄》、《冠悔堂世德錄》、《冠悔堂全集》二十一卷（詩抄八卷、駢體文抄六卷、賦抄四卷、楹語三卷）、《冠悔堂文》四卷、《冠悔堂詩》二卷、《冠悔堂詞》三卷、《冠悔堂集》不分卷、《冠悔堂稿》不分卷、《冠悔堂剩稿》不分卷、《鷺江感舊詩》一卷、《島居隨錄》十卷、《島居續錄》十卷、《島居三錄》十卷、《楊雪滄日記》不分卷諸書，編輯有《閩竹居叢書》、《冠悔堂叢書》、《四神志略》十五卷、《閩南唐賦》六卷、《冠悔堂世德錄》、《玉籤集》二卷、《甲申戰事紀日》一卷附錄一卷、《冠悔堂詩評選》一卷、《冠悔堂書評選》一卷，輯錄《連山歸藏逸文》一卷、《焦氏易林吉語》一卷、《孔壁書序》一卷。

楊浚 五國執政表 一卷 存

上海、首都圖書館藏清刻觀頵道人輯閩竹居叢書本

楊浚 戰國七雄圖說 一卷 存

上海、首都圖書館藏清刻觀頵道人輯閩竹居叢書本

楊可震 春秋的 佚

◎光緒《湖南通志》卷二百四十六《藝文志》二：《春秋的》《春秋會要》，新化楊可震撰（《寶慶府志》。增）。

〔註34〕或著錄為觀頵道人著。

◎楊可震（？～1749），字又西，號畏庵。湖南新化縣北渡村（今北渡鄉）人。少師新寧傅相高，博覽群書，尤喜經學。為諸生時，每試輒冠同儕，為宜興儲在文、邵陽王元復、車無咎所重。後屢困舉場，乃授徒為業，一時名士如毛學古輩，皆出其門下。乾隆十一年（1746）以歲貢選茶陵州訓導，改綏寧縣訓導，卒於任。其學上窺孔鄭，下括程朱，原原本本，熔考據義理於一爐。常謂漢學之廣博、宋學之精微，缺一不可。為學以居敬窮理為主。著有《易經證》、《書經省括》、《詩經的》、《詩經捷》、《春秋的》、《四書衡定》、《禮記會要》、《禮記獲》、《春秋禮記備要》、《廿一史類編》、《太極析解》、《河洛要旨》、《啟蒙發明》、《洪範九疇論》、《洪範九疇五行論》、《博物匯纂》、《楚辭朱注疏》、《鱓堂文集》等十餘種。

楊可震 春秋會要 佚

◎光緒《湖南通志》卷二百四十六《藝文志》二：《春秋的》《春秋會要》，新化楊可震撰（《寶慶府志》。增）。

楊可震 春秋禮記備要 佚

◎同治《新化縣志》卷第二十四《人物志》七：可震說經鏗鏗，嘗謂漢學之廣博、宋學之精微，不可缺一。其所論著上窺孔鄭，下括程朱，原原本本，時以比之井大春。蓋邑中之言經者，莫盛於可震也。熔考據義理於一爐。著有《易經證》、《書經省括》、《詩經的》、《春秋禮記備要》、《廿一史類編》、《太極析解》、《河洛要旨》、《啟蒙發明》、《洪範九疇論》、《洪範九疇五行論》、《博物匯纂》、《楚辭朱注疏》、《鱓堂文集》等書。

楊魁植 春秋圖 一卷 存

福建藏乾隆三十七年（1772）施必明信芳書屋刻九經圖本

◎題名：長泰楊魁植輝斗原輯，男文源澤汪增訂，內姪孫王璋如卿，孫士端方卿、士基柔卿、士達用卿、士任伊卿、士華灼卿校。

◎是書為其《九經圖》之一。

◎圖目：春秋之始、春秋之終、春秋總例、列國相值世次、周世次、魯世次、齊世次、晉世次、秦世次、楚世次、宋世次、杞世次、衛世次、滕世次、陳世次、蔡世次、曹世次、鄭世次、燕世次、吳世次、邾世次、莒世次、薛世次、許世次、小邾世次、諸國今所屬、魯一生一及、姬姓爵具、異姓爵姓具、

姬姓爵不具、異姓爵不具、爵具姓不具、爵姓具失、附庸、夷狄諸種、諸國興廢志、春秋會盟、齊盟、五霸、與盟、尊周之盟、衣裳之會、兵車之會、外楚之盟、朝聘志周待魯、魯事周、魯交列國、列國交魯、會盟志、攻伐志、八音八風、歲星、春秋二十一國年表、周王族諸氏、魯公族諸氏、齊公族諸氏、晉公族諸氏、宋公族諸氏、衛公族諸氏、陳公族諸氏、蔡公族諸氏、鄭公族諸氏、曹公族諸氏、燕公族諸氏、秦公族諸氏、楚公族諸氏、吳公族諸氏、越公族諸氏、邾族氏、莒族氏、紀族氏、許族氏、虞族氏、虢族氏、諸小國族氏、諸國所都地理、諸國屬地。

◎《四庫提要》「楊魁植《九經圖》」條：國朝楊魁植編，其子文源增訂。魁植字輝斗，文源字澤汪，長泰人。是書以信州學宮石刻《易》、《書》、《詩》、《禮記》、《周禮》、《春秋》六經圖，析《春秋三傳》為三，而益以《儀禮》為《九經》。其信州石刻原本殘脫者則仍闕之。但其中如《易》既載河圖洛書又載古河圖、洛書二圖，一為旋毛一為龜坼，據明以來之偽本，殊為失考。末復載邵子《皇極經世》、司馬光《潛虛》、關朗《洞極》、揚雄《太元》、《准易》、《運會曆數》等圖，皆《易》外支流，亦失之氾濫。《書》不載序而《詩》獨載序，例不畫一。所注地理皆沿石本之舊，如魯云「今仙源縣」，荊山云「今襄州」之類，時代未明。《春秋列國表》內增入孔子亦非體例。《三禮》皆剿聶崇義、楊復諸圖，而喪禮及行禮諸圖又刪不載，蓋科舉對策之本，不足以資考據也。

◎愛新覺羅・弘曆《皇朝通志》卷一百十四《圖譜略》二：楊魁植《九經圖》，謹按是書以信州石刻《易》《詩》《書》《禮記》《周禮》《春秋》六經圖，析《春秋三傳》為三，而益以《儀禮》為九經。

◎楊魁植，字輝斗。長泰（今福建漳州長泰區）人。著有《九經圖》七卷。

◎楊文源，字澤汪。長泰（今福建漳州長泰區）人。楊魁植子。

楊遜 春秋獨斷 佚

◎同治《金谿縣志》卷三十二《藝文志》一：《周易解》、《書經廣義》、《春秋獨斷》、《天中山古文集》十卷（楊遜撰）。

◎楊遜，字雲將。江西金溪新鵝塘人。楊煥曾孫。著有《周易解》、《書經廣義》、《春秋獨斷》、《天中山古文集》十卷。

楊六盧 左傳評點 佚

◎乾隆《泉州府志》卷七十四《藝文》：楊六盧《四書補》、《左傳評點》、《讀史質疑》、《敬昕外編》。

◎道光《晉江縣志》卷之七十《典籍志》：楊六盧《四書補》、《左傳評點》、《讀史質疑》、《敬昕外編》。

◎楊六盧，福建晉江人。著有《左傳評點》、《四書補》、《讀史質疑》、《敬昕外編》。

楊履基 春秋四傳辨疑 佚周懷文

◎光緒九年（1883）博潤《松江府續志》卷三十七《藝文志・經部補遺》：《春秋四傳辨疑》（國朝楊履基著）。

◎姚光《金山藝文志・經部・春秋類》：《春秋四傳辨疑》，清楊履基撰。「辨」，《宋府志》作「傳」，一作「存」（烈按，此書見《黃志》，《府續志》同。《宋府志》未著錄，所云當出《人物傳》）。

◎光緒《金山縣志》卷二十《儒林傳》：著《春秋四傳存疑》、《三禮臆說》、《觀理編》、《律呂指掌圖》諸書（《宋志》。參《潛研堂集》）。

◎《應體詩話》卷八：金山楊履基編《三魚堂松陽鈔存》，以衍陸清獻公遺緒，舉優行貢。劉穆菴督學江蘇，輯江左二十二人詩，上呈乙覽，履基《桐柏》《孤嶼》諸章與焉。時陳榕門撫吳，問江左人才于學使李鶴峯，李稱楊履基、嘉定曹仁虎，有春華秋實之譽。曹後列侍從，而楊不遇。

◎楊履基，原名開基，字履德，後更名，字惕齋，號鐵齋。松江府金山（今上海金山區）用里人。乾隆二十一年（1756）優貢生。嘗從陸奎勳遊。同時王昶、陸錫熊皆重之。晚歲教授浦南。著有《周易札記》、《尚書札記》、《毛詩札記》二十卷、《三禮臆說》、《春秋四傳辨疑》、《律呂指掌圖》、《中庸講語》、《小學札記》、《觀理編》、《鐵齋偶筆》，輯陸隴其《松陽鈔存》二卷、《陸清獻公年譜》、《鐵齋文集》、《蘭谷詩草》、《臺蕩游草》。

楊明上 春秋集傳錄 八卷 佚

◎尋霖、龔篤清編《湘人著述表》著錄。

◎楊明上，原名林翰，字旭初，號漁皋。湖南寧遠人。乾隆諸生。著有《詩書集注從經》八十五卷、《春秋集傳錄》八卷、《春秋集傳宗朱》六卷、《詩傳

答問》、《子思孟子年譜合考》四卷、《四書日記》六卷、《引蒙四書題詩》一卷、《辨儒堂古文》四卷、《辨儒堂時文》六卷、《辨儒堂詩集》十卷、《戰國策年考》六卷、《獨學庵問答》四卷、《地理約法》一卷、《墨裁約法》二卷、《漁皋詩話》六卷、《說詩雜記》六卷、《說帖》二卷、《南嶽別史》四卷、《截搭約法》二卷、《漁皋年譜》。

楊明上 春秋集傳宗朱 六卷 佚

◎尋霖、龔篤清編《湘人著述表》著錄。

楊丕復 春秋經傳合編 三十卷 雜說一卷 書法彙表三卷 辨疑二卷 存

湖南藏嘉慶四年（1799）刻本

光緒二十六年（1900）武陵楊氏匯刻楊愚齋先生全集

◎春秋經傳合編序〔註35〕：《春秋》一書，聖人因史而為經也。左氏採輯國史，作為一傳，紀事頗詳，而於經義甚疏。公、穀後起，各述所聞，以例求經，滯而鮮通，又雜以荒誕之說，去聖人之義愈遠。漢魏以來，三傳並立，學者謹守師承，幾不知聖經為何物。何、范、杜氏，優於三傳者也，亦每屈經就傳以伸其說。蓋無傳而經義猶存，有傳而經旨益晦，故曰「三傳作而《春秋》散」，非過論也。唐啖趙輩始知據經駁傳，指摘疵謬。劉氏《權衡》因之，益暢其支。然《春秋》所書，舉其大綱而已，其為是非褒貶，必當即事蹟以考其顛末究其曲折，然後有以測聖人之微意。而三傳之中，有紀載詳備，實讀經之所不廢，若使竝束高閣而獨抱遺經，恐千百載憑虛臆揣，終未必盡得聖人之奧，此啖、趙輩之所以不無遺憾也。胡文定淵源伊洛，發抒奧旨，卓然自成一家。然本為進御之言，意存納約，不免激焉而偏，而心有所見，不惜強經就己，而穿鑿之弊以生，則亦由不能據事而斷以理，而但以己意立論之過也。程子有言：「《春秋》傳為案，經為斷。以傳考經之事蹟，以經別傳之真偽」，然《公》《穀》二傳不詳於事，可觀者少；《左氏》於事詳矣，而傳之體例與經不合，讀者究病其難。昔朱子作《通鑑綱目》，綱倣《春秋》，目倣《左氏》，學者不病其難讀，以據目可以求綱，即事之端委可以測筆削之精微。又有舊史轉相參考，故褒貶深意未嘗不曉然千百載下。《春秋》既不得見魯史舊文，無以知聖人孰為

〔註35〕又見於《湖南文徵》卷七十六，題《春秋經傳合編序》。

筆刱為削，又但有綱而無目，無由核其行事之是非。杜氏註《左》，分經之季與傳之季相附，而經傳仍不相統。蓋《左氏》或先經以始事，或後經以終義，一事之始末相距數季或數十季；又或經有而傳無、經無而傳有，先後懸隔，有無淆雜，故學者不獲如《綱目》之易讀也。愚以為《綱目》取法《春秋》，而讀《春秋》者仍當取法《綱目》。不揣讓淺，取經傳合而編之，以經為綱，以《左氏傳》纂為目，隨經分附，無傳則但列經；無經而有傳者，或足備參攷之資，則亦隨類附之。要使綱目分明，庶幾案斷簡易。其有先儒解說確當不易者，則又倣讀《綱目》之例，別為《書法》附於傳後。閒亦參以愚見，務求不悖筆削之旨。其為書三十卷，尚有疑義未盡者，更為《辨疑》二卷，以存於末。又以《春秋》本比事屬辭之書，雖不可以例求，未嘗不可互為考證，故又為《書法彙表》三卷以冠於首。書成，序其梗概於此。

◎楊丕復（？～1829），字愚齋。湖南武陵人。楊丕樹兄。嘉慶十二年（1807）舉人。官石門縣訓導。著有《儀禮經傳通解》五十八卷序說一卷雜說一卷綱領一卷、《春秋宗經錄》十四卷、《春秋經傳合編》三十卷雜說一卷書法彙表三卷辨疑二卷、《朱子四書纂要》四十卷序說一卷、《三五堂書目》、《輿地沿革表》四十卷、《楊愚齋先生全集》。

楊丕復 春秋辨疑 二卷 存

湖南藏嘉慶四年（1799）刻本

光緒二十六年（1900）武陵楊氏匯刻楊愚齋先生全集

◎春秋經傳合編序〔註36〕：《春秋》一書，聖人因史而為經也。左氏採輯國史，作為一傳，紀事頗詳，而於經義甚疏。公、穀後起，各述所聞，以例求經，滯而鮮通，又雜以荒誕之說，去聖人之義愈遠。漢魏以來，三傳並立，學者謹守師承，幾不知聖經為何物。何、范、杜氏，優於三傳者也，亦每屈經就傳以伸其說。蓋無傳而經義猶存，有傳而經旨益晦，故曰「三傳作而《春秋》散」，非過論也。唐啖趙輩始知據經駁傳，指摘疵謬。劉氏《權衡》因之，益暢其支。然《春秋》所書，舉其大綱而已，其為是非褒貶，必當即事蹟以考其顛末究其曲折，然後有以測聖人之微意。而三傳之中，有紀載詳備，實讀經之所不廢，若使盡束高閣而獨抱遺經，恐千百載憑虛臆揣，終未必盡得聖人之奧，此啖、趙輩之所以不無遺憾也。胡文定淵源伊洛，發抒奧旨，卓然自成一家。

〔註36〕又見於《湖南文徵》卷七十六，題《春秋經傳合編序》。

然本為進御之言，意存納約，不免激焉而偏，而心有所見，不惜強經就己，而穿鑿之弊以生，則亦由不能據事而斷以理，而但以己意立論之過也。程子有言：「《春秋》傳為案，經為斷。以傳考經之事蹟，以經別傳之真偽」，然《公》《穀》二傳不詳於事，可觀者少；《左氏》於事詳矣，而傳之體例與經不合，讀者究病其難。昔朱子作《通鑑綱目》，綱倣《春秋》，目倣《左氏》，學者不病其難讀，以據目可以求綱，即事之端委可以測筆削之精微。又有舊史轉相參考，故褒貶深意未嘗不曉然千百載下。《春秋》既不得見魯史舊文，無以知聖人孰為筆孰為削，又但有綱而無目，無由核其行事之是非。杜氏註《左》，分經之季與傳之季相附，而經傳仍不相統。蓋《左氏》或先經以始事，或後經以終義，一事之始末相距數季或數十季；又或經有而傳無、經無而傳有，先後懸隔，有無淆雜，故學者不獲如《綱目》之易讀也。愚以為《綱目》取法《春秋》，而讀《春秋》者仍當取法《綱目》。不揣鼊淺，取經傳合而編之，以經為綱，以《左氏傳》纂為目，隨經分附，無傳則但列經；無經而有傳者，或足備參攷之資，則亦隨類附之。要使綱目分明，庶幾案斷簡易。其有先儒解說確當不易者，則又倣讀《綱目》之例，別為《書法》附於傳後。閒亦參以愚見，務求不悖筆削之旨。其為書三十卷，尚有疑義未盡者，更為《辨疑》二卷，以存於末。又以《春秋》本比事屬辭之書，雖不可以例求，未嘗不可互為考證，故又為《書法彙表》三卷以冠於首。書成，序其梗概於此。

楊丕復 春秋經傳合編 三十卷 存

湖南藏嘉慶四年（1799）刻本

光緒二十六年（1900）武陵楊氏匯刻楊愚齋先生全集

◎春秋經傳合編序〔註37〕：《春秋》一書，聖人因史而為經也。左氏採輯國史，作為一傳，紀事頗詳，而於經義甚疏。公、穀後起，各述所聞，以例求經，滯而鮮通，又雜以荒誕之說，去聖人之義愈遠。漢魏以來，三傳並立，學者謹守師承，幾不知聖經為何物。何、范、杜氏，優於三傳者也，亦每屈經就傳以伸其說。蓋無傳而經義猶存，有傳而經旨益晦，故曰「三傳作而《春秋》散」，非過論也。唐啖趙輩始知據經駁傳，指摘疵繆。劉氏《權衡》因之，益暢其支。然《春秋》所書，舉其大綱而已，其為是非褒貶，必當即事蹟以考其顛末究其曲折，然後有以測聖人之微意。而三傳之中，有紀載詳備，實

〔註37〕又見於《湖南文徵》卷七十六，題《春秋經傳合編序》。

讀經之所不廢，若使迏束高閣而獨抱遺經，恐千百載憑虛臆揣，終未必盡得聖人之奧，此唊、趙輩之所以不無遺憾也。胡文定淵源伊洛，發抒奧旨，卓然自成一家。然本為進御之言，意存納約，不免激焉而偏，而心有所見，不惜強經就己，而穿鑿之弊以生，則亦由不能據事而斷以理，而但以己意立論之過也。程子有言：「《春秋》傳為案，經為斷。以傳考經之事蹟，以經別傳之真偽」，然《公》《穀》二傳不詳於事，可觀者少；《左氏》於事詳矣，而傳之體例與經不合，讀者究病其難。昔朱子作《通鑑綱目》，綱倣《春秋》，目倣《左氏》，學者不病其難讀，以據目可以求綱，即事之端委可以測筆削之精微。又有舊史轉相參考，故褒貶深意未嘗不曉然千百載下。《春秋》既不得見魯史舊文，無以知聖人孰為筆孰為削，又但有綱而無目，無由核其行事之是非。杜氏註《左》，分經之季與傳之季相附，而經傳仍不相統。蓋《左氏》或先經以始事，或後經以終義，一事之始末相距數季或數十季；又或經有而傳無、經無而傳有，先後懸隔，有無淆雜，故學者不獲如《綱目》之易讀也。愚以為《綱目》取法《春秋》，而讀《春秋》者仍當取法《綱目》。不揣譾淺，取經傳合而編之，以經為綱，以《左氏傳》纂為目，隨經分附，無傳則但列經；無經而有傳者，或足備參攷之資，則亦隨類附之。要使綱目分明，庶幾案斷簡易。其有先儒解說確當不易者，則又倣讀《綱目》之例，別為《書法》附於傳後。閒亦參以愚見，務求不悖筆削之旨。其為書三十卷，尚有疑義未盡者，更為《辨疑》二卷，以存於末。又以《春秋》本比事屬辭之書，雖不可以例求，未嘗不可互為考證，故又為《書法彙表》三卷以冠於首。書成，序其梗概於此。

楊丕復 春秋書法彙表 三卷 存

湖南藏嘉慶四年（1799）刻本

光緒二十六年（1900）武陵楊氏匯刻楊愚齋先生全集

◎春秋經傳合編序〔註38〕：《春秋》一書，聖人因史而為經也。左氏採輯國史，作為一傳，紀事頗詳，而於經義甚疏。公、穀後起，各述所聞，以例求經，滯而鮮通，又雜以荒誕之說，去聖人之義愈遠。漢魏以來，三傳並立，學者謹守師承，幾不知聖經為何物。何、范、杜氏，優於三傳者也，亦每屈經就傳以伸其說。蓋無傳而經義猶存，有傳而經旨益晦，故曰「三傳作而《春

〔註38〕又見於《湖南文徵》卷七十六，題《春秋經傳合編序》。

秋》散」，非過論也。唐啖趙輩始知據經駁傳，指摘疵謬。劉氏《權衡》因之，
益暢其支。然《春秋》所書，舉其大綱而已，其為是非褒貶，必當即事蹟以
考其顛末究其曲折，然後有以測聖人之微意。而三傳之中，有紀載詳備，實
讀經之所不廢，若使竝束高閣而獨抱遺經，恐千百載憑虛臆揣，終未必盡得
聖人之奧，此啖、趙輩之所以不無遺憾也。胡文定淵源伊洛，發抒奧旨，卓
然自成一家。然本為進御之言，意存納約，不免激焉而偏，而心有所見，不
惜強經就己，而穿鑿之弊以生，則亦由不能據事而斷以理，而但以己意立論
之過也。程子有言：「《春秋》傳為案，經為斷。以傳考經之事蹟，以經別傳
之真偽」，然《公》《穀》二傳不詳於事，可觀者少；《左氏》於事詳矣，而傳
之體例與經不合，讀者究病其難。昔朱子作《通鑑綱目》，綱倣《春秋》，目
倣《左氏》，學者不病其難讀，以據目可以求綱，即事之端委可以測筆削之精
微。又有舊史轉相參考，故褒貶深意未嘗不曉然千百載下。《春秋》既不得見
魯史舊文，無以知聖人孰為筆孰為削，又但有綱而無目，無由核其行事之是
非。杜氏註《左》，分經之季與傳之季相附，而經傳仍不相統。蓋《左氏》或
先經以始事，或後經以終義，一事之始末相距數季或數十季；又或經有而傳
無、經無而傳有，先後懸隔，有無淆雜，故學者不獲如《綱目》之易讀也。
愚以為《綱目》取法《春秋》，而讀《春秋》者仍當取法《綱目》。不揣虆淺，
取經傳合而編之，以經為綱，以《左氏傳》纂為目，隨經分附，無傳則但列
經；無經而有傳者，或足備參攷之資，則亦隨類附之。要使綱目分明，庶幾
案斷簡易。其有先儒解說確當不易者，則又倣讀《綱目》之例，別為《書法》
附於傳後。閒亦參以愚見，務求不悖筆削之旨。其為書三十卷，尚有疑義未
盡者，更為《辨疑》二卷，以存於末。又以《春秋》本比事屬辭之書，雖不
可以例求，未嘗不可互為考證，故又為《書法彙表》三卷以冠於首。書成，
序其梗概於此。

楊丕復 春秋雜說 一卷 存

湖南藏嘉慶四年（1799）刻本

光緒二十六年（1900）武陵楊氏匯刻楊愚齋先生全集

◎春秋經傳合編序〔註39〕：《春秋》一書，聖人因史而為經也。左氏採輯
國史，作為一傳，紀事頗詳，而於經義甚疏。公、穀後起，各述所聞，以例

〔註39〕又見於《湖南文徵》卷七十六，題《春秋經傳合編序》。

求經，滯而鮮通，又雜以荒誕之說，去聖人之義愈遠。漢魏以來，三傳並立，學者謹守師承，幾不知聖經為何物。何、范、杜氏，優於三傳者也，亦每屈經就傳以伸其說。蓋無傳而經義猶存，有傳而經旨益晦，故曰「三傳作而《春秋》散」，非過論也。唐啖趙輩始知據經駁傳，指摘疵謬。劉氏《權衡》因之，益暢其支。然《春秋》所書，舉其大綱而已，其為是非褒貶，必當即事蹟以考其顛末究其曲折，然後有以測聖人之微意。而三傳之中，有紀載詳備，實讀經之所不廢，若使竝束高閣而獨抱遺經，恐千百載憑虛臆揣，終未必盡得聖人之奧，此啖、趙輩之所以不無遺憾也。胡文定淵源伊洛，發抒奧旨，卓然自成一家。然本為進御之言，意存納約，不免激焉而偏，而心有所見，不惜強經就己，而穿鑿之弊以生，則亦由不能據事而斷以理，而但以己意立論之過也。程子有言：「《春秋》傳為案，經為斷。以傳考經之事蹟，以經別傳之真偽」，然《公》《穀》二傳不詳於事，可觀者少；《左氏》於事詳矣，而傳之體例與經不合，讀者究病其難。昔朱子作《通鑑綱目》，綱倣《春秋》，目倣《左氏》，學者不病其難讀，以據目可以求綱，即事之端委可以測筆削之精微。又有舊史轉相參考，故褒貶深意未嘗不曉然千百載下。《春秋》既不得見魯史舊文，無以知聖人孰為筆孰為削，又但有綱而無目，無由核其行事之是非。杜氏註《左》，分經之季與傳之季相附，而經傳仍不相統。蓋《左氏》或先經以始事，或後經以終義，一事之始末相距數季或數十季；又或經有而傳無、經無而傳有，先後懸隔，有無淆雜，故學者不獲如《綱目》之易讀也。愚以為《綱目》取法《春秋》，而讀《春秋》者仍當取法《綱目》。不揣釐淺，取經傳合而編之，以經為綱，以《左氏傳》纂為目，隨經分附，無傳則但列經；無經而有傳者，或足備參攷之資，則亦隨類附之。要使綱目分明，庶幾案斷簡易。其有先儒解說確當不易者，則又倣讀《綱目》之例，別為《書法》附於傳後。閒亦參以愚見，務求不悖筆削之旨。其為書三十卷，尚有疑義未盡者，更為《辨疑》二卷，以存於末。又以《春秋》本比事屬辭之書，雖不可以例求，未嘗不可互為考證，故又為《書法彙表》三卷以冠於首。書成，序其梗概於此。

楊丕復 春秋宗經錄 十四卷 未見

◎雷夢水《販書偶記續編》卷二《經部・春秋總義類》：《春秋宗經錄》十四卷（清武陵楊丕復撰。嘉慶四年楊彝珍校刊）。

楊任光 春秋左傳尊聞 佚

◎郭嵩燾《養知書屋文集》卷二十三《揀選知縣楊君墓表》〔註40〕：所著《周禮融注》《爾雅集注》《春秋左傳尊聞》《州郡水道考》《分畫重韻辨／異同辨》《西塘文存》《西塘詩存》通若干卷。

◎楊任光（1759～1823），字砥皆，晚號西塘老人。湖南善化人。與郭嵩燾、周子佩、賀禮耕善。試教習，揀選知縣。著有《周禮融注》、《春秋左傳尊聞》、《分畫重韻辨》、《分畫異同辨》、《爾雅集注》、《州郡水道考》、《西塘文存》、《西塘詩存》。

楊深 春秋臆說 佚

◎乾隆《富平縣志》卷之七《人物志・鄉彥》：著《春秋臆說》、《萍踪雜記》、《樂耕園詩草》暨《南湖志》等書，稿藏於家。

◎楊深，字通志。五歲孤，育於伯父。敦行嗜學，有聲幕府。陝西富平人。著有《春秋臆說》、《萍踪雜記》、《樂耕園詩草》、《南湖志》。

楊守敬 春秋穀梁傳考異 一卷 存

國圖藏光緒九年（1883）遵義黎氏日本東京使署影刻古逸叢書本

叢書集成新編本

民國影印湖北先正遺書本

民國醒園刻十三經讀本本

◎一名《余仁仲萬卷堂穀梁傳考異》。

◎楊守敬（1839～1915），譜名開科，榜名愷，更名守敬，字鵬雲，號惺吾（星吾／心物），號鄰蘇（老人）。湖北宜都（今枝城）陸城鎮人。同治元年（1862）舉人。四年（1865）任北京景山官學教習。十三年（1874）考取國史館謄錄。光緒五年（1879）以知縣候選教諭。六年（1880）出使日本。八年（1882）歸國後選授黃岡縣教諭。十年（1884）任黃州府學教諭，以知縣遇缺即選並加五品銜。二十五年（1899）任兩湖書院教習。二十八年（1902）調任勤成學堂總教長，詔加四品銜。三十三年（1906）選授安徽霍山縣知縣，辭未赴任。三十四年（1907）改勤成學堂為存古學堂，仍任總教長。總督張之洞保以內閣中書用。宣統元年（1909）任禮部顧問官，二年（1910）兼聘為湖北通志局纂修。

〔註40〕郭氏記楊氏生卒似誤。

1914 年任國府顧問，以年老致仕不求聞達辭，聘為清史館纂修。富藏書，有「鄰蘇老人」、「惺吾審定」、「楊惺吾日本訪書之記」、「楊惺吾東瀛所得秘笈」、「星吾海外訪得秘笈」諸藏書印。著有《春秋穀梁傳考異》一卷、《春秋列國地圖》不分卷（合撰）、《重訂說文古本考》、《叢書舉要》、《評碑記》、《學書邇言》、《望堂金石》初二集、《三續寰宇訪碑錄》十六卷、《水經注疏》四十卷、《歷代輿地沿革圖》、《歷代輿地詳圖》、《歷代輿地沿革險要圖》、《水經注圖》、《湖北金石志》、《日本訪書志》、《鄰蘇老人手書題跋》、《楷法溯源》，編有《鄰蘇園書目》、《觀海堂書目》、《古泉藪》、《飛清閣錢譜》。

楊守敬 熊會貞 春秋列國地圖 不分卷 存

遼寧藏光緒三十二年（1906）刻套印本

◎熊會貞（1859～1936），字崮芝。枝江（今湖北枝江）人。楊守敬弟子。汪辟疆有《楊守敬熊會貞傳》。與楊守敬同撰《春秋列國地圖》不分卷，襄助守敬撰成《水經注疏》。

楊樹達 春秋大義述 五卷 存

1941 年湖南大學石印本

上海古籍出版社 2007 年排印本

◎楊樹達（1885～1956），字遇夫，號積微。湖南長沙人。少入求實書院肄業，有志訓詁。年十五受業於葉德輝、胡元倓。清末留學日本。曾任北京高等師範學校、北京大學、清華大學、湖南大學等教授。曾任中央研究院首屆院士、湖南省文史館館長。著有《周易古義》七卷、《春秋述旨》一卷、《春秋大義述》五卷、《論語疏證》十卷、《文字引申述義》三卷、《訓詁學大綱》一卷、《訓詁學小史》一卷、《中國文法學小史》一卷、《中國文字學概要》、《古文字學研究》、《讀漢書劄記》四卷、《論語古義》、《積微居甲文說》、《積微居金文說》、《積微居金文餘說》、《彝器銘文中之通假字》、《積微居小學金石論叢》五卷補遺一卷、《積微居小學述林》、《馬氏文通刊誤》、《語源學論文》、《高等國文法》、《漢文修詞學》、《詞詮》、《古書句讀釋例》、《古書疑義舉例續補》二卷、《中國語法綱要》、《古書句讀釋例》、《中國修辭學》、《讀甲骨文編記》、《甲骨學教材》、《倉頡篇義證》、《說文聲母表》、《通假字索引》、《爾雅疏證》、《通假字錄》、《古書異部字通表》、《爾雅異文考》、《說文音韻表》、《說文古韻二十八

部譜》、《說文部首注音目錄》、《殷契文編檢字古韻表》、《對文分訓》、《辭彙索引》、《說文假借文證索引》、（含《金文著作提要》一冊、《彝銘雜話》一冊、《金文叢話》一冊、《宋人金石書提要》一冊、《彝銘中之複詞目錄》一冊、《歷代著錄吉金目索引之索引》一冊、《金文索引》二冊、《金甲文字記》一冊、《青銅器銘文研究》二冊）、《湖南通志‧藝文志稿》、《續修四庫全書總目提要》、《淮南子拾遺》二十一卷、《淮南子筆記等四種》、《淮南子證聞》四卷、《淮南證聞》七卷、《中國文法講義》、《辭源補》、《積微居文錄》三卷、《增補老子古義》三卷附一卷、《西漢史探》、《漢書窺管》十一卷、《漢書王注補正》六卷、《漢代婚喪禮俗考》、《鹽鐵論校注》十卷、《說苑集證》二十卷、《近世社會主義》、《長沙楊氏家政瑣言》、《戰國策校釋》三十三卷、《曾運乾傳》、《中國歷代名人生卒表》、《引古彙聚》、《群書索引》、《群書檢目》、《楊孝秩行述》、《漢代風俗史初稿》、《楊樹達殘稿》，輯有《古聲韻討論集》、《積微居友朋投贈》。

楊樹達 春秋述旨 一卷 存

1940 年湖南大學石印本

楊天祿 春秋管見 八十五卷 存

山東藏稿本（1947 年趙級三跋）

山東大學出版社 2011 年山東文獻集成影印山東藏稿本（1947 年趙級三跋）

◎一名《春秋管見集解》。

◎民國《續修歷城縣志》卷二十二《藝文考》一：楊天祿《春秋管見》八十七卷（據本書）。天祿自序略曰：愚少不慧，雖多所涉獵，愛博而情不專，碌碌無成。年四十，因思《春秋》視他經較熟，似易為力。爰取四傳及欽定《彙纂》諸家說，反覆涵泳，不敢有心求異，亦不敢成見是拘，惟令字字句句與身心有關。苦心孤詣三十餘年，非敢問世也，亦惟俾後之見者鑒予老大徒悲之失（本書）。

◎民國《續修歷城縣志》卷四十一《列傳》三《文苑》：著有《春秋管見》八十餘卷，卷帙浩繁，子孫式微，未得刊行，識者惜之（《續修府志》《採訪冊》）。

◎孫葆田《山東通志》卷百二十七《藝文志》第十《春秋管見集解》八十七卷：是書見有嘉慶乙亥自序略云：「取四傳及欽定《彙纂》諸家說，反覆涵

泳，不敢有心求異，亦不敢成見是拘，惟令字字句句與身心有關，非敢問世也。」
據本書。

◎楊天祿，字介亭。歷城（今山東濟南歷城區）人。諸生。家貧好學，讀
書自勵。師新城王祖熙，長於古今文辭。著有《春秋管見》八十五卷。

楊王猶 春秋論斷 十卷 佚

◎光緒九年（1883）博潤《松江府續志》卷三十七《藝文志・經部補遺》：
《春秋論斷》十卷（國朝楊王猶著）。

◎《華婁續志殘稿・藝文志・婁縣藝文志・經部補遺》：《左傳論斷》十卷，
清楊王猶（成侯）著。《府續志・藝文補遺》。

◎姚光《金山藝文志・經部・春秋類》：《春秋左氏傳論斷》十卷，清楊王
猶撰（烈按，見《黃志》）。

◎楊王猶，字成侯。松江府金山（今上海金山區）沐瀝村人。順治十八年
（1661）歲貢生。與兄桓以詩文馳譽幾社，陳子龍、夏允彝俱器重之。閉戶纂
述，無間寒暑。年八十一卒。著有《春秋論斷》十卷、《國語論斷》十卷、《史
記論斷》四十卷、《菁華集》。

楊文鼎 左傳同名錄 一卷 存

南開藏道光九年（1829）刻本

◎雷夢水《販書偶記續編》卷二《經部・春秋總義類》：《左傳同名錄》一
卷（清丹徒楊文鼎輯。道光己丑冬刊）。

◎楊文鼎（1852～1911），字俊（晉）卿。雲南蒙自人。女詩人伍淡如次
子。光緒五年（1879）舉人。嘗佐李鴻章幕，後以勞績任靜海、正定、灤洲等
州縣。光緒二十四年（1898）任榮祿、裕祿總文案。後歷任福建鹽法道、福建
按察使、淮揚道員、貴州按察使、湖北按察使、湖北布政使、湖南巡撫、陝西
巡撫。著有《左傳同名錄》一卷。

楊希曾 左傳經緯 佚

◎王其淦、吳康壽光緒《武進陽湖縣志》卷二十八《藝文》：楊希曾《左
傳經緯》（存）。

◎楊希曾，字魯公，又字申一，號東軒。江蘇金匱（今無錫）人。楊潮觀
世父。工詩文楷法。著有《左傳經緯》《獻芹錄》。

楊向奎 論左傳之性質及其與國語之關係 存

國立北平研究院 1936 年史學集刊第二期鉛印單行本

◎目錄：導言。上篇論左傳之性質（一）論書法及解經語（二）論凡例（三）論君子曰（四）左傳古本說。下篇論左傳與國語之關係（一）近人對於此問題研究之已有成績（二）左國體裁之不同（三）西漢以前左國名稱之不同結論。

◎摘錄《導言》首：自漢哀帝建平元年宗室劉歆請建立《春秋左氏傳》及王莽發得《周禮》後，乃若靜水投物，其波浪至今未息。劉氏請建立者，除此書外，尚有《毛詩》、逸《禮》及古文《尚書》等。然《毛詩》問題，已因鄭樵、朱熹以及牟庭、崔述、康有為等之攻擊而知其偽。逸《禮》久佚，無可詳考。古文《尚書》原本亦佚，今所存者為偽中之偽，經閻若璩、惠棟等之考證，已被宣布死刑。雖有毛奇齡、吳光耀、洪良品及王小航（照）等之辯護，其案終不能不反也。《周禮》問題則最近得郭沫若、錢賓四諸家之考訂，亦知此書為晚周時物；雖未能如今文家之豫期謂為歆、莽所偽，然其非周公之作則無疑矣。獨《左傳》問題，乃愈久而愈棼，今文家攻之愈急，古文家守之亦愈堅，一似永無解決之希望者，寧非奇耶？蓋《左傳》之問題，實較他書為複雜，若《周禮》《毛詩》《古文尚書》等問題，僅限於該書之本身；而欲訂《左傳》之真偽，則至少須牽及《春秋》及《國語》二書，欲問《左氏》究否傳經，則其與《春秋》之關係，不能不詳加考察也；欲問其是否自《國語》分出，則其與《國語》之異同，又不能不詳加考察也。所涉者廣，所藉者多，故歧義既夥，欲圖解決乃愈難。問題既如是之難，而本人之學，方之古人又殊難比擬，其敢對此有意見者，亦以學術之事，後來居上，憑藉前人之已有成績，加以個人之見解，則其所得，容或可觀也。

◎摘錄《結論》：

晚近今古文學大師，研究《左傳》最精者，實推廖平及劉師培。廖平著有《春秋左氏古經說》一書，謂「《左氏》事業具於傳，義例出於說，今《傳》事說雜陳，乃先秦左氏弟子依經編年。」（見潘祖蔭序）是謂《左傳》本有書法凡例也。劉師培多單篇論文，如《左氏不傳春秋辨》《周季諸子述左傳攷》等，皆有極精到之處。本人此文之撰成，實受此二大師之啟迪。斯文果有些微發現，皆前賢所賜也。撰文既竟，可下一結論曰：書法、凡例、解經語及「君子曰」等為《左傳》所原有，非出後人之竄加，故《左傳》本為傳經之書。《國語》之文法、體裁、記事、名稱等皆與《左傳》不同，故二書決非一書之割裂也。

至於《左》《國》二書之創始者為誰、成書者為誰、創作之時代在何時等問題，本人別有考証，今不具論。二十五年七月一日草成。

◎楊向奎，字拱辰。河北省豐潤縣豐登塢鎮楊家莊村人。1929 年考入北大預科，1931 年秋進入北大歷史系，師從顧頡剛，1935 年留校任文科研究所助理。1936 年赴日本東京帝國大學攻讀研究生，抗戰後回國。後相繼執教於甘肅學院、西北大學、東北大學、山東大學，任中國史學會青島市分會副主任。1950 年加入中國共產黨，同年加入中國民主同盟。1957 年調中國科學院歷史研究所。曾創辦並主編《文史哲》、《清史論叢》。著有《西漢經學與政治》、《中國古代社會與古代思想研究》、《中國古代史論》、《清儒學案新編》、《大一統與儒家思想》、《宗周社會與禮樂文明》、《墨經數理研究》、《自然哲學與道德哲學》、《哲學與科學──自然哲學續編》、《繹史齋學術文集》、《翻經室學術文集》、《中國屯墾史》（合著）、《論時間、空間》、《熵與引力》、《未來的理論物理學：量子與熵──二進位的數字運算式》、《關於數理邏輯中的悖論》、《人生境界論──自然空間與理性空間》。

楊在寅 讀左隨筆 四卷 存

重慶市奉節縣藏同治元年（1862）刻本

湖北藏光緒五年（1879）綏定同人書屋刻本

◎楊在寅，著有《讀左隨筆》四卷。

楊兆鋆 魯史權 二卷 存

上海、南京、中科院、首都圖書館藏光緒二十四年（1898）湯明林刊木活字須曼精廬文稿本

◎孫殿起《販書偶記》卷二：《魯史權》二卷，烏程楊兆鋆撰。光緒戊戌湯明林刊木活字本。

◎楊兆鋆（1854～？），字誠之，號須圃。烏程（今浙江湖州）人。精書算。同治十年（1871）入學京師同文館英文館，師從李善蘭。後任蘇松太道公署翻譯。光緒十年（1884）隨許景澄出使。歸國後以道員身份發江蘇補用，十九年（1893）任金陵同文館教習，二十三年（1897）任江南儲材學堂督辦，二十八年（1902）任出使比利時欽差大臣，三十一年（1905）回國。撰有《魯史權》二卷、《楊須圃出使奏議》、《須曼精廬算學》二十四卷等。

楊兆熙 春秋集注辨義 十二卷 附 備考 十二卷 佚

◎楊晨《台州經籍略・補錄・經部》：楊氏兆熙《春秋集注辨義》。

◎吳茂雲、鄭偉榮編著《台州古籍存佚錄》卷四《經部五・春秋類》：《春秋集注辨義》十二卷附備考十二卷，清天台楊兆熙撰，有自序，書未見。楊兆熙，事蹟莫考。

◎楊兆熙，天台（今浙江天台）人。著有《春秋集注辨義》十二卷附《備考》十二卷。

楊鍾鈺 春秋左傳擷要 二卷 存

復旦、上海、南京、撫順、湖北、吉林社科院藏 1930 年無錫書院閩錫成印務局鉛印本

◎《六經擷要》之六。

◎各卷卷首題：粵東司徒修原稿，無錫楊鍾鈺重輯。

◎楊鍾鈺題詞：六藝經傳，華夏精英。芟繁提要，講讀盛行。添印翻刻，均表歡迎。明倫崇昇，四海永清。楊鍾鈺敬題。

◎春秋左傳擷要序文：余讀《史記・十二諸侯年表序》，謂：「孔子明王道，干七十餘君莫能用，故西觀周室，論史記舊聞，興於魯，而次《春秋》。魯君子左丘明，懼弟子人人異端，各安其意失其真，故因孔子史記，具論其語，成《左氏春秋》。」則漢博士謂《左氏》不傳《春秋》者，史公固無其說也。三傳之廢興也，漢武帝先立《公羊》，宣帝又立《穀梁》，而《左氏》湮沒無聞。厥後賈逵作《左氏長義》，鄭興父子又創通大義，而鄭康成復有《箴膏肓》《發墨守》《起廢疾》等書，由是左學大顯。晉杜預作《集解》，為《釋例》，唐孔穎達專習杜學，撰《春秋正義》，雖古學寖微，而《左氏》傳千數百年，風行海內，承學之士無不童而習之，其書較《公》《穀》晚出而行之獨遠且盛。說者謂：「左氏長於兵略，史稱關壯穆好《左氏》，過目即能背誦；岳忠武尤篤好，嘗曰用兵先在定謀；近世若胡文忠讀史，兵略首選《左氏》；曾文正《經史百家雜鈔》於諸大戰概行選錄。可見經術之足以戡亂世。」是說也，吾非不謂然，惟欲為《左氏》發微，則更有說。鄭君《六藝論》云：「《左氏》善於禮」，其知《左》者乎！觀其載劉子之言曰：「民受天地之中以生，所謂命也。是以有動作禮義威儀之則以定命也。君子勤禮小人盡力，勤禮莫如致敬，盡力莫如敦篤。敬在養神，篤在守業。」又如子產謂禮天地之經，胥臣謂敬德之聚，晏子

謂禮之善物，至精至粹之言實與《中庸》天命謂性、率性謂道之旨互相發明，此禮經之精蘊也。晉韓宣子聘魯，見《詩》、《書》、《易象》、《春秋》，歎周禮盡在魯。《春秋》固禮教之書也，仲尼承策為經，悉本周公之垂法、史書之舊章，從而修之，以成一經之通體。而左氏則博采眾記，又復曲而暢之，其曰禮也者，合乎周公之禮也；其曰非禮也者，言悖乎周公之禮也。故夫傳中引《易》十有七、引《書》二十二、引《詩》二十五，而獨不及《周禮》。非略也，識大識小，不言《周禮》而《周禮》實為之萌柢也。抑又攷之：昭七年傳歷述孔子世家，乃祖弗父何以有宋而授厲公，正考父三命滋益共，恭讓為禮之大本，世習禮教，淵源有自矣。《詩‧商頌‧那》，《毛詩》言微子至戴公，禮樂廢壞，有正考父者，得《商頌》十二篇，於周太師詩禮之教，同出一原，是以鯉趨庭而孔子昭之。孔子之家法，萬世之師法也。《左氏》末敘孟僖子命南宮敬叔與懿子師事仲尼學禮，與《論語》懿子問孝章生事葬祭以禮相通。孔子之師法，萬世之家法也，窮天地亘萬古而不能變者也。吾邑楊君章甫，邃於經術，表揚四書六經不遺餘力。近著《春秋左傳擷要》，主旨在闡明禮教以為人心風俗之大防，兼採諸儒之說以羽翼之。將編為學校課本，問序於余。爰書簡端以諗來者。世之讀是書者，其勿以《左氏》為兵書，而兢兢於禮教，庶幾人心風俗可挽回於萬一矣乎！同邑唐文治謹序。

　　◎春秋左傳擷要序文：《晉語》載司馬侯對悼公曰「羊舌肸習于《春秋》」，《楚語》載申叔時教太子以《春秋》，又《汲冢璅語》載《夏殷春秋》記太丁時事，則《春秋》者，古史記之通稱也。《孟子》以魯之《春秋》與《晉乘》《楚檮杌》竝舉，傳載韓宣子來聘，見《易象》與魯《春秋》，則《春秋》者又魯史記之舊名也。孔子倡道洙泗，因魯史以明王道，寓褒貶，一字之筆削嚴于華袞斧鉞，而《春秋》始列于六藝。善言《春秋》者莫若孟子曰「《春秋》天子之事」，而典章文物之槩可見也；曰「《春秋》無義戰」，而爭城爭地之風可遏也；曰「成《春秋》而亂臣賊子懼」，而君臣父子夫婦昆弟之倫亘萬古而不變也。孔子曰「吾志在《春秋》」，又曰「《春秋》以道義」，善善惡惡，誅凶奸于既死，闡潛德之幽光，是非二百四十二年之中以明百王之法度，示萬世之準繩而致治之法垂于無窮，《春秋》之時義大矣哉！胡康侯之議曰：「《春秋》公好惡發乎《詩》，酌古今貫乎《書》，興常典體乎《禮》，本忠恕導乎《樂》，著權制盡乎《易》。」五經之有《春秋》，猶法律之有斷制，亶其然乎！後世三傳之作，《左氏》最詳贍，漢張蒼、賈誼皆治之。晉杜預為之集解，而《左氏

傳》風行海內，家弦戶誦。韓昌黎獨有「《左氏》浮夸」之誚，以所載非盡關典要也。自科學盛興，讀經講經，勢難遍及。竊謂六經吾華國粹，不可不熟讀熟講以厚根柢而培賢才。因提要苦繁，編成《六經擷要》，以省日力而便初學。唐蔚芝前輩暨榮德生先生咸勸刊行，用質海內同志。因先將《春秋左傳擷要》付印，並抒其臆見如此。皆在中華民國十九年庚午清和月，錫山楊鍾鈺謹序。

◎楊鍾鈺，錫山（今江蘇無錫）人。著有《春秋左傳擷要》二卷、《觀音經咒靈感錄要》、《覺世寶經中西匯證》、《濟公活佛真傳》。

姚斌　春秋辨義　佚

◎許瑤光修，吳仰賢等纂光緒四年《光緒嘉興府志》卷六十《列傳十一・石門縣》：著有《易衍》《春秋辯義》諸書。以子琅貴贈奉政大夫（《浙江通志》）。

◎許瑤光修，吳仰賢等纂光緒四年《光緒嘉興府志》卷八十《經籍一》：姚斌《春秋辨義》（于《志》）。

◎姚斌，字仲符。浙江石門人。庠生。生六歲而孤，事節母梁以孝聞。前母兄繼周相勗甚嚴，斌事之如父。父遺厚貲，悉讓之。性淳厚，居恒喜怒不形，片言解紛，時人比之陳太邱。好讀書，築「即山居」，購書其中，寒暑一編勿輟。著有《易衍》《春秋辯義》諸書。

姚東昇　春秋氏族志略　一卷　存

國圖藏稿本

◎姚東昇（1782～1835），字遇辰，號曉珊。嘉興府嘉興縣（今浙江嘉興南湖區）人。儼長子。郡庠生。世業儒，祖應龍郡庠生，品端學粹，著有《四書五經旁訓》。父儼，諸生，著有《儀禮旁注》。東昇補郡庠弟子員，孝友篤恭，資性穎異，讀書過目成誦，三十餘年鍵戶著書，寒暑不輟。著有《恒象紀略》、《春秋氏族志略》一卷、《讀左一隅草稿》三卷、《讀左一隅初稿》四卷、《惜陰居文稿》、《惜陰居吟稿》、《惜陰居日鈔》等集。輯有《惜陰居叢著》十七卷、《佚書拾存》八十一種諸書。

姚東昇　讀左一隅草稿　三卷　存

國圖藏清抄本

國家圖書館出版社 2012 年宋志英選編左傳研究文獻輯刊影印清抄本

姚東昇 讀左一隅初稿 四卷 存

國圖藏清抄本

姚際恆 春秋論旨 一卷 存

國圖藏民國北京圖書館抄蘇州顧氏藏抄本

◎姚際恆（1647～？），字立方，一字首源。安徽休寧人，寄居浙江仁和（今杭州），晚年遷居錢塘（今杭州）。初好作詩，後專心治經，歷十四年撰成《九經通論》（括《古文尚書通論》、《儀禮通論》、《周禮通論》、《詩經通論》、《春秋通論》十五卷、《易傳通論》六卷、《禮記通論》、《論語通論》、《孟子通論》），又著有《易通論》二卷首一卷、《春秋無例詳考》一卷、《春秋論旨》一卷、《庸言錄》六卷、《古今偽書考》一卷、《好古堂書目》四卷、《好古堂家藏書畫記》二卷、《續收書畫奇物記》一卷等。

姚際恆 春秋無例詳考 一卷 存

國圖藏民國北京圖書館抄蘇州顧氏抄本

◎上海古籍出版社2015年《續修四庫全書總目提要・春秋類》「《春秋通論》十五卷（存卷一至卷十，卷十四、卷十五）、《論旨》一卷、《春秋無例詳考》一卷」：是書成於康熙四十六年（1707），時姚氏六十歲。全書正文凡十五卷，前有序文及《論旨》一卷，概論撰作之大旨；後又有《春秋無例詳考》一卷，專辨訂先儒所立義例之非。《春秋》自成專經之學以來，作傳者數百家，多探究書法、義例，以求聖人之微旨。《公羊》《穀梁》弗論矣；即《左傳》亦分傳附經，創通條例，遂有「五十凡」之目。唐宋以降，學者多黜三傳；然以例解經，猶沿舊法也。胡安國《春秋傳》極言義例，籠絡宋元明三朝。及明清之際，學者多貶宋學，其於《春秋》，則多斥以義例解經之法，而姚氏則其最著者。姚氏之詆先儒，一在例，一在常事不書。蓋言例者多紛擾，諸傳各有其說；一例不足以通全經，又為變例以彌縫之。姚氏則以為，聖人修《春秋》，一如化工之自然，雖有己意，亦何必拘泥一字褒貶以為例。蓋以例說《春秋》，等《春秋》於刑書，是以法家誣聖人也。姚氏又以為，「常事不書」發自《公羊》，夫如是，則《春秋》所書者皆非禮、非常之事，悉屬夫子貶絕之列，此豈夫子之意乎！姚氏鑒於此，乃廢例舍傳，獨抱本經，據《孟子》「其義則丘竊取之」之語，以「取義」與「書法」說經。所謂「取義」者，魯史舊文雖有

大義而不精，夫子重加編次，於其合者仍之，其有未合者則以己意為之，謂為竊取之義。書法者，孔子筆削舊文，自當有所釐定，則謂之書法。姚氏又詆「常事不書」，而易以「小事不書」。遂棄傳說經，標出取義與書法，而成一家之言。今按三傳義例雖各不同，然舍傳求經，豈不更為懸空揣度？姚氏不用例，而易以「取義」與「書法」，其所據焉在？姚氏又謂言例自杜預始，其實胡毋生說《公羊》，已有條例。夫義例即有微言大義所在，而棄例以「取義」，所取者果夫子之義乎？必悖經任意而已矣。蓋姚氏本為文人，復染陽明末流空疏橫絕之氣，非毀先儒，不留餘地，其撰諸經通論，多所懷疑；雖推倒一切，而其所建立，則多謬誤。《四庫全書總目》謂其持論恣肆，悍而橫，諒非誣語。近世以來，學者疑經不已，遂至經亡，姚氏可為厲階。雖然，此書固經學大變之源頭，可為研究學術史及經學史之資，然不當奉為說經圭臬。此書成後久未見於世，民國十八年（1929），倫明於北京書肆購得殘清抄本，此書遂為世所知。後倫明、北京圖書館皆據此傳抄。倫明藏本，序文缺第一頁，又缺第十三、十四卷，藏國家圖書館，此本據以影印。（谷繼明）

姚際恆 春秋通論 十五卷 殘

國圖藏清抄本（缺卷十二、卷十三）

國圖藏民國北京圖書館抄蘇州顧氏藏抄本

臺灣傅斯年圖書館藏倫明藏抄本

◎目錄：卷前論旨。卷一隱公。卷二桓八。卷三莊公。卷四莊公。卷五閔公。卷六僖公。卷七僖公。卷八文公。卷九宣公。卷十成公。卷十一襄公。卷十二襄公。卷十三昭公。卷十四定公。卷十五哀公。（附）春秋無例詳考一卷。

◎序〔註41〕：議。間有卓識之士，摘取而議之者，然終不出其範圍，仍就其事以為論。而時形已見，方疑而忽信，此違而彼從，吾未見其可也。夫是非之心人所咸有，是則終是，非則終非，未有兩岐于是與非之間者。嘗考其書，其合理者人心自同，可不必論。若其解經之語，大半紕繆，與《公》《穀》等，而其敘事惟富于文辭，浮夸是尚，亦多失實，非果親見當時策書而受經于聖人者。是以學者必宜舍傳以從經，不可舍經而從傳。韓昌黎云：「《春秋》五傳束高閣，獨抱遺經究終始」（當時有鄒、夾二氏，故言五傳，今不傳），誠哉是言也。嗌自三傳作俑以來，其流之獎大端有二：一曰例也，一曰常事不書也。例之一

〔註41〕 首頁原缺。

字，古所未有，乃後起俗字。執此一字以說《春秋》，先已誤矣，而謂孔子嘗執此一字以修《春秋》乎？使孔子執一例以修《春秋》，孔子既不若是之陋；乃据其所為例者求之，又多不合，孔子又不若是之疏。孔子裁定舊史以取其義不過數大端，而其事已畢，如造化之因物付物，自然合理，何嘗屑屑焉如經生家著一書執一例以從事哉？嗚呼！自例之一字興，而唐王仲淹、宋朱仲晦，無不以孔子自命矣。豈惟王與朱，執一例以往，人人皆孔子，戶戶有《春秋》矣，又何難焉？若夫「常事不書」之說，實起于《公羊》，而唐末諸解經者靡不奉為龜鑑。夫以為「常事不書」，則《春秋》所書者必非常之事也。非常之事必非禮也、非法也，非禮、非法必皆譏皆貶也，于是明明得禮者必以為非禮，明明合法者必以為非法，深文羅織，罔顧是非，每條必砌成罪案，使孔子為法家峻刻之尤，而《春秋》且為刑書、為謗帖。嗟乎！誰毀誰譽之謂何，而誣聖人至是哉！由是豎儒目不知書，錯解《孟子》「《春秋》天子之事」一語，謂孔子假南面之權，行賞罰之典，黜陟諸侯，進退百職，以匹夫而為天子，雖以天王之尊亦不難貶而削之，是亂臣賊子孔子躬實自蹈，而又何以懼天下之亂臣賊子乎？誣聖滅經，罪大惡極，不知「《春秋》天子之事」云者，以其主于尊周室、明王法，用一國以該天下，猶曰天子之事非諸侯之事也云爾。錯解孟子一語以致錯解孔子全經，則又三傳之流獘至此為已極也。予用是發憤從事茲經，大破三傳積習，而後起之邪說悉屏弗論，獨摘《孟子》中所述「則丘竊取」之言，反覆深思，求其取義所在。此從來諸儒所略而弗道者，雖以蠡測海自知不量，然竭其心智，亦或得其一二，非灼然人所共信者，不敢妄云。次之則為書法，書法人亦言之，然究不出例與「常事不書」二者為說，安在其為書法也？蓋書法雖不同于取義，亦必斷自聖衷出自聖筆，學者均不可略已。以是二者分別孔子之新意與魯史之舊文，加諸標識，無徒混焉莫辨，一往求之過深，震驚為神奇不可知，而《春秋》之旨或因是以彰焉，未可知也。彼昌黎之言人疇不知，第以空言是托，求其束諸傳而究遺經者，吾目中未見其書也。不揣狂悖，大檠依斯言以成此編，不知有《左》，何論《公》《穀》。全經前復起應，首尾貫穿，即微《左》，亦自坦然明白，不惟不用其解經之戾辭，而亦何藉其敘事之瑣語邪？孤行一經，實自予始。質諸聖人，諒可無罪。世即有訾我者，亦弗恤已。康熙是十六年丁亥秋七月，新安首源姚際恆識。

◎摘錄春秋論旨：

自古說《春秋》者，莫害于例之一字。予已著端于前序，茲更詳之。例字

始見于杜元凱《釋例》，以《左氏》之例而釋之也。其言曰：「傳之義例，總歸諸凡，皆顯其異同，從而釋之」，是例者實創始于左而發明于杜也。嗟乎！自有例之一字，而《春秋》之義始不明于天下矣。聖人據魯史以修《春秋》，何嘗先自定其例乎？其言曰：「其義則丘竊取」，不曰某例則丘竊取也。聖人如化工，然變化日新，隨物付形，無不各得。如門人問仁、問知、問君子、問為政，同一問而其答之也各異，初無一定之義，則其不尚例欒可知矣。使聖人執一例以修《春秋》，何殊印板死格尺寸不移？此冬烘之學規、胥吏之計簿，而烏足為聖人之書，可傳于天下後世哉？且史者尤不可執一例以為之也。史以記事，事有萬變，例豈能齊？此合則彼違，此同則彼異，必致疎漏多端，是自取敗闕也。乃杜氏執例以求，見其或合或否、或同或異，而例之說窮，于是無以處此，則又曰變例，後人因而為之辭曰「美惡不嫌同辭」。夫例者一定不移之謂也，曰變則不合之別名也。例既不合，則無例可知矣。例者此為美辭彼為惡辭之謂也，今美與惡同辭，則無例可知矣。是皆自縛自鮮，歸于遁窮，究無說以處此。而世之人猶以例求《春秋》者，何也？自有例之一字，而褒貶之說因以興焉。《春秋》據事直書而善惡自見，不惟孔子原無褒貶之心，而《春秋》實亦無所容其褒貶也。孔子不云乎，吾之于人也，誰毀誰譽？自言其平日之存心也。豈其修《春秋》而反是？此所謂孔子原無褒貶之心也。若夫直書其事，如朝王、如救伐，此即是褒不能加一字以褒之也；如弒君、如滅國，此即是貶不能加一字以貶之也。若其他事本無可褒貶者，則益不能加一字以褒貶之，可知矣。乃執例者勢不得不求其褒貶，求之不得，乃于書日、書月、書名、書字、書氏、書人、書爵、書國、書師，與其或不書以上者之類，而求之曰此褒也此貶也，是使聖人為巧佞之夫險側之輩，資文字為喜怒，借筆墨為譏彈，埋一字以中傷，砌數言以成案，意刻而文深，心危而語隱，即稍貌為長厚者亦所深恥不為，而謂孔子為之乎？嗟乎！為其說者，其亦思之否也，此所謂《春秋》實亦無所容其褒貶也。又自有例之一字，而「常事不書」之說因以興焉。《公》《穀》謂「常事不書」者何也？彼見春秋君大夫少善多惡，故少褒多貶，因為常事不書之說，則凡所書者皆貶也。不知孔子又云：「如有所譽者，其有所試矣。」聖人雖言無毀譽，然譽猶善于毀，故又言譽有所試，不更言毀，自見毀之必不可有矣。今若此，則是聖人純有毀而無譽，不更失聖人之心乎？此因褒貶二字不能平施經中，乃側重于貶，故又為常事不書之說也。凡此二邪說，皆例之一字啟之，君子所以歎息痛恨于三傳也。

　　史者記事之書也，《春秋》即史也。既為史，則書其事即是褒貶。如《史記》為後代之書，以文辭是尚者亦且直書其事，不以己說參入其閒，說乃別為論贊，而況《春秋》之一字不多設者乎？則褒貶之說，《春秋》斷斷無矣。史以記事，則常事書，非常之事亦書，若獨取非常之事書而常事不書，何以為史？猶之獨取常事書而非常之事不書，不可以為史也。則「常事不書」之說，《春秋》斷斷無矣。二說既無，則例亦無矣。此皆由世人習而不察，失記《春秋》為魯史，而別以《春秋》為孔子之神異經、秘密藏故耳。今為道破，其亦可以醒悟焉。

　　近聖人之世，莫過孟子。而孟子願學孔子，故其言《春秋》亦最詳。其曰「《春秋》，天子之事也」，謂孔子主乎尊周，明文武之道法，故雖一國諸侯之事，實天子之事也。于是述其言曰：「知我者其惟《春秋》乎，罪我者其惟《春秋》乎」，知我者，謂其尊周也；罪我者，謂尊周則諸侯之僭竊自見，惡其害己也。孟子又曰：「《春秋》成而亂臣賊子懼」，此惟指《春秋》所書弒父與君者言之，謂書之則將流惡名于千載，故懼也。其義皆明白顯易，別無甚深奧。自宋人茫昧，不解孟子之言，其于天子之事，有人焉謂《春秋》只一箇權字，因而有人焉謂仲尼惇典、庸禮、命德、討罪，其大要皆天子之事，于是使孔子為僭竊之人，其書為僭竊之書，而《春秋》亡矣。其于亂臣賊子懼，謂事事皆有貶，皆所以使之懼，每一事必鍛鍊成一大罪，求其所以誅亂賊之心而後已。雖明知誣罔，有所不恤，于是使孔子為法家之人、其書為法家之書，而《春秋》亦亡矣（予嘗謂今日欲解《春秋》，必先解《孟子》，良不誣也）。惟孟子曰：「其事則齋桓、晉文，其文則史，孔子曰：其義則丘竊取之矣。」此一語真孔子自言作《春秋》之要旨，而諸儒偏置而弗道，何也？蓋以其不知其義之為何義也。夫義之所在，魯史臣寧不知之？然必不能如聖人之至精至粹，故孔子于其合者仍之，其有未合者則以己意為之，所謂竊取之是也。後之人雖不能盡測，然其大者亦自顯然可見，約而求之，豈無數端為世人之所可共信者？若其餘，則不敢穿鑿以失聖人正大之心，不敢繁多以沒聖人謹嚴之意，爰是加諸標識，則《春秋》之眉目燦然略見，而聖人之事亦或躍如于紙上矣。至于書法，固聖人之餘事，亦宜標出，以別舊文，使人知為聖筆不可略也。吾見《春秋》書目，昔人有舍例從法之書，舍例是已，從法何不言從義乎？誠以書法猶屬文辭，不足以盡《春秋》耳。愚主是二者以論《春秋》，質諸後世君子，其亦可不惑乎！

春秋時去上古淳樸已遠，其風不古，而人心之不淑亦已甚矣，故孟子曰：「《春秋》無義戰」，則凡《春秋》所書會盟征伐之事，大抵皆屬不善。故聖人据事直書而不善自見，非貶之也。設使孔子為唐虞史臣，別其所書皆善言善政，亦豈孔子褒之乎？故謂之「常事不書」，此最惑亂《春秋》誣罔聖人之邪說，予謂史所記者大事耳，如會盟征伐，必其有關于一國及天下之故而後書，若小事則有不勝紀矣，故為改之曰小事不書。

自古以例說《春秋》，予槩為埽盡，惟標取義及書法二者。又「常事不書」之說，予改為小事不書，如是則《春秋》之旨庶可復明。聖人復起，當不易斯言。

予嘗見世儒說《春秋》亦有埽例者，然所埽止《胡傳》，後起最不通之例；若《公》《穀》之例則未能全埽，而《左氏》之例且不敢于輕議矣。又所辨論者以此例之，是駁彼例之非而亦自為其例，究不出例之範圍也。此由例之從來已久，深入其肺腑故耳。

古人間有以書法論《春秋》者，而取義則從無人及之。蓋《春秋》以取義為大，不可混取義為書法，猶之不可泥書法為取義也，須辨明始得。

取義必其真確無疑灼然可共信者方敢標出，若臆度影響之見，似是而非者，槩不敢妄標一字，以冒不知而作之罪。

《春秋》之有三傳久矣，而《左傳》尤如影之附形，學者頃刻不可離也。然予謂經有三傳，經之所以滋晦也。《公》《穀》之紕繆，世盡知之，姑且無論。而《左氏》之誣罔不實，世或未盡知之也。何則？《公》《穀》言義，其紕繆可以立見；《左氏》言事，其誣罔難以懸知。故世敢于闢《公》《穀》而不敢于闢《左氏》，為此故也。近世季明德、郝仲輿輩亦知闢《左》，然旋闢而旋据之，終不能出《左》之範圍，此非《左》之以事勝乎？予觀左解經之語，亦大半紕繆，與《公》《穀》同。而其事實與經牴牾者什之三四，然則經反非耶？故其事難以懸知者，亦以經知之而已。夫傳以證經也，傳不足以證經，安用傳為？豈可舍經而從傳哉？退之束傳之言，蓋亦發憤有見乎此。然第言之而未見有行之者，故予倣其意以著此編。經凡于一事必有首有尾，如蛛絲馬迹未嘗不可以見，而其會盟征伐亦可合前後總觀而得之。若夫傳之繁文瑣事、怪語夸辭以及幃房猥跡一切屏去，廓然以清，亦殊快人意，何必沾沾焉盡据其事以說經乎？且諸例實作俑于《左》，則其害經也尤大，又不可不知也。

左氏固周人，但非親見孔子，亦非親見國史也，故與經多牴牾。然以其為周人，其言亦時有可据者，故予于他經，凡後人說之不合者則以《左傳》正之，而于《春秋》凡《左傳》說之不合者，則以《春秋》正之。

《左傳》雖出于張蒼，然實顯于劉歆之手，見歆《移太常博士書》。或因謂歆偽作，夫歆則安能作《左傳》，豈不高了劉歆？

編中《公》《穀》皆不置辨，以不勝辨也。惟《左氏》有與經牴牾及誣罔不實者，則辨之，以世未能不信《左》也。至于宋胡安國亦妄自稱《傳》，其紕繆已極，世人稍具心目者無不周知，又安用予辨為？故公、穀與胡氏槩不之及，惟其中凡言禮制者似乎鑿鑿，實則皆杜撰無稽之言，間一及之，無俾世惑而已。

安國《傳》大槩祖述程正叔，故朱仲晦稱之，至今以行于世。又兼襲孫明復《尊王發微》、劉原父《意林》諸書，取其最紕繆者，併非全自撰者，又不可不知其所由云。

劉原父《春秋權衡》專攻三傳，盛名之書也。然吾觀其攻《左》惟在觧經語，人亦多知其謬。又多辨《杜註》，《杜註》之荒謬亦何足辨，而彼皆沾沾以此為事，其切要處則鮮及之。若其攻《公》《穀》則益無論，蓋亦淺陋之書也。

李廉氏《春秋會通》專于詳例，頗為害經。然正予破例可資以查核。

張洽氏《集註》，明初與《胡傳》並用，亦以張為朱仲晦之門人，故其後專主胡而張廢。予觀此書與胡亦相伯仲，但謬妄不若之甚耳。

崑山新刊《經觧》，《春秋》不下二三十種，佳者絕少。略可觀者，呂大圭氏《或問》、程積齋《或問》而已。

黃東發觧《春秋》，語多有可觀。間見于他處，未見其全書也。

高拱氏《春秋正旨》〔註42〕議論甚正。

郝仲輿《春秋》觧甚平庸，《非左》一帙亦淺陋無當。其言專辨楚之非夷，以己為楚人也，致為可笑。按楚本蠻方，蠻與夷別，古南方皆蠻國，故《孟子》言南蠻夷則遠為外國也。郝于蠻夷且未辨，胡曉曉為！吳越亦蠻也，今江浙文采富麗且甲天下，人何嘗以蠻少之？而其人亦何嘗以蠻自歡邪？

季明德《春秋私考》主于闢《左》，可為有識。然其自觧則多武斷，是其所短。至于考事，必櫽括顛末，貫穿前後，最為曉暢。宋明以來之說《春秋》者，未有能過之者也。

〔註42〕四庫本旁補兩小字：「一篇」。

　　凡經書魯君所行禮事，多春秋時之禮。春秋時之禮即周禮也，故周禮雖亡，而賴《春秋》所書，猶可得其千百之什一。奈何諸儒誤執「常事不書」之語，槩以為非禮書之所以示譏。然則諸傳及後人反知周禮，而春秋之君臣反不知乎？此由誤執謬語以致曲說，誣罔有所不恤耳。不知此乃大事所以書之，亦可為小事不書之證。

　　謂《春秋》書災異不書祥瑞，然則孔子為幸災樂禍之人矣。有年、大有年，即童稚亦知祥瑞，乃違心反說以為記異，其可恨如此。甚矣，「常事不書」一語流毒以至于此，極也。

　　吾今始知後人解《春秋》率皆推求一二字以為說者，亦無怪其然。何則？蓋由于不知魯史之舊文何在、聖人之取義何在書法何在，不得不籍是以為解經話柄。若舍此，直無置喙地矣。

　　謂《春秋》委曲用心，藏一二字為刺譏，此世之陰險薄夫所為。然則解《春秋》作如是觀者，定是此一輩人耳。

　　或問：「《春秋》既無褒貶，然則孟子『《春秋》成而亂臣賊子懼』，其義何居？曰：前已言之矣，正由誤解孟子此語，以孔子為天子、以《春秋》為刑書也。然尚有未盡者，按《孟子》此章主言治亂之事，故指其一事言之，謂《春秋》書臣子弒君父則亂賊自懼，亂賊懼則天下治矣。孔子之時本非治也，姑以此為一治，便于伸其治亂之說耳。孟子與孔子道同而跡不同，孔子言言質實，孟子生于戰國，尚議論丰采，其書多有不可執泥者。苟或執泥，便會錯去。如譎諫而慫慂好貨好色，不將為逢君之惡邪？尚論聖賢所宜知，此瞽儒笨伯事事必求所以使亂賊懼，真不值一笑也。

　　世儒解《春秋》，得孔子之意者，上也。言一事必合前後論之周匝無遺，使人一覽首尾瞭然者，次也。若僅就此一事詳論善惡得失災祥報應，膚辭套語，漫衍盈幅，此是史論，與經旨毫無干涉，斯為下矣。吾見宋人解《春秋》，太率不出下著。而宋後至今諸家，亦不能免焉。愚者絕去此弊，寧為簡略，不敢一字稍涉史論，覽者審之。

　　編中取義者以〇識之，書法者以△識之，註字于傍。其無識者，約略皆舊史文也。非敢于聖言有所點污，誠思冀得聖衷之一二爾，知我者亮之。

　　無例之說既備論于前，又各詳于經文之下。書成，復加薈萃諸傳及後人所造種種謬例，牛毛繭絲，分條明辨，名曰《春秋無例詳考》，以附于後。吁！

竭其愚衷，大聲疾呼，至再至三，冀得世人醒悟，且俾覽此即可了然，無俟旁搜曲討也。

◎孫殿起《販書偶記》卷二：《春秋通論》十五卷附《論旨》一卷、《無例詳考》一卷，新安姚際恆撰。舊抄本。首有康熙四十六年丁亥秋七月自序。此書卷十一至卷十三闕。

姚鼐 春秋三傳補注 三卷 存

國圖、北大、上海、天一閣博物館、暨南大學藏嘉慶二年（1797）江寧鍾山書院刻本〔註43〕

蘇州圖書館、金陵藏嘉慶十一年（1806）刻本

清刻龍眠叢書本

◎道光《續修桐城縣志》卷第二十一《藝文志・春秋類》：《三傳補註》四卷（姚鼐撰）。

◎趙爾巽《清史稿》卷一百四十五志一百二十《藝文》一：《三傳補注》三卷，姚鼐撰。

◎姚鼐（1732～1815），字姬傳，一字夢穀，世稱惜抱（先生）。安徽桐城人。乾隆二十八年（1763）進士，授庶吉士，散館改主事，曾任山東、湖南副主考，會試同考官。乾隆三十八年（1773）入充《四庫全書》纂修官。三十九年（1774）辭歸，先後主講揚州梅花書院、安慶敬敷書院、歙縣紫陽書院、南京鍾山書院。著有《九經說》十九卷、《春秋三傳補注》三卷、《評點毛詩故訓傳》三十卷、《評點易經》、《評點左傳》、《國語補註》、《惜抱軒文集》十六卷《文後集》十二卷、《惜抱軒詩集》十卷、《惜抱軒筆記》十卷、《惜抱軒尺牘》十卷、《五七言今體詩鈔》十八卷、《老子章義》一卷、《莊子章義》五卷，輯《古文辭類纂》七十五卷、《今體詩鈔注略》三卷、《五七言今體詩鈔》十八卷等書。

姚鼐 春秋說 一卷 存

國圖藏乾隆五十七年（1792）新城陳氏刻姚姬傳先生經說四種本

姚鼐 公羊補注 一卷 存

國圖藏乾隆五十七年（1792）新城陳氏刻姚姬傳先生經說四種本

〔註43〕附《國語補注》一卷。

吉林、河南藏同治五年（1866）省心閣刻惜抱軒全集本

光緒刻南菁書院叢書本

◎一名《公羊傳補注》。

◎張之洞《書目答問》卷一《經部》：《公羊補注》一卷（姚鼐。《惜抱軒集》本）。

姚鼐 穀梁補注 一卷 存

國圖藏乾隆五十七年（1792）新城陳氏刻姚姬傳先生經說四種本

河南大學藏道光元年（1821）刻本

惜抱軒全集本（同治刻、光緒刻、民國石印）

光緒刻南菁書院叢書本

◎一名《穀梁傳補注》。

◎張之洞《書目答問》卷一《經部》：《穀梁補注》一卷（姚鼐。《惜抱軒集》本）。

姚鼐 評點左傳 佚

◎劉聲木《桐城文學撰述考》卷一「姚鼐撰述」：《惜抱軒文集》十六卷、《惜抱軒文後集》十卷、《惜抱軒詩集》十卷、《惜抱軒詩後集》一卷、《惜抱軒外集》一卷、《法帖題跋》三卷、《惜抱軒筆記》八卷、《九經說》十七卷、《春秋三傳補註》三卷、《國語補註》一卷、《五七言今體詩鈔》十八卷、《老子章義》二卷、《莊子章義》一卷、《惜抱軒書錄》四卷、《惜抱軒尺牘》八卷、《尺牘補編》二卷、《惜抱軒稿》一卷（制藝。附刊劉海峰集後）、《山谷詩鈔》五卷、《明七子律詩選》、《唐絕詩鈔註略》二卷（趙彥傳註）、《評選海峰詩集》十卷、《四書文選》□卷、《唐人絕句詩鈔》二卷附初選未刊詩□卷（梅曾亮刊本）、《敬敷書院課讀四書文》、《歸震川文評點》、《漢書評點一卷（《經德堂全集》本，又吳氏石印本）、《江寧府志》五十六卷、《六安州志》、《廬州府志》（嘉慶癸亥刊本。沿革一門為鼐撰）、《姚氏族譜》廿四卷（乾隆末年刊本）、《評點唐賢三昧集》、《評點李註文選》、《評點古詩箋》、《評點左傳》、《評點禮記》、《評點大戴禮》、《評點易經》、《評點五七今體詩鈔》、《評點莊子》、《評點黃山谷全集》、《評點楊子法言》（原本藏馬其昶家）、《評點精華錄》、《評點秦板九經》、《評點周禮》□□卷、《評點毛詩故訓傳》三十卷。

姚鼐 左傳補注 一卷 存

吉林、河南藏同治五年（1866）省心閣刻惜抱軒全集本

內蒙古自治區藏光緒刻南菁書院叢書本

國家圖書館出版社 2012 年宋志英選編左傳研究文獻輯刊影印光緒刻南菁書院叢書本

◎姚鼐序〔註44〕：左氏之書，非出一人所成，自左氏丘明作傳以授曾申，申傳吳起，起傳其子期，期傳楚人鐸椒，椒傳趙人虞卿，虞卿傳荀卿，蓋後人屢有附益。其為丘明說經之舊及為後所益者，今不知孰為多寡矣。余考其書於魏氏事造飾尤甚，竊以為吳起為之者蓋尤多。夫魏絳在晉悼公時甫佐新軍，在七人下耳，安得平鄭之後賜樂獨以與絳？魏獻子合諸侯，干位之人，而述其為政之美，詞不恤其誇，此豈信史所為「論本事而為之傳」者耶？《國風》之魏，至季札時亡久矣，與邶、鄘、鄶等，而札胡獨美之曰「以德輔此，則明主也」，此與「魏大名」、「公侯子孫，必復其始」之談，皆造飾以媚魏君者耳。又忘明主之稱乃三晉篡位後之稱，非季札時所宜有，適以見其誣焉耳。自東漢以來，其書獨重，世皆溺其文詞。宋儒頗知其言之不盡信，然遂以譏及《左氏》，則過矣。彼儒者親承孔子學，以授其徒，言亦約耳，烏知後人增飾若是之多也哉？若乃其文既富，則以存賢人君子之法言、三代之典章，雖不必丘明所記，而固已足貴，君子擇焉可也。自服、杜以後，解其文者各有異同。近時有顧亭林、惠定宇皆為之補注。余以為有未盡，乃別記所見者。若總古今之說，擇善用之，萃為一書，則以俟後之君子。

◎姚鼐《惜抱軒文集》卷首嘉慶十二年姚元綏序：惜乎先生尚有《經說》《左傳補註》及所選詩古文辭未得攜來同付文梓，一與嶺南人士盡觀為憾也。

◎查揆《篔谷文鈔》卷九《書左傳補注敘後》：桐城姚姬傳先生《左傳補注序》以左氏之書敘魏事，為曾申、吳起等所附益。如魏絳甫佐新軍，安得平鄭之後賜樂獨以與絳？季札觀樂至魏曰「以德輔此，則明主也」，造飾以媚魏君，又忘明主之稱乃三晉篡位後之語，非季札時所宜有。予未見先生《補注》，於序之所言有未能無疑者。魏絳之賞以和戎不以平鄭，《左傳》鄭人賂晉以歌鐘二肆，晉侯以樂之半賜魏絳曰：「子教寡人和諸戎狄，以正諸夏」，又曰：「微子，寡人無以待戎，不能濟河。」若以《左氏》之言為實，則和戎之功固非諸

〔註44〕又見於姚鼐《惜抱軒文集》卷三，題《左傳補注序》。

大夫所得攘，不可以其位疑之；謂《左氏》之言失其實，皆吳起輩所附益，舉累簡數百言而盡疑之，則其所造飾者亦太夥矣。且魏絳雖在七人下，而猶得為大夫，則固可有樂矣。悼公之賜固以矜異之，而不謂所不應有也。杜預注引《周禮》「大夫判縣」、《喪大記》「疾病君大夫徹縣」以證大夫得有鍾磬之樂。《周禮》小胥注：「鍾一堵、磬一堵為之肆，諸侯之卿大夫西縣鍾、東縣磬」，鄭司農并引《春秋傳》「歌鍾二肆，以半賜魏絳」為合於半縣之禮，先儒固未嘗以魏絳有鍾磬之樂為僭濫也。襄二十九年季札來聘，請觀樂，為之歌魏曰：「美哉！泱泱乎！大而婉、險而易行，以德輔此，則明主也。」鄭元謂周平、桓之世，魏君儉嗇，且褊急不務德施。杜預謂季札惜其國小無明君，與鄭元說合，不謂其與之也。「明主」見於《趙策》，然亦未足為造飾之證。按《爾雅・釋詁》無以主訓君之文，而《尚書・仲虺之誥》「惟天生民有欲，無主乃亂」，孔傳謂君主，此主字之始。又《書》「元首明哉」，又「厥后惟明明」，又「惟明明后」，此明主所本也。於《管子・形勢解／明法解》等篇凡十餘見，似未可為三晉後始有此稱。且古大夫有稱主之義，三晉之僭亂初不在此也。《爾雅》：「尸，職主也；尸，案也；案，寮官也」，鄭司農曰：「主謂公卿大夫。」《國語》「卒俞曰：三世任家君之，再世以下主之」，韋昭注：「大夫稱主。」然則三晉之稱主，本無異於大夫。至其後自請列於諸侯，而其臣之稱明主亦與賢君等耳，非創為名號，有時代之殊亦明矣。夫明主之稱既非特異，季札之於《魏風》又無溢美，而《魏風》又無與魏氏，而必據此以為吳起所附益，其信然與？按春秋之季，晉卿稱主者屢矣。《國語》史黶／壯馳茲、《左傳》醫和輩，稱主者甚夥，亦不始於三晉分裂時。蓋魯史官據赴告之文，而邱明為之傳，則必訪求列國紀載，如晉《乘》楚《檮杌》，則尤為表著者，因以攷覈其實，而或仍其文之舊。故主之稱已著於《春秋內外傳》，獨罕於是，知邱明固不能無取資於其所自有之史，而必謂其敘魏事多竄入不足信如序所云，固未敢同其說。惜不得《補注》一讀，而深攷之以釋此疑也。

桐城姚氏疑《左氏》為後人增竄，失其實。又以為吳起之為之者尤多，皆臆度一偏之詞耳。夫事有詭異而不可黜者，史氏之體固然，不尋其旨而強為之說，則姚氏之陋也。

◎張之洞《書目答問》卷一《經部》：《左傳補注》一卷（姚鼐。《惜抱軒集》本。沈欽韓《左傳補注》十二卷、《考異》十卷，未見傳本）。

姚培謙 春秋古今地名考 一卷 存

上海藏稿本

◎姚培謙（1693～1766），字平山，號鱸香，又號松桂。華亭（今上海松江）人。諸生。發憤著述，雍正四年（1726）保舉人才，以居喪不赴。雍正十年（1732）因松江知府吳節民科場舞弊案牽連入獄，遂銳意著述。尚書沈德潛薦於朝，不赴。因倪園故址築北垞為別業，藏書其中，以縱覽觀。延問學淵博之士，厚以廩餼，俾任纂輯。生平可參黃達《一樓集》卷十七《姚鱸香傳》。著有《春秋古今地名考》一卷、《春秋左傳杜注》（一名《春秋左傳杜注輯》《春秋左傳杜注補輯》《增輯左傳杜注》）三十卷首一卷、《經史臆見》二卷、《通鑑綱目類腋》六十七卷、《通鑑綱目節鈔》、《古文斫》十六卷後集十八、《楚辭節注》、《李義山詩集箋注》、《松桂讀書堂集》〔註45〕、《自知集》、《春帆集》、《樂善堂賦注》四卷，輯有《朱子年譜》、《唐宋八家詩鈔》、《陶謝詩集》、《元詩自攜》二十一卷，合編《文心雕龍輯注》、《通鑒攬要》二十七卷、《明史攬要》八卷、《宋詩百一鈔》八卷。

姚培謙 春秋左傳杜注 三十卷 首一卷 存

康熙內府刻御纂七經本

國圖、清華、上海〔註46〕、復旦、南開、遼寧、吉林大學、雲南大學、吉林社科院、哈爾濱、浙江、湖北、樂平、梅州、餘姚文保所藏乾隆十一年（1746）吳郡小鬱林陸氏刻本

上海、哈爾濱師大、濟南藏嘉慶元年（1796）金閶書業堂刻本

首都圖書館藏道光五年（1825）重刻朱批本

上海、遼寧、吉林、南京、浙江、浙大、遼寧大學、溫州藏道光七年（1827）洪都漱經堂刻朱墨套印本

國圖、上海藏同治五年（1866）金陵書局刻十三經讀本本

吉林、吉林大學藏同治八年（1869）崇文書局刻本

國圖、北大藏同治十一年（1872）湖南尊經閣刻本

湖北藏同治十三年（1874）湖南書局刻本

同治浙江書局刻御纂七經本

〔註45〕中有《讀經》三卷、《讀史》二卷。

〔註46〕清徐振聲校。

同治崇文書局刻御纂七經本

同治江西書局刻御纂七經本

國圖、北大、天津、上海、遼寧藏光緒九年（1883）江南書局刻本

哈佛、國圖、遼寧大學、中央民族大學藏光緒十五年（1889）江南書局重刻本

遼寧、瀋陽、吉林藏光緒十六年（1890）思賢講舍刻本

吉林藏光緒十六年（1890）務本書局刻本

國圖、遼寧大學、吉林大學、吉林社科院藏光緒十九年（1893）浙江書局刻本

北大藏光緒二十二年（1896）新化三味堂刻本

北大湖北藏光緒三十年（1904）寶慶勸學書舍刻本

光緒戶部刻御纂七經本

光緒江南書局刻御纂七經本

光緒鴻文書局石印御纂七經本

黑龍江藏清末李光明莊刻本

◎一名《春秋左傳杜注輯》《春秋左傳杜注補輯》《增輯左傳杜注》。

◎書末牌記：乾隆丙寅夏五月吳郡小鬱林陸氏雕版，王日煥錄。

◎龐佑清校輯。

◎目錄：卷首杜氏序、春秋王朝興廢說、春秋列國興廢說、春秋王朝列國紀年、春秋一百一十四國爵姓。卷第一隱公元年之十一年。卷第二桓公元年之十八年。卷第三莊公元年之三十二年。卷第四閔公元年二年。卷第五僖公元年之十五年。卷第六僖公十六年之二十六年。卷第七僖公二十七年之三十三年。卷第八文公元年之十年。卷第九文公十一年之十八年。卷第十宣公元年之十一年。卷第十一宣公十二年之十八年。卷第十二成公元年之十年。卷第十三成公十一年之十八年。卷第十四襄公元年之九年。卷第十五襄公十年之十五年。卷第十六襄公十六年之二十二年。卷第十七襄二十三年之二十五年。卷第十八襄公二十六年之二十八年。卷第十九襄公二十九年之三十一年。卷第二十昭公元年之三年。卷第二十一昭公四年之七年。卷第二十二昭公八年之十二年。卷第二十三昭公十三年之十七年。卷第二十四昭公十八年之二十二年。卷第二十五昭公二十三年之二十八年。卷第二十八昭公二十七年之三十二年。卷第二十七

定公元年之七年。卷第二十八定公八年之十五年。卷第二十九哀公元年之十三年。卷第三十哀公十四年之二十七年。

◎序：讀《春秋左氏傳》者，競推《杜林合注》。林非杜匹也，《杜林合注》於杜注每有刊落，則一家之學既弗全，而唐宋以來諸儒先之名言要旨亦率皆缺而未載，又安能使讀者貫穿馳騁，上下往復而不域於戔戔章句之習也？！華亭姚平山氏，研精《左傳》，得其要領。其為書也，以杜氏《經傳集解》為主，而兼引孔疏，旁及各傳注，元元本本，疏通證明，不遺餘力。平山蓋不惟為杜氏一家之學而已，据經以讀傳，因傳以攷經，是非同異之際三致意焉。凡他說之有裨杜氏而可以並条者，必與《集解》兩存，以俟後人採擇。其詳且慎如此，不可為著書法歟？夫漢世《春秋》分為五家，鄒、夾已廢，而三家盛行。杜元凱獨尊精《左傳》，其《集解序》有曰：「優而柔之，厭而飫之，若江海之浸，膏澤之潤，渙然冰釋，怡然理順，然後為得也。」斯言也，杜氏教人以讀書之法，而亦自道所得也。平山之書洵所謂冰釋、理順者，世之學者有志《春秋》一經，當不能舍此而津逮矣。吳門陸闇亭太守自蜀中解組歸田，主持風雅，深喜是書詳核，因為捐貲雕版，自此得以流播遠近，海內通經之士讀之，其快然為何如也！乾隆十一年歲次丙寅秋七月，北平黃叔琳書。

◎凡例（八則）：

《春秋左傳》向宗杜氏《集解》，茲刻一字不遺。孔疏所以發明杜注者也，寧詳毋略。其餘諸家之說，自唐宋元明以逮本朝，罔不采錄。

杜注間有未純，謹錄先儒成說以寓折衷至是之意。其或彼此俱通而後人說較明暢，隨文附入，不厭其繁。至管見則加按字。

杜注列於前，增入之說以一圈隔之。字音依陸氏《釋文》補其未備。

讀傳必先讀經，略經而詳傳者，非也。說經以程朱為準，公穀胡張四傳外，有足相条，例得均載經文之下。

杜注地名與今不合，證明即今某處，庶方輿瞭如指掌。

列國興廢止載二十國，虞虢紀早亡，不錄，遵依《欽定傳說彙纂》本也。

古本《左傳》三十卷，今仍其舊。附王朝列國興廢等說於卷首，不入卷中。

杜氏序一篇實此書要領，詳為詮釋，俾注家大指了然，未讀其書思過半矣。

乾隆九年歲次甲子九月上澣，姚培謙識。

◎嘉慶《松江府志》卷七十二《藝文志》一《經部》：《春秋左氏傳杜注》三十卷（國朝姚培謙平山輯）。

◎楊開第修，姚光發等纂光緒《重修華亭縣志》卷十六《人物》五：乾隆初，長洲沈德潛奏培謙閉戶讀書不求聞達，以其所注《御制製樂善堂賦》四卷、《增輯左傳杜注》三十卷、《經史臆見》二卷進呈焉。

◎楊開第修、姚光發等纂光緒《重修華亭縣志》卷二十《藝文》：《春秋左傳杜注補輯》三十卷（姚培謙著。宋《府志》）。

◎王嘉曾《聞音室詩集遺文附刻・姚平山先生傳》：生平著述不名一家，自著有《松桂堂詩文全集》，若《左傳杜注》、《通鑑綱目節鈔／類腋》諸書，博覽子史，穿穴義疏，尤為一生心力所萃云。

◎孫殿起《販書偶記》卷二：《春秋左傳杜注》三十卷首一卷，華亭姚培謙撰。乾隆十一年精刊。

◎張之洞《書目答問》列姚培謙於「漢宋兼采經學家，諸家皆博綜眾說確有心得者」。

◎姚光《金山藝文志・經部・春秋類》：《春秋左傳杜注增輯》三十卷，清姚培謙輯。是書以杜氏《經傳集解》為主，而兼引孔疏，旁及各傳注，以至唐宋元明清諸家之說，罔不采錄。元元本本，疏通證明，據經以讀傳，因傳以考經。凡他說之有裨杜氏而可以並參者，必與《集解》兩存。自有所見，則加「按」字。字音依陸氏《釋文》，地名亦證以今址。古本三十卷仍其舊。而附《春秋年表》《春秋年表考證》《春秋名號歸一圖》《春秋名號歸一圖考證》《春秋王朝興廢說》《春秋列國興廢說》《春秋王朝列國紀年》《春秋一百二十四國爵姓》八篇於卷首。並將杜氏序一篇詳為詮釋。蓋其書審慎完密，冰釋理順，洵讀《春秋左氏傳》者之津逮也。惟經傳杜注，以岳本為據。岳本是者固多，間亦有舛誤，未能悉為訂正為遺憾耳。書初刊於乾隆十一年。吳門陸暗亭活體字極精，上有北平黃叔琳序、培謙自定凡例八則。其後有翻刻本，光緒年江南、浙江兩書局亦皆各有刊本（烈按，培謙字平山。此書懷舊樓藏有松桂讀書堂原刻本，又藏有刻本，題作《補輯》）。

◎上海古籍出版社 2015 年《續修四庫全書總目提要・春秋類》「《春秋左傳杜注》三十卷首一卷」：是書凡三十卷，首一卷。是書以杜氏《經傳集解》為主，而兼引孔疏，旁及各傳注，凡他說之有裨杜氏而可以並參者，必與《集解》兩存，元元本本，疏通證明，不遺餘力，以供後人采擇其詳。列杜氏序、《春秋王朝興廢說》、《春秋列國興廢說》、《春秋王朝列國紀年》、《春秋一百二十四國爵姓》於卷首，別為一卷，不入卷中。全書於杜氏《集解》一字不遺，

孔疏所以發明杜注者，寧詳毋略，其餘諸家之說，自唐宋元明以逮清朝罔不采錄。所增有裨杜氏之說者，列于杜注之後，以一圈隔之，字音依陸氏《釋文》，補其未備，至姚氏自見則加按字。說經以程朱之準，公、穀、胡、張四傳外，有足相參例，得均載經文之下。杜注地名與今不合，參方輿證明即今某處。是書專於杜注，而不拘泥於杜注，杜注間有未純，謹錄先儒成說以寓折衷至事之意，其或彼此俱通，而後人說較明暢，隨文附入，不厭其繁。如卷一隱公四年十二月「書曰衛人立晉眾也」。姚氏按曰公羊說更為完備。隱公五年六月「鄭二公子以制人敗燕師于北制」，引顧炎武說證子元即厲公，杜氏非。此本據復旦大學圖書館藏清乾隆十一年陸氏小鬱林刻本影印。（潘華穎）

姚士蕃 春秋指南 佚

　　◎道光《桐城續修縣志》卷十六《人物志 · 文苑》：家世以《春秋》取科第，江南稱專門。蕃早受家學，沉潛諷繹，得文定之傳。里居授徒，請業者日進。著有《春秋指南》。

　　◎姚士蕃，字耕莘，號澤亭。安徽桐城人。縣學生。性淳樸，工記誦。著有《春秋指南》。

姚士珍 春秋世系圖說 佚

　　◎道光《桐城續修縣志》卷十六《人物志 · 文苑》：好治經，尤專於《左氏傳》……著有《四書析疑》《春秋世系圖說》《詠花軒詩集》《長嘯草堂文集》。

　　◎姚士珍，字席臣，號怡齋。安徽桐城人。縣學生。為學務實。舉博學鴻詞及德行才猷皆不應。入國子監，屢躓棘闈，無少憂慍。歸里後惟以克己省身、扶危濟困為務。著有《春秋世系圖說》《四書析疑》《詠花軒詩集》《長嘯草堂文集》。

姚舜牧 春秋疑問 十二卷 存

　　國圖、遼寧、天津、蘇州藏萬曆刻本

　　續修四庫全書影印天津圖書館藏萬曆刻本

　　◎自敘春秋疑問：孔子曰：「吾志在《春秋》」，又曰：「其義則丘竊取之矣」，斯義何義也？《書》曰：「無偏無陂，遵王之義。無有作好，遵王之道。無有作惡，遵王之路」，道路即義也，而在人心無偏陂好惡之間。周衰，王道寖微，人心陷溺而不知義，為竊、為僭、為潰亂，或入于夷狄，而甚則幾淪于禽獸，

有不忍言者。孔子有憂之，故因魯史作《春秋》，明指所謂道路者以示人，即《書》所云是彝是訓、是訓是行者耳。孟子曰：「王者之迹熄而《詩》亡，《詩》亡然後《春秋》作」，又曰：「《春秋》，天子之事也」，正謂惇庸命討，此天子與天下公共之事，人人所宜共由，亦人人所可指示以詔天下萬世者。是孔子所謂「其義則丘竊取」云者，亦謙不自居耳。而或者誤認遂有道在位在之說，甚謂假二百四十二年南面之權以是非天下。嗟乎！使夫子而果假南面之權以是非天下，則經所書天王某事某事者，又將假何權以是之哉？斷不然矣。顧《春秋》一經，斷也，其案在傳，傳莫尚《左氏》矣。去聖未遠，聽睹記載甚詳，足備後代參考，是大有功于《春秋》者。然時或有闇于大義處，《公羊》《穀梁》知求大義矣，而附會穿鑿時亦有之。宋諸儒輩出，胡氏而下，互有發明，豈不燦然悉備哉！然千谿萬徑，雖可適國，而周行大路，要在折衷。程子曰：「《春秋》，經不通，求之傳；傳不通，求之經」，朱子曰：「學者但觀夫子直書其事，其義自在，有不待傳而見者」，此真善讀《春秋》者矣，而惜皆無全書，百世而上，百世而下，豈無善讀《春秋》若程、朱二子者乎？牧非其人也，唯童穉時先贈君淳菴翁誨牧曰：「兒曹欲知大義，須讀五經」，竊志不忘。間取《易》《書》《詩》《禮》次第讀之，輒筆所疑，請問海內大方。茲來粵西甚暇，得復從《大全》諸書竊觀夫子之《春秋》無有偏陂、無作好惡，真恍若見其心者。恨不敏，不足以發之也。因竊評諸儒之論，有合于經者錄之，而又輒筆所疑就正有道焉，亦謂涉獵斯道路也，仰慰先君子誨牧之遺意也云爾。若《春秋》，制科一稟《胡傳》，載在令甲，是即義之所在，諸士子所宜遵守而無岐者，余何敢及！而諸士子方習制義，請亦無視乎余言。萬曆歲在癸卯七月丁丑，烏程後學姚舜牧書于粵西臬憲之吏隱齋。

◎摘錄卷十二「十有四年春西狩獲麟」條：說《春秋》者，於此條或謂夫子感麟之出，傷吾道窮也而作；或謂夫子作是書，文成而瑞應，因之以絕筆。愚皆以為未然，鳳鳥不至，河不出圖，夫子蓋傷之久矣。胡俟麟見而後傷耶？若謂麟應而絕筆，則允非也。何也？夫子之作《春秋》，為維持世道計，必非曰：「吾作是書，祈一瑞應而後已也。」或作此而終無麟應，則將於何時何事而後絕筆耶？按《左傳》是年春西狩于大野，叔孫氏之車子鉏商獲麟，以為不祥，賜虞人。仲尼觀之曰：「麟也」，則《春秋》之書西狩獲麟也，亦紀當日之有此異耳。若所絕筆，則更有說。夫子之卒，在哀十六年夏，麟之獲在十四年春，凡書，非以結前事，即以起後事，此一年內，前後事或無可書未可知，且

夫子是時已年七十矣，或書此條後，即有疾不能書，若朱子偶絕筆於誠意章，亦未可知，而必曰此以文成麟應而絕筆也，而甚或名此經為麟經焉，即夫子嘗謂志在《春秋》者，志此麟應而已耶？又謂「其義竊取焉」者，取此麟應而已耶？朱子曰：「《春秋》獲麟，某不敢指定是書成感麟，亦不敢指定是感麟作，大槩出非其時是不祥」，此數言足以破千古之疑，足以正千古之謬。

◎《明史》卷九十六《志》第七十二《藝文》一《春秋》：姚舜牧《春秋疑問》十二卷。

◎《浙江採集遺書總錄‧乙集‧經部‧春秋類》：《春秋疑問》十二卷（刊本），右明姚舜牧撰。自謂從《大全》諸書摘取諸儒之論有合于經者錄之，而又筆記所疑，以就正有道焉。

◎上海古籍出版社 2015 年《續修四庫全書總目提要‧春秋類》「《春秋疑問》十二卷」：是書收入《四庫全書總目》春秋類存目，提要謂是書不盡從胡安國《春秋傳》，亦頗能掃諸家穿鑿之說，正歷來刻深嚴酷之論，視所注諸經，較多可取，而亦不免於以意推求，自生義例。如列國之事承告則書，《左氏》實為定說。舜牧於「宿男卒」不書名，既云告不以名矣，乃於「鄭伯克段」條曰：「此鄭事也，魯《春秋》何以書？見鄭莊處母子兄弟之間，忍心害理，凡友邦必不可輕與之。此一語專為後日輸平歸祊、助鄭伐宋起，非謂此事極大，漫書於魯之《春秋》也。」是不考策書之例，但牽引經文，橫生枝節。至於桓九年「紀季姜歸於京師」，則謂自季姜歸後，周聘不復加於魯，乃知以前三聘特在謀婚。此說既無確據，即以年月計之，三聘之首，是為凡伯，其事在隱公九年，距祭伯之逆十四年矣。焉有天子求婚，惟恐弗得，謀於十四年之前者乎？此併經文亦不能牽合矣。說經不應如此云云。此本據天津圖書館藏明萬曆刻本影印。（曾亦）

◎姚舜牧（1543～1622），字虞佐，號承庵。烏程（今浙江湖州）人。萬曆元年（1573）舉人。歷官新興、廣昌知縣。著有《易經疑問》、《書經疑問》、《詩經疑問》、《禮記疑問》、《孝經疑問》、《五經四書疑問》、《性理指歸》、《姚氏藥言》、《樂陶吟草》三卷、《史綱要領》、《來恩堂草》等書。

姚文鰲 春秋題義 佚

◎道光《桐城續修縣志》卷十一《人物志‧孝友》：著有《難囈集》《寶閑齋集》《同聲堂文集》《左傳疏解》《春秋題義》。

◎姚文鰲，字駕侯，號蟄存。安徽桐城人。縣學生。崇禎末隨父孫棐任東陽縣。乾隆九年（1744）蒙恩旌表孝子。著有《春秋題義》《左傳疏解》《難囈集》《寶閒齋集》《同聲堂文集》。

姚文鰲 左傳疏解 佚

◎道光《桐城續修縣志》卷十一《人物志・孝友》：著有《難囈集》《寶閒齋集》《同聲堂文集》《左傳疏解》《春秋題義》。

姚文田 春秋經傳閏朔表 一卷 存

國圖藏道光七年（1827）刻邃雅堂全書・邃雅堂學古錄本

◎《疇人傳》卷第五十二姚文田：姚文田，字秋農，歸安人。以嘉慶四年已未科第一甲一名進士，授職修撰，充國史館唐文館纂修。歷官詹事府、翰林院、內閣學士、禮部尚書，卒謚文僖。生平博覽群書，精於考覈，兼明古秝傳，撰有《春秋經傳朔閏表》二卷。其自序云：「秝法以分至為主，必使常居四正之月，然後歲序不愆，故氣有盈、朔有虛，則置閏月以齊之。《堯典》專舉四仲，其定法也。春秋時日官失職，秝法久壞，前後參錯，時有不同。『春王正月』一語，先儒聚訟紛紜。然如隱公七年二月十七日長至，則正月乃建亥矣，尚得謂周正月乎？自宣公初連失兩閏，後此屢補屢失，以至襄公之末凡五十餘年。魯多通儒，豈無有一二人能釐正之者？乃聽其紊亂如是之久。魯史繫之以王，蓋是當日周秝如此，故夫子亦仍而不改。至於列國，各隨民俗，故有雜用夏、商正者，其赴告之文或知改從周制，若其施諸國中，則命月必有歧出。左氏採輯各傳，往往專舉四時而不言月，間有稱月而改定者，亦有遺漏未改者，後人讀之難曉。杜氏作《長秝》，自謂用乾度，並古今十秝以相考驗。無論諸秝皆漢以後人作，且多歧亡羊，抑又何所適從？顧氏《朔閏表》力糾杜、孔之失，乃祇是遷就月日，閏月重大，隨意安置，又不詳致誤之由，用力勤而失彌甚矣。愚謂夏正承顓頊後，實為秝法之宗，殷周雖改正朔，其大法必不能變。《春秋》秝法蓋有二端：一則先大月後小月。凡日月率二十九日半有奇而一會，每月常不足三十日。《漢志》先藉半日，名曰陽秝；不藉，名曰陰秝。藉古『借』字。先大後小，所謂藉半日也。然小月之朔常在大月之晦，名義俱不符，未知周初果如此否？漢鄧平實踵其法，見《漢志》至每月皆有餘分，積滿半日，則下月更不須藉，故有重大之月，大約常在第十七月。先大後小，則十七月已是

大月，故不得不移前一月，而十七月反為小月。通經傳二百五十五年中，僅失三重大、多一重大，其後旋即補正。蓋一有增脫則小大全倒，陽秭轉為陰秭也。一則置閏歲終。凡經傳閏月皆在是年之末，又不言閏某月，惟文元年閏三月，當時即譏其非禮，知所謂歸餘者斷在歲終。秦人稱後九月，有自來矣，然於古法實不合。故哀公十二月螽一傳，又引夫子之言以正其失也。由其定法全失，遂至疏數無常。故有一年再閏者，文元年是也；有一年三閏者，襄二十八年是也。有二年連閏者，僖三年、四年是也；有三年連閏者，僖二十二年、二十三年、二十四年是也。皆由錯失在前，隨時改正，尋其脈絡，可得而言。其夏、商正閏法必有不同。昭二十年，衛有閏月殺宣姜事，文在八月之下，似當是閏八月，或言下文賜謚予墓，皆終而言之，此亦可與之一例，然在某月終不能定。惟哀十五年傳閏月，良夫與太子入，經書此事于十六年正月，是衛之閏為魯之正，乃為衛用商正之實證。杜氏誤合為一，遂并孔子之卒而亡其日，斯為過之至大者。予既深知杜、顧兩家之失，幸賴僖五年、昭二十年兩日南至傳有明文，即據此以為本，推算前後長至，布為定率，復取經傳分年條繫，去其傳寫有訛舛者，然後二千三百餘年以前之秭法粲然復明，亦古今一大快事。既為表如後，復撮其要，書於卷端。」

◎趙爾巽《清史稿》卷一百四十五志一百二十《藝文》一：《春秋經傳朔閏表》二卷，姚文田撰。

◎姚文田（1758～1827），原名加畬，字秋農，號梅漪，謚文僖。歸安（今浙江湖州）菱湖人。乾隆五十四年（1789）舉人，五十九年（1794）高宗巡幸天津，召試第一，授內閣中書。嘉慶四年（1799）入直軍機處，中是年一甲第一名進士，授修撰，與修《高宗實錄》。以為圖治之要，惟以任人為本。曾三典廣東、福建、山東等鄉試，得士稱盛。一充會試總裁，三任廣東、河南等學政，二十年（1815）擢兵部侍郎，歷任戶部、禮部侍郎。道光四年（1824）擢左都御史，七年（1827）遷禮部尚書。著有《學易討原》一卷、《春秋經傳朔閏表》一卷、《說文校義》、《說文聲系》、《說文解字考異》、《古音諧》、《四聲易知錄》、《廣陵事略》、《歷代世系紀年編》、《漢初年月日表》、《顓頊新術》、《夏殷曆章蔀合表》、《周初年月日歲星表》、《建元重號》、《後漢郡國志校補》、《四書瑣語》、《四子義》、《說理雜識》、《內經脈法》、《傷寒通論》、《重注疑龍撼龍經》、《相宅》、《陽宅闢謬》、《夜雨軒小題文》、《求實齋稿》、《學古錄》、《邃雅堂文錄》、《邃雅堂學古錄》諸書。

姚興麟 春秋經義 佚

◎道光《桐城續修縣志》卷十六《人物志・文苑》：著有《五經經解》《子史釋疑》《春秋經義》《夢筆山房詩文集》。

◎姚興麟，字素傳，號竺樓。安徽桐城人。縣增生。性孝友。困棘闈數十年不售。生平不以得失毀譽介其意，大興朱珪嘗稱其進止不愧儒者。督撫將以制科舉，皆力辭不就。嘗與無錫顧皋同客皖幕中。卒年五十五。著有《春秋經義》《五經經解》《子史釋疑》《夢筆山房詩文集》。

姚彥渠 春秋會要 四卷 存

國圖、北大、上海、浙江、湖北、蘇州、寧波市天一閣博物館藏光緒十四年（1888）姚丙吉姚彝典刻本

中華書局 1955 年點校本

◎各卷首題：歸安姚彥渠溉若氏輯，弟丙吉男彝典校刊。

◎目錄：

卷之一：

世系：周、魯、晉、齊、秦、楚、宋、衛、鄭、陳、蔡、曹、許、杞、滕、薛、莒、邾、小邾、吳、越、諸小國、四裔。

后夫人妃：周、魯、晉、齊、秦、楚、宋、衛、鄭、陳、邾。

卷之二：

禮一（吉禮）：郊、大雩、禘、烝嘗、日月、星辰風雲、社稷五祀、四望山川、先農、宮廟、昭穆、儀品、脤膰、告朔、即位、公至。

卷之三：

禮二（凶禮）：天王會葬、魯公薨葬、未成君卒、夫人薨葬、外諸侯卒葬、大夫卒葬、內女卒葬、賵襚、會葬、弔喪哭臨、諱諡誄歌、主祐。

禮三（軍禮）：校閱、蒐狩、乞師、致師、獻捷、獻俘。

卷之四：

禮四（賓禮）：朝聘天王、王聘諸侯、錫命、周使來求、列國來朝、來不書朝、公朝大國、內大夫出聘、外大夫來聘、會盟遇（胥命附）、賓禮總。

禮五（嘉禮）：昏、王后、夫人、王姬、內女、列國女、冠、饗燕、總、諸侯饗天子、天子饗諸侯及諸侯之大夫、兩君饗燕、諸侯饗鄰國大夫、諸侯燕飲其臣、大夫饗君、大夫相饗食、夫人饗諸侯、立儲。

◎俞序〔註47〕：史之為體，有編年有紀傳，編年昉〔註48〕於《春秋》，紀傳昉〔註49〕於《尚書》。觀一人之始終莫如紀傳，而甲與乙不相聯繫；考一時之治亂莫如編年，而前與後不相貫穿。於是後人又有會要之作，《西漢會要》《東漢會要》則宋徐天麟為之，《唐會要》《五代會要》則宋王溥為之。自兩漢至五代，法度典章條分件繫，蓋編年、紀傳外不可少之書也。而歸安姚巽園先生即用此例以讀《春秋》，於是有《春秋會要》之作。其書首以世系，而執政及后夫人皆附見焉；次以吉凶軍賓嘉五禮，各有條目，以類相從秩然不紊，大經大法無不臚載，蓋其用力勤矣。宋張大亨撰《春秋五禮例宗》七卷，取《春秋》事迹，以吉凶軍賓嘉五禮分類統貫；元吳澄《春秋纂言》，分為七綱，天道、人紀外亦以五禮分綱；而明石光霽《春秋鉤玄》又仿其例，以《春秋》書法分屬五禮，五禮所不見括者，別為《雜書法》一門。皆與先生是書相出入。蓋《春秋》一經，屬辭比事，非此不足以觀其義類也。而是書以《會要》名，則又以史學為經學，非徒抱遺經而究終始者比矣。余以同郡後學得讀其書，竊為之識其簡端，亦見老輩人讀書精審。尚與宋元明儒脈絡相通，非如近人之束書不觀，徒以揣摩為事也。德清俞樾。

◎楊序：先師陳徵君曰：「治經者必自《禮經》始，不熟《禮經》，猶衣之無領也。」斯言也，小子嘗識之。吾鄉姚巽園先生箸《春秋會要》，首以列國世系，而執政及后夫人附見焉；次則吉凶軍賓嘉五禮為綱，而緯以事跡，各從其類。其大旨同於宋張大亨《春秋五禮例宗》、元吳澄《春秋纂言》，而精審不翅過之。如辨明堂位駁漢儒之附會，議魯郊禘決伯琴受之之非，皆從《禮經》考究而出，可謂善治經者矣。夫先生以《會要》名其書，是以史法讀《春秋》也。昔者孔穎達《春秋正義》述賈逵說曰：「周禮盡在魯矣，史法最備」，然則先生之學，殆與賈氏契歟！歸安楊峴。

◎姚彥渠，字溉若，號巽園。歸安（今浙江湖州）菱湖人。諸生。著有《禹貢正詮》四卷、《春秋會要》四卷、《春秋世系考》不分卷、《菱湖志》三卷。

姚彥渠 春秋世系考 不分卷 存

南京藏稿本

〔註47〕又見於俞樾《春在堂襍文續編》卷二，題《姚巽園先生春秋會要序》，無文末「德清俞樾」四字。
〔註48〕俞樾《春在堂襍文續編》卷二《姚巽園先生春秋會要序》「昉」作「仿」。
〔註49〕俞樾《春在堂襍文續編》卷二《姚巽園先生春秋會要序》「昉」作「仿」。

◎清盧黻節錄。

姚永概 左傳講義 四卷 未見

◎劉聲木《桐城文學撰述考》卷四「姚永概撰述」：《歷朝經世文鈔》、《慎宜軒筆記》十卷、《國文初學讀本》上下編二卷（姚永樸同編）、《孟子講義》十四卷、《左傳選讀》四卷、《詩本義》、《左傳講義》四卷、《東遊自治譯聞》二卷（任煥同譯）。

◎姚永概（1866～1923），字叔節，號幸孫。安徽桐城城鄉（今城關鎮）人。永樸弟。幼承家學，文名早著。後師事徐宗亮、方存之、吳汝綸、張裕釗等。光緒十四年（1888）初在長沙王先廉署中校勘《續皇清經解》；繼充兩淮鹽運使揚州江人鏡幕僚。光緒二十九年（1903）任安徽高等學堂教務處長，後任安徽師範學堂監督。光緒三十三年（1906）赴日考察學制。民國後任北京大學文科學長、《清史稿》纂修、正志中學教務長。著有《左傳選讀》、《孟子講義》、《慎宜軒文集》十二卷、《慎宜軒詩集》八卷、《慎宜軒筆記》十卷、《初學古文讀本》、《歷朝經世文鈔》等。

姚永概 左傳選讀 四卷 未見

◎劉聲木《桐城文學撰述考》卷四「姚永概撰述」：《歷朝經世文鈔》、《慎宜軒筆記》十卷、《國文初學讀本》上下編二卷（姚永樸同編）、《孟子講義》十四卷、《左傳選讀》四卷、《詩本義》、《左傳講義》四卷、《東遊自治譯聞》二卷（任煥同譯）。

姚永樸 春秋左傳通論 四卷 存

安徽藏清末民初安徽高等學堂鉛印本

◎劉聲木《桐城文學撰述考》卷四「姚永樸撰述」：《尚書誼略廿八卷敘錄》一卷、《文學研究法》四卷、《史學研究法》一卷、《史事舉要》七卷、《國文學》四卷、《讀易述聞》二卷、《春秋左傳通論》四卷、《群書答問》一卷、《經學舉要》一卷、《見聞偶筆》一卷、《起鳳書院答問》五卷、《素光閣讀經記》二十六卷、《論語直解》、《我師錄》四卷、《十三經述要》、《清代鹽法考略》二卷、《群儒考略》內篇五十八卷外編十八卷、《桐城姚氏碑傳集》七卷補遺一卷、《蛻私軒易說》三卷、《先正嘉言》一卷、《桐城耆舊言行錄》□卷、《諸子考略》十八卷、《小學廣》十二卷、《舊聞隨筆》四卷、《論語述義》十卷。

◎姚永樸（1861～1939），字仲實，晚號蛻私老人。安徽桐城人。姚瑩孫，慕庭子。嘗師事張裕釗、方存之、吳汝綸、蕭敬孚。光緒二十六年（1900）父卒，遂絕意仕途。二十七年（1901）客居廣東信宜，任起鳳書院院長。二十九年（1903）任山東高等學堂教習。三十三年（1906）至安慶，主安徽高等學堂教務。宣統元年（1909）薦學部諮議，任京師政法學堂國文教授。1914 年任清史館纂修、北京大學文科教授。1918 年與弟永概及林紓任教正志中學。1922年南歸桐城。1923 年應聘秋浦宏毅學舍教務。1926 年任南京東南大學教授。1928 年任安徽大學教授。1936 年養痾桐城。1938 年初舉家遷廣西桂林。著有《蛻私軒易說》二卷、《論語解注合編》十一卷、《蛻私軒詩說》八卷、《尚書誼略》二十八卷、《古本大學解》、《大學章義》、《論語述義》、《小學廣》十二卷、《羣經考略》十六卷、《經學入門》、《六經問答》、《諸子考略》十八卷、《羣儒考略》、《十三經述要》六卷、《蛻私軒讀經記》六卷、《蛻私軒集》三卷續集三卷、《國文學》四卷、《文學研究法》四卷、《歷朝經世文鈔》六卷、《國文初學讀本》二卷、《舊聞隨筆》四卷、《古今體詩約選》四卷、《我師錄》四卷、《桐城姚氏碑傳集》、《史學研究法》一卷、《蛻私軒集》五卷、《史事舉要》七卷、《歷代聖哲學粹》四十四卷、《清代鹽法考略》、《倫理學》等。

葉崇本 春秋合傳 六卷 佚

◎嘉慶《重修揚州府志》卷五十一《人物》六：所著《春秋合傳》六卷、《問棘甖言》四卷、《易經講義》三卷（《高郵州志》）。

◎嘉慶《重修揚州府志》卷六十二《藝文志》一：《春秋合傳》六卷（葉崇本撰）。

◎孫宗彝《愛日堂文集》卷六《葉觀復墓誌銘》：先生雖早逝，所著述若《春秋合傳》六卷、《問棘甖言》四卷及他詩古文數十卷，皆手錄丹鉛，卓然成一家言。

◎葉崇本，字元符，號觀復。江蘇高郵人。兄弟四人皆博學，崇本尤穎異。著有《易經講義》三卷、《春秋合傳》六卷、《問棘甖言》四卷。

葉德輝 春秋三傳地名異文考 六卷 佚

◎劉聲木《桐城文學撰述考》卷一「葉德輝撰述」：《周禮鄭註改字考》六卷（未刊）、《儀禮鄭註改字考》十七卷（未刊）、《禮記鄭註改字考》廿卷（未刊）、《輯蔡邕月令章句》四卷、《古今夏時表》一卷、《大戴禮記疏證》十三卷（已

佚)、《春秋三傳地名異文考》六卷（未刊)、《春秋三傳人名異文考》六卷（未刊)、《孝經述義》三卷、《孟子劉熙註》一卷、《天文本論語校勘記》一卷、《說文解字故訓》三十卷、《六書古微》十卷、《同聲假借字考》二卷、《釋人疏證》二卷、《說文讀若考》八卷、《經學通誥》四卷（未刊)、《南史勘誤》八十卷（已佚)、《北史勘誤》一百卷（已佚)、《漢律疏證》六卷（已佚)、《山公啟事》一卷、《山公佚事》一卷、《宋趙忠定別錄》八卷、《輯宋趙忠定奏議》四卷、《隋書經籍志考證》（已佚)、《宋紹興秘書省續編到四庫闕書目考證》二卷、《四庫全書總目板本考》二十卷（未刊)、《觀古堂藏書目》四卷、《藏書十約》一卷、《書林清話》十卷、《餘話》二卷、《輯鬻子》二卷、《輯傅子》三卷訂誤一卷、《輯郭氏玄中記》一卷、《輯孫柔之瑞應圖記》一卷、《輯淮南萬畢術》二卷、《輯許慎淮南鴻烈間詁》二卷、《星命真源》十卷（未刊)、《郋園書畫題跋記》四卷（未刊)、《郋園書畫寓目記》三卷（未刊)、《遊藝卮言》二卷、《古泉雜詠》四卷、《輯晉司隸校尉傅玄集》三卷、《消夏百一詩》二卷、《觀畫百詠》四卷、《和金檜門觀劇絕句》一卷、《崑崙題詠》二卷、《南陽碑傳集》十卷、《祖庭典錄》六卷、《石林遺事》三卷、《疏香閣遺錄》四卷、《說文籀文考證》二卷（未刊)、《說文籀文考證》一卷補遺一卷說籀一卷。

◎葉德輝（1864～1927)，字奐（煥)彬，一字漁水，號直山，一號郋園，自署朱亭山民、麗廔主人，人稱葉麻子。原籍江蘇吳縣洞庭東山，後籍湖南湘潭，居長沙，入讀嶽麓書院。光緒十一年（1885)舉人、十八年（1892)進士。授吏部主事，旋乞養辭歸。精經學，尤長於版本目錄。著有《說文讀若字考》七卷、《同聲假借字考》二卷、《經學通誥》一卷、《六書古微》十卷、《葉德輝鄉試朱卷》、《書林清話》十卷、《書林餘話》二卷、《覺迷要錄》四卷、《郋園讀書志》十六卷、《觀古堂藏書目》四卷、《書目答問斠補》、《郋園北遊文存》一卷、《觀古堂詩錄》六卷、《觀古堂印存》、《于飛經》、《欽定四庫全書簡明目錄版本考》二十卷（湖南藏稿本存四冊)、《秘書省續編到四庫闕書目》二卷、《藏書十約》一卷、《郋園六十自敘》一卷、《誥封太夫人葉母馬太夫人壽啟》、《藝苑留真》三集、《葉氏觀古堂鉛槧錄》一卷、《郋園小學四種》、《觀古堂所著書》、《郋園先生全書》、《遊藝卮言》二卷、《古泉雜詠》四卷、《消夏百一詩》二卷、《觀畫百詠》四卷、《曲中九友詩》一卷、《觀古堂詩集》九卷、《郋園山居文錄》二卷、《觀古堂文外集》一卷、《觀古堂駢儷文》一卷、《疏香閣遺錄》四卷、《郋園論學書劄》一卷，輯有《翼教叢編》、《義烏朱氏論學遺劄》一卷

（朱一新撰）、《觀古堂匯刻書》十五種、《觀古堂所刊書》二十種、《觀古堂書目叢刻》十五種、《雙梅景庵叢書》十六種、《麗廔叢書》八種、《葉少保石林公遺書》十三種、《唐人小說六種》、《山公啟事》一卷《佚事》一卷、《崑崙集》一卷續一卷釋文一卷附一卷、《石林遺事》三卷附錄一卷、《宋趙忠定奏議》四卷、《宋忠定趙周王別錄》八卷、《傅子》三卷附訂訛一卷、《鶡子》二卷、《瑞應圖記》一卷、《郭氏玄中記》一卷、《淮南鴻烈閑詁》二卷、《淮南萬畢術》二卷、《晉司隸校尉傅玄集》二卷。

葉德輝　春秋三傳人名異文考　六卷　佚

◎劉聲木《桐城文學撰述考》卷一「葉德輝撰述」：《周禮鄭註改字考》六卷（未刊）、《儀禮鄭註改字考》十七卷（未刊）、《禮記鄭註改字考》廿卷（未刊）、《輯蔡邕月令章句》四卷、《古今夏時表》一卷、《大戴禮記疏證》十三卷（已佚）、《春秋三傳地名異文考》六卷（未刊）、《春秋三傳人名異文考》六卷（未刊）、《孝經述義》三卷、《孟子劉熙註》一卷、《天文本論語校勘記》一卷、《說文解字故訓》三十卷、《六書古微》十卷、《同聲假借字考》二卷、《釋人疏證》二卷、《說文讀若考》八卷、《經學通誥》四卷（未刊）、《南史勘誤》八十卷（已佚）、《北史勘誤》一百卷（已佚）、《漢律疏證》六卷（已佚）、《山公啟事》一卷、《山公佚事》一卷、《宋趙忠定別錄》八卷、《輯宋趙忠定奏議》四卷、《隋書經籍志考證》（已佚）、《宋紹興秘書省續編到四庫闕書目考證》二卷、《四庫全書總目板本考》二十卷（未刊）、《觀古堂藏書目》四卷、《藏書十約》一卷、《書林清話》十卷、《餘話》二卷、《輯鶡子》二卷、《輯傅子》三卷訂誤一卷、《輯郭氏玄中記》一卷、《輯孫柔之瑞應圖記》一卷、《輯淮南萬畢術》二卷、《輯許慎淮南鴻烈間詁》二卷、《星命真源》十卷（未刊）、《郋園書畫題跋記》四卷（未刊）、《郋園書畫寓目記》三卷（未刊）、《遊藝卮言》二卷、《古泉雜詠》四卷、《輯晉司隸校尉傅玄集》三卷、《消夏百一詩》二卷、《觀畫百詠》四卷、《和金檜門觀劇絕句》一卷、《崑崙題詠》二卷、《南陽碑傳集》十卷、《祖庭典錄》六卷、《石林遺事》三卷、《疏香閣遺錄》四卷、《說文籀文考證》二卷（未刊）、《說文籀文考證》一卷補遺一卷說籀一卷。

葉瀚　穀梁釋經重辭說　一卷　存

晚學廬叢稿本（稿本）

◎葉瀚（1861～1936），字浩吾。仁和（今浙江杭州餘杭區）人。葉瀾兄。
增廣生員，後赴上海格致書院學習。曾留學日本。歸國後為鄞縣馬海曙西賓，
為馬氏裕藻、衡、鑒諸兄弟課講。後與譚獻、錢恂、王詠霓、汪康年、夏曾佑、
黃體芳、黃紹箕等投湖廣總督張之洞，為湖北自強學堂教員。光緒二十一年
（1895）與汪康年在滬創辦《蒙學報》，光緒二十三年（1897）又發起成立「蒙
學公會」。光緒二十四年（1898）在滬創設速成教習學堂，入堂叔葉爾愷（時
任陝西學政提學使）幕。光緒二十六年（1900）在滬參加保皇活動。二十七年
（1901）任潯溪公學校務主任。二十八年（1902）與蔡元培、章太炎等發起成
立中國教育會，任教愛國女學、愛國學社。二十九年（1903）與蔡元培等人組
織對俄同志會，發行《俄事警聞》日報，積極參加拒俄運動。光緒三十一年
（1905），與蔡元培、杜亞泉等創辦理科通學所。民國後任北京大學歷史系教
授兼研究所國學門導師、北京大學國史編纂處纂輯股纂輯員。1923 年參加北
大考古學會。又曾創啟秀編譯局，任《中外日報》日文翻譯。生平可參其自傳
《塊餘生自記》。著有《穀梁釋經重辭說》、《揚雄方言存沒考》、《六藝通誼初
稿》、《老子學派考》、《龍門象種略考》、《靈素解剖學初稿》、《靈素解剖學》、
《中國通史》、《中國美術史》、《中國美術史定稿》、《中國學術史長編》、《中國
學術史》、《上古史殘》、《元史札記》、《元史講義》、《六藝偶見》、《孔子世家箋
注》、《晚學廬札記》、《織繡史札記》、《唐陶史札記》、《樂章集選》、《河南陝西
省造象叢錄》、《漢畫偶譚》、《國學研究》、《國學通論》、《晚學廬文稿》、《國學
研究法初稿》、《國學研究法》、《十二經脈考》、《秦敦考釋》、《中國學術史定稿》、
《文心雕龍私記》、《角工雕刻札記》、《靈樞解剖學述大旨》、《瓷史札記》、《四
川摩崖象》、《浙江四川直隸造象目叢錄》、《龍門有年月造象錄初稿》、《晚學廬
詩文稿》附《尺牘稿》、《常山貞石志造象目》、《墨斟注殘稿》、《墨守要義》、
《墨說要指》、《墨學派衍考證》、《墨辯釋詞擬目》、《墨辯釋要札記》、《墨辨斟
注初稿》、《墨辨斟注》、《墨經詁義》（初稿、定稿）、《墨子學術起源考》、《墨
子大誼考》、《中國美術史二編》、《塑壁殘影改定稿》、《本草綱目輯注札記》、
《湖北沔陽陸氏舊藏北齊造象考》、《浙江杭州西湖石屋洞摩崖象》、《晚學廬藏
碑象目存》、《碑石象目》、《尊聖論》、《文學初津》、《論格致理法綱要》、《一賜
樂業教碑跋》、《楊惠之塑象考》、《楊惠之塑象與鞏縣石窟禮佛圖》、《漢譯塑壁
殘影》、《山西壁畫七佛象題辭》、《清代地理學家傳略》、《初學宜讀諸書要略》、
《天文歌略》、《地學歌略》（與葉瀾合撰）、《西域帕米爾輿地考》、《滇省礦物

志略》等傳世。譯有日能勢榮《泰西教育史》、日山上萬次郎《新撰亞細亞洲大地志》、德布勒志《世界通史》、日橫山又次郎《地質學教科書》。著作多收錄於《晚學廬叢稿》。曾校《洛陽伽藍記》五卷。

葉煥章 春秋統舉刪 不分卷 存

浙江藏清懷冰山房抄本

◎葉煥章，著有《春秋統舉刪》不分卷。

葉蘭 春秋世族譜補鈔 一卷 存

國圖、北大、上海、濟南、青島、山西、石家莊、山東師範大學、陝西師範大學藏嘉慶五年（1800）東昌葉蘭葉氏書林自刻本（春秋世族譜附）

◎序：江南陳曙峯先生精於算術，所著《春秋長厤》十卷足補杜氏所未及。蓋杜氏以干支遞推，以閏月小建為之前後尚不免於遷就，實不及陳氏所推為密，宜其書見採中秘，為嗜古之士所爭購也。外此有《氏族譜》一書，原本《正義》，旁及他書，勾稽排纂，皎如列眉，尤稱精核。惜南北流傳甚尟，邇值聖天子崇尚經學，《春秋》詔改用《左氏傳》，承學之士皆知精研全傳。吾鄉馬宛斯先生《左傳事緯》一編，提要鈎元，足稱賅備，而《世系圖》刻在《繹史》首卷，春秋世族又無從稽考。若此編者，不尤為讀《左》之指南乎？亟捐貲刻成，用廣流布。至《補鈔》一卷，則蘭讀《左》之暇，隨筆纂輯，雖不足為原書補闕拾遺，似亦可資考證，或不至貽續貂之誚，敢以就正君子。嘉慶五年歲在上章涒灘閏四月，聊城後學葉蘭謹識。

◎葉蘭，字伯薌，號琪園。山東東昌（今聊城）人。乾隆五十一年（1786）舉人。偃蹇三十年始大挑江西知縣，歷署德安、新城、陝江、新餘等縣，補餘干縣，所在多有政績。著有《春秋世族譜補鈔》一卷。與葉瀚合著《地學歌略》。

葉令樹 六六麟史編 佚

◎嘉慶《寧國府志》卷二十《藝文志・書目》：《梅雪園雜著》、《六六麟史編》，並葉令樹著（涇縣）。

◎嘉慶《寧國府志》卷二十九《人物志・文苑》：所著有《桓城詩稿》、《蕉雨亭稿》、《梅雪園雜著》、《六六麟史編》、《亦偶然》等集。

◎葉令樹，原名耆，字伊氏。安徽寧國人。著有《六六麟史編》、《擴國史論》、《桓城詩稿》、《蕉雨亭稿》、《梅雪園雜著》、《亦偶然集》。

葉薪翹 春秋集解 二卷 佚

◎道光《桐城續修縣志》卷十六《人物志・文苑》：所為詩文多散佚，惟存《春秋集解》二卷。

◎葉薪翹，字肖巖。安徽桐城人。縣學生。潛心經史，與兄西及同邑胡承澤、周芬斗、周芬佩等討論古今。著有《春秋集解》二卷。

葉酉 春秋究遺 十六卷 存

浙江大學藏四庫本

清華藏乾隆江寧顧晴崖刻本

美國芝加哥大學、國圖、北大、上海、南京、蘇州、中科院、中山大學、臺灣大學藏乾隆桐城葉氏耕餘堂刻本

台灣商務印書館影印文淵閣四庫全書本

王雲五主編四庫全書珍本二集影印四庫全書本

◎目錄：卷一隱公。卷二桓公。卷三莊公上。卷四莊公下。卷五閔公。卷六僖公上。卷七僖公下。卷八文公。卷九宣公。卷十成公。卷十一襄公上。卷十二襄公下。卷十三昭公上。卷十四昭公下。卷十五定公。卷十六哀公。

◎卷前有《春秋總說》、《比例》一卷。

◎凡例：

一、《春秋》據事直書，註家只當以發明聖意為主。若逞其臆見，務為苛刻穿鑿之論，縱能引經据史，總屬節外生枝。先儒頗多此弊，不敢效尤。

一、聖經如書同盟、書公至、書歸、書入、書人之類，頭緒如亂絲，今悉為一一拈出。又恐散見各條下或難參考其異同，故每于開首一條下輒作一總案，覽者第將此總案理清，則其下皆迎刃而解矣。

一、凡禮制地名以及一切應加考訂之事，先儒具有成說。然于聖人筆削之義無與也，茲故略為疏解，無事嘵嘵。

一、《春秋》義例，有為眾人所共知者，輒隨筆為註數語于下。雖先儒成說，槩不標出，以本非特出手眼故也。

一、三傳誤信傳聞，有情理所必無之事，不得不為辨明。或先儒已有舊說，輒採入之。

一、凡事之緣起，有節錄《左氏傳》不增易一字者，則標一傳字于上。若傳文先後參錯，或頭緒繁多不能備載，只以數語括之者，則不標傳字。

　　一、吾師望溪先生《通論》皆發從前人所未發，其為功于經學甚大。惜先生精力全注于《三禮》之學，于《春秋》則大綱雖舉而節目未詳。今悉為綴緝完備，頗有與先生異同處，亦由先生先闢其門徑而承學之士特因其說而加審焉爾。若謂青出于藍，則吾豈敢。

　　一、《春秋比例》一編，鄙意欲補從來說是經者之所未備，蓋必理清頭緒而後可以斬斷葛藤。天下不乏好學深思之士，當不河漢余言。

　　◎戴震序：《春秋》一再傳，而筆削之意已失。故《傳》之存者三家，各自為例以明書法，不得《春秋》之書法者蓋多。何邵公、杜元凱諸人，徒據傳為本，名為治《春秋》，實治一傳，非治經也。唐啖、趙、陸氏而後，言《春秋》者一變。迨宋而廢例之說出，是為再變。桐城葉書山先生著《春秋究遺》一書，更約為比例數十條，列諸端首，考定書法之正，然後以知變例及異文、特文等，蓋盡去昔人穿鑿碎義，而還是經之終始本末。先生之為書也，有取於韓退之氏「獨抱遺經究終始」之言。震竊謂先生所得，在《春秋》書法之先。《春秋》所以難言者，聖人裁萬事，猶造化之於萬物，洪纖高下各有攸當，而一以貫之，條理精密，即在廣大平易中。讀《春秋》者，非大其心無以見夫道之大，非精其心無以察夫義之精。以故三家之傳而外，說是經至數千百家，其於《春秋》書法卒不得也。《春秋》，魯史也，有史法在。古策書之體，其例甚嚴，所以為禮義之防維而不敢苟，此則魯之史官守之。自魯公已來，行事有常經，魯史記書法不失者，君子以為不必修也。而修《春秋》自隱始，則王跡熄而諸侯僭樂壞禮，肆行征伐；諸侯之政又失，而大夫操其國柄。世變相尋，行事為史所不能書，於是書法淆亂，非有聖人之達於權，不知治變。是以《春秋》義例，不可與魯《史記》之例同條而論。而廢例之說，知其益疏矣。震嘗獲聞先生論讀書法曰：「學者莫病於株守舊聞而不復能造新意，莫病於好立異說，不深求之語言之間以至其精微之所存。夫精微之所存，非強著書邀名者所能至也。日用飲食之地，一動一言，好學者皆有以合於當然之則。循是而尚論古人，如身居其世，睹其事，然後聖人之情見乎詞者，可以吾之精心遇之。非好道之久、涵養之深，未易與於此。」先生之言若是，然則《春秋》書法以二千載不得者，先生獨能得之，在是也夫！時乾隆己卯孟冬，休寧戴震撰。

　　◎摘錄卷前《春秋比例》首云：《春秋》有一定之例，諸家之所以橫生異議隨處窒閡而不可通者，皆坐不知其例故耳，又多為三傳之例所誤。即如及者我所欲、會者外為志，此《公羊》書及盟與會盟之例也，彼蓋見隱公初年公即

位而欲求好于邾，故以及邾盟為我所欲；見戎請盟，故以公會戎于潛為外為志。然以下文公及戎盟于唐比之即不合矣，況如首止之盟書公及某某會王世子，一事也及與會並書，我所欲乎？外為志乎？又如國逆而立之曰入，復其位曰復歸，諸侯納之曰歸，以惡曰復入，此《左氏》書出奔歸入之例也。然昭公十三年楚公子比歸于楚，傳稱以蔡公之命召子干、子晳，則是國逆而立之矣，而經書歸，何說乎（杜註以陳蔡為解，穿鑿不可從）。至以惡曰復入，謬誤尤甚。彼其所以為此說者，特以欒盈、魚石書復入，故耳。抑思例必有文義可解，復字豈可作惡解乎？大夫返國例書歸、書入即為逆辭，不必書復入而始為以惡也。如鄭良霄出奔許，自許入于鄭，彼固入而欲為亂于國者，何嘗書復入乎？其他如稱人稱名稱官爵行次，皆有一定之例。例當稱人稱名者則稱人稱名，例當稱官爵行次者則稱官爵行次，聖人豈有所容心于其際哉？今概以褒貶求之，至以洩冶之忠亦以稱名，而謂非《春秋》之所貴，此皆所謂不知其例也者。然經文明白簡易，細繹之其例皆顯然可見。諸家顧為此紛紛者，蓋《春秋》雖有一定之例，而隨事立文，往往不可以一例拘。彼見聖人之不可以一例拘也，求其故而不得，于是反并其例之顯然可見者，胥以不拘乎例者亂之，而疑為筆削之義之所存。夫《春秋》之義，聖人之所謙言竊取者也，而其文則史，史之例，文也，非義也。然欲明《春秋》之義者，要當即一定之例求之，蓋義必得其間而後有可致吾思之處。間不生于同而生于異，惟明乎一定之例，而于其彼此異同之間有所據以相印，而其間乃出。既得其間，由是沈潛反覆融會貫通，覺千端萬緒皆有天造地設之妙，斯筆削之義因文以見，而一切支離附會之論自無所容其喙矣。例凡若干條，每一條下各有其文之不合例者若干條，爰彙為《春秋比例》一編弁諸首。

　　◎提要：是編多宗其師方苞《春秋通論》，而亦稍有從違。其曰「究遺」者，蓋用韓昌黎《贈盧仝詩》「《春秋三傳》束高閣，獨抱遺經究終始」語也。於《胡傳》苛刻之說及《公》《穀》附會之例芟除殆盡，於《左氏》亦多所糾正，乃往往併其事迹疑之。如開卷之仲子，謂惠公違禮再娶，以嫡禮聘之可也。酉必據此謂諸侯可再娶，則衛莊公於莊姜見在，復娶於陳；陳之厲媯有娣，戴媯其正名為嫡可知，亦將據以為諸侯之禮可以建兩嫡乎？又謂仲子之宮立所當立，故書考而不書立，是據何禮典也？郎之戰距桓公之立已十年，酉乃謂三國來討弑隱公之罪。《左傳》周班後鄭之說為誣，鄑季姬之事《左氏》以為歸寧見止，於事理稍近；《公羊》以為使自擇配，已屬難據。乃斷為季姬已許鄑

子而僖公悔婚，故季姬義不改適，私會鄫子。文公十二年之子叔姬與十四年之子叔姬，酉以為孿生之女，已屬臆度。又以齊人所執之子叔姬為舍之妻，傳誤以為舍之母。又以宣公五年齊高子所娶之子叔姬，即此妻舍之子叔姬，並非兩人。輾轉牽合，總以叔之一字不容有兩生意。不知女笄而字，不過伯仲叔季四文，益以庶長之孟亦不過五。設生六女，何以字之？是知未笄以前用名為別，既笄而字字不妨複，因此而駁傳文，未免橫生枝節。莒人滅鄫，傳言恃賂，酉以為襄公五年鄫已不屬魯，傳為失實。而下文季孫宿如晉，又引傳「晉以鄫故來討，曰：何故亡鄫」之語，使鄫不屬魯，其亡與魯何關？亦為矛盾。他如王不稱天、桓無王之說，因仍舊文不能改正。而以趙岐《孟子註》「曹交，曹君之弟」語證《左傳》哀公八年宋人滅曹之誤，更為倒置。然大致準情度理，得經意者為多。其《比例》中所謂變例、特文、隱文、缺文之說，亦較諸家之例為有條理。他若據《漢地理志》辨戎伐凡伯之楚丘非衛地、據《史記》夷姜為衛宣夫人非烝父妾、據宣公五年經書「春王正月郊牛之口傷改卜牛牛死乃不郊」辨魯不止僭祈穀之郊，如斯之類，亦時有考証。統核全書，瑕固不掩其瑜也。

◎道光《續修桐城縣志》卷第十五《人物志》：自幼好學，老而彌篤。著有《春秋究遺》《詩經拾遺》《易經補義》行世。《春秋究遺》採入《四庫全書》。

◎道光《續修桐城縣志》卷第二十一《藝文志・春秋類》：《春秋究遺》十六卷（葉酉撰。《四庫全書》著錄）。

◎趙爾巽《清史稿》卷一百四十五志一百二十《藝文》一：《春秋究遺》十六卷，葉酉撰。

◎劉聲木《桐城文學撰述考》卷一「葉酉撰述」：《春秋究遺》十六卷《總說》一卷《比例》一卷、《易經補義》十二卷《雜記》一卷。

◎葉酉，字書山，號花南。安徽桐城人。少不喜為科舉文。家貧，嘗為童子師。志行堅確，不妄與人交。讀書奮發，雖雪夜不輟。乾隆元年（1736）由國子生薦舉博學鴻詞。四年（1739）成進士，改翰林院庶吉士。歷提督湖南學政，洊陞至左春坊左庶子。邃於經學，嘗主講鍾山書院十餘年。著有《讀易雜記》一卷、《易經補義》十二卷、《詩經拾遺》十三卷、《春秋究遺》十六卷。

遺史氏輯 春秋三傳講義 存

文聽閣圖書有限公司 2008 年民國時期經學叢書第三輯影印本

佚名 春秋單合撮要 二卷 存

復旦藏清抄本

佚名 春秋公羊解 存

中江縣藏光緒十六年（1890）船山書局刻本

佚名 春秋公羊經例比 六卷 存

美國芝加哥大學藏稿本

佚名 春秋合纂大成 十六卷 存

連雲港市博物館藏光緒石印五經合纂大成本

◎目錄：卷一隱公（十一年）。卷二桓公（十八年）。卷三莊公（三十二年）。卷四閔公（二年）。卷五僖公（元年至十五年）。卷六僖公（十六年至三十三年）。卷七文公（十八年）。卷八宣公（十八年）。卷九成公（十八年）。卷十襄公（元年至二十年）。卷十一襄公（二十一年至三十一年）。卷十二昭公（元年至十年）。卷十三昭公（十一年至二十一年）。卷十四昭公（二十二年至三十三年）。卷十五定公（十五年）。卷十六哀公（二十七年）。

佚名 春秋三傳 十六卷 卷首一卷 存

國圖藏嘉慶十年（1805）刻本（存九卷：一至九）

國圖藏同治三年（1864）浙江撫署刻鮑氏輯四書五經九種本（附陸氏三傳釋文音義十六卷）

復旦藏光緒二年（1876）衡陽魏氏刻本

佚名 春秋三傳合編 二十五卷 存

國圖藏清末至民國黃格抄本

佚名 春秋三傳異同 佚

◎光緒《湖南通志》卷二百四十六《藝文志》二：《春秋三傳異同》《左傳箋注》，武陵亡名氏撰（《縣志》）。

佚名 春秋體注 十二卷 存

光緒鴻寶齋石印本

◎目錄：卷一隱公。卷二桓公。卷三莊公。卷四閔公。卷五僖公。卷六文公。卷七宣公。卷八成公。卷九襄公。卷又九襄公。卷十昭公。卷又十昭公。卷十一定公。卷十二哀公。

◎牌記：東郡樂善堂銅刻藏版記。

佚名 春秋體注刪本 六卷 存

鈔稿本

佚名 春秋緯史傳說 四十卷 未見

◎項士元編《寒石草堂所藏台州書目》：《春秋緯史傳說》四十卷（前人。排印本）。

佚名 春秋源流 不分卷 存

香港中文大學藏光緒抄本
◎附雜錄一卷。

佚名 春秋左氏古義補證長編 存

國圖藏清末至民國抄本

佚名 春秋左傳地名疏證 存

國圖藏清抄本（書內有「紹基案云」、朱筆校改及丁福保識語）
國家圖書館出版社 2012 年宋志英選編左傳研究文獻輯刊影印清抄本

佚名 春秋左傳讀本 十七卷 存

香港中大、廣東社科院（朱次琦批校）藏嘉慶元年（1796）粵省西湖街法坤宏刻本

佚名 春秋左傳節文 存

清刻本

佚名 讀春秋札記 不分卷 存

國圖藏清末抄本

佚名 讀左筆記 不分卷 存

平湖藏清抄本

佚名 分國春秋左傳 不分卷 存

湖南藏清抄本

佚名 皋蘭課業經訓約編春秋左傳 二卷 存

清刻本

◎前有《左傳輯論》。

佚名 公羊穀梁傳節本 存

國圖藏清末至民國抄本

佚名 公羊經傳校偽 十一卷 存

國圖藏清末至民國抄本

佚名 穀梁經傳校偽 十卷 存

國圖藏清末至民國抄本

佚名 國語公羊穀梁選輯 存

首都圖書館藏清末民國朱絲欄抄本

佚名 皇清左傳解 二十七卷 存

金陵藏光緒十六年（1890）刻本（缺四卷：二十、二十二至二十四）

佚名 陸氏三傳釋文音義 十六卷 存

國圖藏同治三年（1864）浙江撫署刻鮑氏輯四書五經九種春秋三傳十六卷
卷首一卷附本

佚名 摘左繡 一卷 存

紹興藏清抄本

佚名 左氏經傳校偽 三十卷 存

國圖藏清末至民國抄本

佚名 左傳 一卷 存

　　江蘇師範大學藏清春暉樓主抄本

佚名 左傳分國 不分卷 存

　　國圖藏清末民國初抄本

　　首都圖書館藏清末怡古堂抄本

　　寧波藏清抄本

佚名 左傳分國約鈔 不分卷 存

　　寧波藏光緒三十三年（1907）毅庵抄本

佚名 左傳分類備查 不分卷 存

　　嘉善縣藏清抄本

佚名 左傳箋注 佚

　　◎光緒《湖南通志》卷二百四十六《藝文志》二：《春秋三傳異同》《左傳箋注》，武陵亡名氏撰（《縣志》）。

佚名 左傳群解彙編 十一卷 存

　　光緒十六年（1890）湖南船山書局刻皇清經解依經分訂十六種本

　　國家圖書館出版社 2012 年宋志英選編左傳研究文獻輯刊影印光緒十六年（1890）湖南船山書局刻皇清經解依經分訂十六種本

佚名鈔 夜看春秋 存

　　國圖藏清抄本

佚名輯 春秋 十六卷 首一卷 存

　　國圖藏嘉慶十年（1805）揚州鮑氏樗園刻五經四書讀本本

□富 春秋釋義未定草 不分卷 存

　　北大藏清抄本

□淲 春秋比事屬辭 佚

　　◎儲大文《存硯樓二集》卷二十四《康甫先生傳》：自宋楊文靖公僑梁溪

後建道南祠，至明萬曆而東林肄業士特盛。當是時，顧端文公倡之，高忠憲公、福建道御史起莘錢公一本和之，一時從遊士惟吳素衣、鄒經畬、華鳳起、馬素修、吳巒稗諸先正雅為篤愨，餘亦多以講學博名高。若予邑則官林康甫先生，時尊理學真儒，其載於《通志》《邶縣志》暨《洛閩源流錄》諸書，今可覈也。先生名澐，康甫其字，一字剛父，又別號恕行。守耕公叔子。少工制，展四書靜對，有獨解輒疾書之，頃刻就。補郡博士弟子，北渠大理小卿嚴所吳公、亮學士復菴公子海寓士多從游，家課率贏數百人，胥一時髦俊，先生試輒冠其曹。嚴所公逐定賓主交。郡倅祝公、知武進縣晏公以文名，而祝公又繇臺垣左遷，胥拔公第一。會公佚科舉，學政檄祝公推錄遺卷，而晏公行聘府尹試同考，投小簡於先生。先生曰：「烈士豈緣人熟哉？」遂不試，後二公胥悵惜而彌重之。起莘錢公講道毘陵，尤精研易像象學，聞先生名，肅諸塾為諸子師，互砥河南范陽、郿、崇安遺書之奧窔，先生遂輟科舉業不復講。後數期念母吳孺人春秋高，歸築室侍養且數十年。吳孺人年九十有二迺卒，而先生亦年六十矣，居喪範禮，三年不入內。或憂先生嗣迄不克立，而不少眩也。先生學邃於易，日懸先天圖靜對之，有所筮輒驗。尤深《春秋》抉微摘伏，而不為啖、趙氏之鑿。著《易疑》《春秋比事屬辭》暨《四書精義》諸編。先生嘗語人曰：「吾初從錢先生郡城，嗜靜業，會戚屬訟，劇援數月，予口雖不賣言，心竊鄙之。夜漏下，率不克寐。一日讀性理至『天地混闢，一氣太息』，倏有悟，而塊壘胥釋，繇是覺人我無間，處喧不亂矣。」梁溪素衣吳先生桂森、東林前輩吏部員外郎鳳超華公允誠為高忠憲公入門弟子，以節著，時詣先生寓館，輒靜坐互對無一語，閒談其談經義者什率一二焉。先生誨從游士禮甚肅，會稽吏垣格非、章公正宸嘗授經邑曹氏，朝聞先生說，夕即執弟子禮，侍杖履者終其身。後格非公風節尤著，蓋嘗劾中朝、建極相者也。先生授經郡城，達者滋眾，後率不復詣。學政鄒公遊從尤久，中式來謁，拜坐受之，亦竟不復見云。先生晚而氣彌醇、操彌峻，鍵戶著書，烈暑沍寒不少間，非朔望拜宗祠率不出。里黨望之胥加禮，而為不善者亦惟懼之或先生之或知也。山陰安撫祁忠壯公彪佳，偕格非章公同里，雅肅風紀，嘗以巡按御史洎邑旌先生曰「理學真儒」，且求見並著書。先生以微疾力辭，訖不往，時崇徵甲戌也。越二年丙子而先生逐易簀以卒矣，距生隆慶己巳年六十有八。先生再娶於宋，武進新塘鄉世族，胥有婦德。先生訖無子，以仲兄充宇公仲子仲和公嗣。增廣廷璧公嘗傳先生曰：「當講學時，邑人專精舉業，從者不甚眾。」大文謹按邑宋元後先正以理學名、名理學儒而克真者，

道通周先生、孚齋王先生暨近日世謂湯先生，偕先生而四，宜肅祀曰「四賢祠」，而道南書院之克肅主暨否可罔斁。大文謹贊曰：史有《儒林傳》，至宋史又有《理學傳》，《儒林》《理學》析而為二，蓋自元揭、歐陽諸公始也。予郡素修、彎稗二先生尤研精科舉業，而理學實真不然。雖龍溪、近溪諸學徒業多踰閑檢，而明季之假靈霽螺江名以利宦途而執朝權者相屬也。忠壯公旌先生曰「理學」，又曰「真儒」，其旨斁矣。大文又按明理學之克真者多繇靜業，雖近日容城、鼇屋亦然，是故學必斁真偽，而後於真者斁異同，不然，是匪儒也，奚其斁？！

易本烺 春秋楚地答問 一卷 存

西南大學藏、重慶藏光緒十七年（1891）三餘草堂刻趙尚輔輯湖北叢書本

商務印書館 1936 年叢書集成初編排印光緒十七年（1891）三餘草堂刻趙尚輔輯湖北叢書本

◎甘鵬雲等《湖北文徵》卷十：著有《一粟齋文鈔》、《紙園筆記》、《春秋楚地答問》。

◎易本烺（？～1864，或謂？～1872），字眉生（孫）。湖北京山人。易大醇次子。道光五年（1825）拔貢、十五年（1835）舉人。後屢薦不第，遂專意纂述。著有《易解噬通》一卷、《周易說》一卷、《毛詩說》一卷、《識字璵言》四卷、《字辨證篆》十七卷、《姓觿刊誤》一卷、《禮儀節次圖》九卷、《春秋人譜》十三卷、《春秋地譜》一卷、《讀左劄記》七卷、《春秋楚地答問》一卷、《雜字雅證》一卷、《字體蒙述》一卷、《字孳補》二卷、《伸古音表分配入聲之說》一卷、《識字二言》四卷、《一粟齋雜著》四卷、《千文姓氏》一卷、《伸顧》一卷、《常譚搜》一卷、《習見搜》四卷、《三國職官記》七卷、《三國志職官記自序》一卷、《雲杜故事》二卷、《一粟齋文鈔》一卷、《詩文別外採集》一卷、《唐人詠郢詩抄》一卷、《紙園筆記》三十一卷、《易氏吟詠集》一卷，編有《易履泰年譜》。

易本烺 春秋地譜 一卷 未見

易本烺 春秋人譜 十三卷 未見

◎上海古籍出版社 2015 年《續修四庫全書總目提要・小學類》「《字辨證篆》十七卷」：勤於治學，著述甚豐。更著有《儀禮節次圖》、《春秋人譜》、《讀左劄記》、《雜字雅正》、《千文姓氏》、《春秋楚地答問》等。

易本烺 讀左劄記 六卷 存

中科院藏紙園叢書本（清抄本）

◎上海古籍出版社 2015 年《續修四庫全書總目提要・小學類》「《字辨證篆》十七卷」：勤於治學，著述甚豐。更著有《儀禮節次圖》、《春秋人譜》、《讀左劄記》、《雜字雅正》、《千文姓氏》、《春秋楚地答問》等。

易大樅 讀左說 佚

◎易大樅，湖北京山人。易履泰〔註50〕次子。以貢生出任贛州府通判。著有《尚書管窺》、《讀左說》、《活水塘詩文集》、《鹿洞話餘》、《累充鈴》。

易良俶 春秋撮要 存

湖南藏清抄本（存一冊）

◎易良俶，字戴南，號屏山。湖南黔陽人。嘉慶十五年（1810）進士。歷任盧氏、孟縣知縣，鄧州知州。著有《三禮考》、《春秋撮要》、《大學中庸講義》、《鄉黨考》、《草木山海切要》、《中州風俗說》、《孟縣水道圖說》、《屏山文集》。

易軾 春秋匯參 佚

◎同治《雩都縣志》卷十六《經籍志》：著有《易經心解》《禮記周禮辨義》《書經折衷》《詩經釋義》《春秋匯參》。

◎易軾，字煥堯，號蘇湖。江西雩都南關廂人。乾隆三十六年（1771）舉人，五十二年（1787）大挑二等，歷署新城、金谿、武寧、上猶、九江府學教職，補彭澤訓導。篤志好學，沉潛經史，獨具見解。著有《易經心解》、《書經折衷》、《詩經釋義》、《禮記周禮辨義》、《春秋匯參》。

殷元正輯 春秋孔演圖 一卷 存

清觀我生齋抄緯書本

◎陸明睿增訂。

◎殷元正，字立卿。華亭（今上海松江）人。布衣。輯有《緯書》（一名

〔註50〕易履泰（1727～1805），字旋吉，號眉川。乾隆二十五年（1760）舉人。任石壇教諭、均州學正、漢陽府教授、廣東廣寧知縣。著有《周易指掌》、《尚書闡義》、《熊劉詩集》、《萬松詩集》、《孝子潭記》。

《集緯》）十六卷。

尹調元 讀左隨筆 四卷 存

湖北藏光緒三十年（1904）刻本

◎尹調元，字大鵬，號雲九。湖北天門嶽口人。光緒五年（1879）舉人。光緒十二年（1886）考授兩榜明通，後授雲南省江川縣令，後調祿豐。三十一年（1905）再調祿勸，整頓秀屏書院，後以年老歸鄉。著有《讀左隨筆》四卷、《弧左集》二卷、《尺鴻詩稿》不分卷。

胤禮點定 春秋左傳 十七卷 存

哈佛大學藏雍正十三年（1735）果親王府四色套印刻本

線裝書局 2020 年何俊主編左傳評注文獻輯刊影印雍正十三年（1735）果親王府四色套印刻本

◎目錄：果親王序。卷一隱公。卷二桓公。卷三莊公。卷四閔公。卷五、卷六僖公。卷七文公。卷八宣公。卷九成公。卷十、卷十一襄公。卷十二至卷十四昭公。卷十五定公。卷十六、卷十七哀公。

◎春秋左傳序：三傳之文，皆後之作者所不可及也。按以經義，則《公》《穀》之合者為多，而《左氏》所載事物之變尤備，蘊義閎深，故自古以為經世之文，有專治此書而達於政事、威懾鄰敵者。余少讀而好之，雖事之殷，少有餘晷未嘗不翻覆而流連也。余於古書，常專誦本文而別考其訓釋，蓋以方誦其文選考其釋，則意有所間，而一篇之神理會於吾心者不全。杜氏之注尚矣，然訓釋典故而辭未別白，及失其事與言之本指者，十猶二三。近世學者苦孔疏之繁，猥以宋林氏之說合焉。不知林氏所見尤狹陋，其當者蓋無幾，不若孔疏猶能通杜氏之意而貫一事之始終，使學者有所開解也。其疑義見於羣書及並世人所考訂，頗有能補注疏所不逮者。余嘗欲會萃增損，別為集注而無暇也。乃先刻經傳本文以便把玩，而略加點定，以三色別之，使學者辨其辭義之精深、敘事之奇變及脈絡之相灌輸者，要以資於文事而已。至於究事物之變而深探其義以濟於寔用，則觀者各自得焉，固無俟余言也。雍正十三年乙卯夏五月，和碩果親王識并書。

◎胤禮，一作允禮，滿洲愛新覺羅氏。康熙帝十七子。善書畫丹青，室號春和堂、靜遠齋。嘗點定《春秋左傳》十七卷。

應撝謙 春秋集解 十二卷 存

國圖藏清抄本

◎受業凌嘉應校補。

◎春秋集解序：子曰：「我欲載之空言，不如見諸行事之深切著明也」，蓋謨誥之所陳者言也，《春秋》之所紀者事也。又曰：「知我者其惟《春秋》乎？罪我者其惟《春秋》乎？」蓋知我者知其行天道以正王法，罪我者罪其以匹夫而貶天子也。胡氏安國曰：「《春秋》以天自處」，旨哉言乎！惟其以天自處，故上秉天命之中，下託庶人之議，以是非見萬世之公，則王有時而不稱天；以冠日復辨人紀之分，則王人雖微，必序諸侯之上。諸侯見貶亦書人，四裔雖大皆曰子，然其爵命所仍，皆稟時王，非所謂賞罰之事也。而後儒或謂《春秋》擅王削爵，是以聖人為妄人也。又其傳世久遠，如比月日蝕，顯見謬誤。其他闕簡，豈能一字無訛？而先儒拘于一辭莫贊之言，過為穿鑿，附會支離，不知立乎定哀以指隱桓，隱桓之時遠矣。況於百世以後，每事推求，不亦難乎！子曰：「吾猶及史之闕文也」，又曰：「知之為知之，不知為不知，是知也」，曾子曰：「夫子之道，忠恕而已矣」，雖曰《春秋》聖人之刑書，然其筆削所存，宜原忠恕，疑義所在，必當蓋闕。書日不書日，言至不言至，或承舊史原文，聖人不能增減。狄秦代晉之類，或一二為先儒脫落，後人未可臆推。取其大義之垂，昭如日星；略其微文之誤，以杜妄濫，其亦可也。胡氏辭嚴意暢，折中三傳，十得六七。至于弒逆大事，謂聖人諱中國而不書；一王時制，謂聖人以夏時冠周月。此則大義悉乖，不容無辨。蔡景書彝徧刺諸侯，宣「大有年」亦稱紀異，此則立法過苛，未為平允。若或風為僖公之成風、盜為齊豹之盜，此則故為深文，欺巧反拙。魯女未嫁，遠會諸侯；莒人進甥，遂稱滅鄫。此則過信無稽，失實近誣。謂單伯為吾魯命大夫，何以相去八十年仍是一人？謂命大夫例稱字，何以二百四十年而止有三人？滕侯來朝，以黨惡而降為子；薛侯亦來朝，何以罪輕而但降為伯？魯僖代邾為母家報怨，而書取須句；宋元亦代邾，何以無罪而不書取蟲？他如去秋冬為失刑，致夫人為立母；尹氏之卒，王朝有無名之卿；桓侯之彝，蔡季蒙不虞之譽。凡所難通，未易悉數。用是詳考前說，務使衡平。庶几至聖之情復昭千載之下，蓋不敢不慎也。錢塘應撝謙序。

◎摘錄卷首：

撝謙按孔子如此記載褒貶其功其罪，天地不違，鬼神無疑也。

人讀聖人之書，大率不以人情窺聖人，故不見聖人之意。如文定著《春秋

傳》，開卷謂以夏時冠周月，謂周只是冬王正月，而孔子改冬為春，譬如今世稱冬十一月，而有人著國史，竟書春十一月，豈不可駭？以此推之，凡聖人之書，只以人情平看，自然可曉。

◎摘錄卷末云：《春秋集解》嘉印較錄既畢，竊以管窺之見為之說曰：夫子考訂六經，惟《易》之十翼與《春秋》為聖筆親著之文。數千年來，先儒次第表章。至我師潛齋應子，積學數十年，諸經復加補註，于此二經尤詳，而皆名曰《集解》，良以性道難聞，筆削難贊，書不盡言言不盡意，欲抉聖經之精蘊，非聚眾見以折衷定說不可也。庚戌十月，嘉印年四十始從師遊。至歲庚申乃以《易解》命印較錄。于時質疑問難，開示多方，一得之愚，間蒙採擇，今《易解》已梓行矣（惟《易學圖說》囑嘉印錄副本藏之，尚未行世）。癸亥，師即世。越七年庚午，印始得《春秋集解》閱之。見其仍《胡傳》者十之六，旁採諸說辨論者十之四，知非應子好為異同也，蓋以是為聖人刑書，期于明允而已（詳見本序○《胡傳》或于微罪而責之太重，或于小善而予之過優）。嘉印復得《五傳平文》（秀初張氏輯）、《大全》諸書糸較訛闕，逐為訂補，別有所疑及一二臆見，惜不逮先師存日如《易解》之面叩，祇附識于後以質高明。其于卷首總論後補錄論例三則者，亦遵朱子所謂「傳例多不可拘」之說也。學者第按三傳事實擇其可信者從之，虛心平氣以繹經文，勿太泥辭之同異，則其中輕重等差當自見爾。嗚呼！大《易》性命微旨，《春秋》名分大防，聖人體天道以成，經師復體聖心而集傳，無論其他著述，即此羽翼二經昭昭宇宙間，厥功亦懋哉！錢塘門人嘉印謹識。

◎提要：是書節錄三傳及胡安國《傳》，參證諸家之說而以己意折衷之。

◎《學春秋隨筆》所附鄭梁《跋翁傳》：應嗣寅，武林老儒，宿負經學，遇翁談經，則頤解心折。

◎《浙江採集遺書總錄·乙集·經部·春秋類》：《春秋集解》十二卷（開萬樓寫本），右國朝應撝謙撰。亦取各家說而以己意參訂者。前有總論，後列《校補緒餘》、《提要補遺》二種。

◎萬斯大《學春秋隨筆》所附萬經《先考充宗府君行狀》：應嗣寅先生（撝謙）高風苦節，少所許可，與先君論經學辨難最多，雖不盡同，然實為先生所嚴憚焉。

◎馮景《解春集文鈔》卷十二《應處士傳》：所著有《孝經語孟集注拾遺》、《周易／春秋集解》、《書傳拾遺》、《詩傳翼》、《三禮彙編》、《古樂書》、《性理

大中》、《教養全書》、《考亭集要》、《潛齋文集》若干卷藏於家。處士尤精易，晚年遇元旦必卜。

◎彭紹升《二林居集》卷十九《儒行述》：所著書甚具，多宗朱子，亦間出新義。弟子凌印嘉、沈士則、姚宏任傳其學（《全謝山集》）。

◎趙爾巽《清史稿》卷一百四十五志一百二十《藝文》一：《春秋集解》十二卷、《校補春秋集解緒餘》一卷、《春秋提要補遺》一卷，應撝謙撰。

◎應撝謙（1615～1683），字嗣寅，號潛齋。仁和（今浙江杭州）人。潛心理學，躬行實踐，與錢塘虞紛、蔣志春等組織狷社，授徒講學。康熙十七年（1678），詔徵博學鴻儒，稱疾辭。著有《周易應氏集解》十三卷、《詩傳翼》、《書傳拾遺》、《三禮彙編》、《春秋集解》十二卷、《春秋提要補遺》一卷、《春秋傳考》、《較補春秋集解緒餘》一卷、《三禮彙編》、《禮樂彙編》、《古樂書》、《語孟拾遺》、《學庸本義》、《孝經辨定》、《孝經集注拾遺》、《性理大中》、《幼學蒙養篇》、《朱子集要》（一名《考亭集要》）、《教養全書》、《潛齋文集》。

應撝謙 春秋提要補遺 一卷 佚

◎提要：《春秋提要補遺》一卷，如軍賦、祭祀等事分門類紀，不書撝謙姓氏，當亦嘉印所著歟？！

◎秦瀛《己未詞科錄》卷五：

應撝謙字嗣寅，號潛齋。浙江錢塘人。諸生。著有《周易應氏集解》十三卷、《詩傳翼》十二卷、《禮學彙編》七十卷、《春秋集解》十二卷附《校補春秋集解緒餘》一卷、《春秋提要補遺》一卷、《古樂書》二卷、《禮樂彙編》四十卷、《論孟拾遺》十二卷、《學庸本義》四卷、《孝經辨定》四卷、《幼學養蒙編》二十卷、《朱子集要》三卷、《性理大中》二十八卷、《教養全書》四十一卷、《潛齋文集》二十卷。

撝謙字嗣寅，錢塘人。康熙己未嘗舉博學鴻詞。是書朱彝尊《經義考》作十七卷，此本僅十三卷，然首尾完具，不似有所脫佚，或彝尊偶誤耶（節錄《四庫書目・周易應氏集解提要》）。

是書節錄三傳及胡安國《傳》，參證諸家之說而以己意折衷之。前有自序，末附《校補春秋集解緒餘》一卷，則其門人錢塘凌嘉邵所補輯也。凡撝謙之說稱曰「應氏」，而嘉邵之說則退一格以別之，皆摘論經中疑義。又附《春秋提要補遺》一卷，如軍賦、祭祀等事，分門類紀，不書撝謙姓氏，當亦嘉邵所著歟（節錄《四庫書目・春秋集解提要》）。

應撝謙字嗣寅，仁和人。為諸生。殫心理學，窮極底蘊。家貧甚，環堵蕭然。而弟子日益進，立教惟以躬行實踐為主。其學以不自欺為持身涉世之本，於六經多所發明。尤精於易，嘗病世儒言易失之穿鑿。歿後巡撫河陽趙士麟刻其《性理》、儀封張伯行刻其《潛齋文集》行於世（《浙江通志》）。

先生字嗣寅，學者稱為潛齋先生。父尚倫故孝子。先生之生也，有文在其手曰「八卦」，左重耳，右重瞳，少即以斯道為己任，于遺經皆實踐而力行之，不以勦說。一筵一席，罔不整肅。所居僅足蔽風雨，簞瓢屢空，恬如也。戊午，合肥李公天馥閣學、同里項公景襄以大科薦先生，輿床以告有司曰：「撝謙非敢卻聘，實病不能行耳。」俄而范公承謨繼至，又欲薦之，先生遂稱廢疾。同里姜御史圖南以視薐歸，于故舊皆有饋，嘗再至，先生不受。所著書二十有八種，其大者：《周易集解》《詩傳翼》《書傳拾遺》《春秋傳考》《禮樂彙編》《古樂書》《論孟拾遺》《學庸本義》《孝經辨定》《性理大中》《幼學蒙養編》《朱子集要》《教養全錄》《潛齋集》共若干卷。卒年六十有九（《鮚埼亭集・墓志》）。

先生講洛閩之學，於《易》《書》《詩》《禮》《樂》《春秋》《孝經》《論》《孟》《學》《庸》各有著說。踐履篤實，杭人稱為應先生。少時同學欲試其所守，藏妓館舍，夜醉先生而歸之，先生雜誦達旦，卒不動，其早歲操行已如此（李遇孫《鶴微錄續補》）。

瀛按〔註51〕：先生為李公天馥、項公景襄所薦，與先宮諭同舉。王子禮璧、禮琮游陸稼書先生之門，亦有學。

◎趙爾巽《清史稿》卷一百四十五志一百二十《藝文》一：《春秋集解》十二卷、《校補春秋集解緒餘》一卷、《春秋提要補遺》一卷，應撝謙撰。

應撝謙　春秋傳考　佚

◎田佽《歷代儒學存真錄》卷十：素不喜陸王之學，所著書二十有八種。其大者：《周易集解》、《詩傳翼》、《書傳拾遺》、《春秋傳考》、《禮樂彙編》、《古樂書》、《論孟拾遺》、《學庸本義》、《孝經辨定》、《性理大中》、《幼學蒙養篇》、《朱子集要》、《教養全錄》、《潛齋集》共若干卷，見先生文集。

應撝謙　較補春秋集解緒餘〔註52〕一卷　存

國圖藏清抄本

〔註51〕周按：此段原低兩格。
〔註52〕或著錄作凌嘉印《校補春秋集解緒餘》一卷。

◎卷首云：較補春秋集解緒餘（凡不書姓氏，更低一字者，皆屬嘉印鄙見）。

應子：論義理，公羊、穀梁時有精處，然二人皆不見國史傳，事多訛謬。而《左傳》之於諸國史記詳矣，而諸儒乃不信其紀事，而多從臆說，吾未見其可也。

或問〔註53〕：應子錄經文，或從《左》，或從《公》，或從《穀》，何也？嘉印曰：三傳經文皆有所傳授，應子錄其可信者，所謂擇其善者而從之，是也。

◎提要：《校補春秋集解緒餘》一卷，則其門人錢塘凌嘉印所補輯也。凡撝謙之說稱曰「應氏」，而嘉印之說則退一格以別之。皆摘論經中疑義。

◎趙爾巽《清史稿》卷一百四十五志一百二十《藝文》一：《春秋集解》十二卷、《校補春秋集解緒餘》一卷、《春秋提要補遺》一卷，應撝謙撰。

應麟 春秋膡義 二卷 存

上海藏清抄本

乾隆十六年（1751）宜黃應氏刻屏山草堂稿本

◎目錄：

卷上：隱公：春王正月、鄭伯克段於鄢、祭伯來、武氏子來求賻、取長葛、戎伐凡伯于楚丘以歸、三月癸酉大雨震電庚辰大雨雪、取郜取防。桓公：鄭伯以璧假許田、及其大夫孔父、有年、大閱、射姑來朝、祭季自陳歸于蔡、公夢于齊。莊公：紀侯大去其國、齊人來歸衛俘、戰于乾時敗績、公會齊侯盟于柯、丹桓公楹刻桓公桷、城諸及防、齊侯來獻戎捷。閔公：齊仲孫來。僖公：獲莒挐、夫人氏之喪至自齊、徐人取舒、侵蔡遂伐楚、會首止、盟于洮、盟葵丘、殺奚齊、盟于齊、盟于鹿上、戰于泓、公子遂如楚乞師、戰于城濮、楚殺其大夫得臣、盟于踐土、天王狩于河陽。

卷下：文公：晉侯伐衛、楚世子商臣弒其君頵、躋僖公、猶朝于廟、盟于暴、公孫敖如京師不至而復丙戌奔莒、齊人執單伯齊人執子叔姬、齊人歸公孫敖之喪、齊侯侵我西鄙。宣公：晉趙盾弒其君夷皋、壬午猶繹、初稅畝、大有年。成公：新宮災、晉侯使荀庚來聘衛侯使孫良夫來聘丙午及荀庚盟丁未及孫良夫盟、鄭伯伐許、晉侯使韓穿來言汶陽之田歸之于齊、公如晉、晉侯使郤錡來乞師、公至自伐秦、雨木冰、晉弒其君州蒲。襄公：城虎牢、作三軍。季孫宿帥師救台遂入鄆、會吳于向、戊寅大夫盟、邾庶其以漆閭丘來奔、晉人殺欒

〔註53〕此段原低一格。

盈、齊崔杼弒其君光、公如楚、春王正月公在楚。昭公：會于申、叔弓會楚子于陳、癸酉有事于武宮籥入叔弓卒去樂卒事、許世子止弒其君買。定公：立煬宮、墮郈墮費圍成。哀公：齊陽生入于齊齊陳乞弒其君荼、用田賦、西狩獲麟。

◎自序：《春秋》之有剩義，惟其義之大也。義大故非一人之見所及窺，亦非一端之說所能盡。《春秋》自四傳外，為之說者無慮數十家，而此數十家者，非必勦竊於四傳之說，而亦足以曲暢夫《春秋》之義。則《春秋》之義之大，《左氏》《公》《穀》尚不能盡，而以俟後之人，後之人豈能不留其有餘不盡以俟無窮者耶？甚哉義之大也。

◎提要：是編亦摘經文標題而各為之說。其論「春王正月」，以為夫子行夏之時改周正朔。大端已失，其他亦皆陳因之論。

◎光緒《撫州府志》卷六十《人物志・文苑》二：著《易經碎言》《詩經旁參》《春秋賸義》。

◎光緒《撫州府志》卷七十六《藝文志》：《易經碎言》《詩經旁參》《春秋剩義》（俱應麟撰）。

◎應麟，字石祥，號頑谷，一號囿呈。江西宜黃人。康熙二十九年（1690）舉人。著有《易經碎言》二卷首一卷、《詩經旁參》、《春秋賸義》二卷、《屏山堂文集》、《江右古文選》四十卷。

英和 張之萬等 欽定春秋左傳讀本 三十卷 存

國圖、北大、中科院、天津、上海、吉林大學、齊齊哈爾藏道光二年（1822）武英殿刻本

國圖、上海、貴州、重慶藏道光二十五年（1845）黔省大盛堂據武英殿本重刻本〔註54〕

湖北藏咸豐元年（1851）邵州濂溪講院刻本

國圖、北大、天津、上海、南京、湖北藏同治八年（1869）江蘇書局刻本

國圖〔註55〕、北大、大連、鞍山師院、吉林大學、哈爾濱、寧波市天一閣博物館藏同治八至九年（1869～1870）張之萬金陵刻本

國圖藏同治十一年（1872）山東書局刻十三經讀本附校刊記本

浙江藏光緒八年（1882）山西濬文書局刻本

〔註54〕程恩澤等編，賀長齡輯評。
〔註55〕李慈銘校，末附刻《春秋三傳異文攷》一卷。

北大、浙江、吉林、齊齊哈爾、中央民族大學藏光緒十二年（1886）居俟
書屋刻本

南開藏鈔本（有殘）

國圖藏1924年吳江施肇曾醒園刻十三經讀本本

◎原奏：臣英和、臣黃鉞前奉諭旨，以《春秋左傳》一書義疏繁重，杜林
注坊行本離析章句，均不便初學，命臣等率同編修臣承恩澤、臣祁寯藻重加纂
輯，務令簡明賅洽，一覽曉然。臣等恪承指示，敬謹編摩，傳各為篇，首尾完
具，注附其後，以便讀者音訓句讀。間有異同，酌歸一是。其寫本均經編修臣
許乃普、臣田嵩年悉心校勘，由武英殿刊刻進呈御覽。伏候欽定。謹奏。道光
三年九月十五日奉旨：知道了，欽此。

◎目錄：卷一隱公（元年至十一年）。卷二桓公（元年至十八年）。卷三莊公
（元年至三十二年）。卷四閔公（元年二年）。卷五僖公（元年至十五年）。卷六僖
公（十六年至二十六年）。卷七僖公（二十七年至三十三年）。卷八文公（元年至十
年）。卷九文公（十一年至十八年）。卷十宣公（元年至十一年）。卷十一宣公（十
二年至十八年）。卷十二成公（元年至十年）。卷十三成公（十一年至十八年）。卷
十四襄公（元年至九年）。卷十五襄公（十年至十五年）。卷十六襄公（十六年至二
十二年）。卷十七襄公（二十三年至二十五年）。卷十八襄公（二十六年至二十八年）。
卷十九襄公（二十九年至三十一年）。卷二十昭公（元年至三年）。卷二十一昭公
（四年至七年）。卷二十二昭公（八年至十二年）。卷二十三昭公（十三年至十七
年）。卷二十四昭公（十八年至二十二年）。卷二十五昭公（二十三年至二十六年）。
卷二十六昭公（二十七年至三十二年）。卷二十七定公（元年至七年）。卷二十八
定公（八年至十五年）。卷二十九哀公（元年至十三年）。卷三十哀公（十四年至二
十七年）。

◎凡例：

一、《春秋》經旨閎深，《左氏傳》原始要終，使讀者自得其意也。昭二年
傳云：「韓起見魯《春秋》，曰：吾乃今知周公之德」，是魯《春秋》本周之舊
典，著于策書。孔子承述之，傳惟疏證其事，聖人微旨具在其中。哀十四年句
繹以下，賈逵云：「此下弟子所記」，明弟子未得策書，《左傳》亦不為續經解
說。今正經以《左氏》為傳，故不復為經作注，惟解釋傳義以為讀本。

一、古人經傳各自為書，惟《左氏春秋》經傳自古相附。十八卷襄二十六
年經前之傳，杜預注云：「當繼前年之末，而特跳此者，傳寫失之。」是杜預

以前之本，襄公二十六年別為卷首。又傳在經前也，其序旨分經傳相附，隨而解之，蓋自以注附之，其分經傳正文相附必不始于預也。據襄二十六年所注，知卷目已古今依用之，為讀本三十卷。

一、經文《公羊》《穀梁》二本異者多屬方言，《左氏》則策書正文，故不旁引。至杜預以傳推得經中闕文，則為采取附入傳注中，以備經義。

一、傳文轉寫增損改易者，僖十五年傳自「曰上天」至「裁之」四十二字，唐定本無之，而唐俗本沿而不革，今岳本亦有之，非也。襄二十七年傳「與宋致死」四字，注疏本有而岳本無之，岳本是也。今用岳本為之旁引入音釋中。此皆是非易明，故不為繁論，但存異文，俾小學知古文有異同，當致慎，且以知古來學術盛衰即文字多少之數，可以見其時儒風所嚮。襄二十八年，岳本有「亂十人」，昭二十四年「十人」上乃增「臣」字，則是岳本慎于前而疏于後也。宣十二年傳「楚人萁之」，《說文》引黃顥本正作「畀之」。成十八年傳「正月辛巳」，服虔本作「辛未」，此則晉本已誤。亦引入音釋中，庶為愛素好古者導夫先路焉。

一、史書干支文易錯誤，杜預推二百四十餘年朔望閏月，用意最密，經傳誤字均可指正。後人譏杜氏改經就傳，不得為《左氏》功臣，其言非也。凡杜氏所推誤字有關事迹者均為錄出。襄九年傳閏月戊寅，定以閏月為門五，日屬上句，戊寅為濟師，日屬下句。詳音釋中。古人均以實事求是，非改經傳也。

一、字音今古不同，自有四聲後而音讀紛然矣。此本音讀皆以《經典文》為本，間有反切不合今讀者，則以《音韻闡微》正之。

一、《左傳》之說，以劉歆、賈逵、許慎為古。漢時鄭眾／許淑／服虔／董遇／穎容、晉時杜預，皆能名家。自杜注單行，舊說猶可搜輯，《國語》《史記》異同亦足以引證。杜說獨精者則標預名；顯與儒先異同，或從或否，亦標其名。其尋常解詁則平敘之，芟其繁說，增附舊聞。傳引《易》《書》《詩》《禮》，自是周人師說與漢以後傳義不能強合。今惟就其文申引之，大歸平易近人為宗，不敢迂苛，亦不詭隨俗議。要于經傳可通，人事有益，注解異于經論，故不辨《公》《穀》異義。其何休《膏肓》則指攻《左傳》。今用鄭氏箴義通于注中，不盡標何鄭名目，以弭爭訟。《史通》亦《膏肓》之流，今傳文既通，則不必更為旁辨。王肅有心立異，不復廣加采錄；劉炫、孔穎達、陸德明則錄其所長；至于趙匡、啖助，勃谿纖桃，多不足辨；其後帖括經義，比次成書，均不復引駁，以省簡牘。

一、史學以地里為重，可以見賢愚成敗得失之迹。杜預初據晉泰始官司空圖及江表平荊揚徐三州改用新貢圖籍，以求審也。其一地二名、二地一名辨之最詳。近人高士奇、顧棟高、江永各有成書。而「越國鄙遠」之說見于《左傳》正文，後儒多忽之。魯地在今許州，鄭地在今泰安，晉地在今范縣，皆鄙遠之證。惟晉大國，秦不能越之，故鄭以為難明，他國則不然也。凡此之類，皆實以今地隨條疏之。其有古今異名，若豫章則《左傳》《漢書》南北各別，此亦杜說精審，非後人所及。特發例于此，以杜羣惑。至于師行曲折，容有別道出奇，而傳記大略，其軌蠋所循，難以尺寸指實。昭五年楚伐吳之役，羅汭萊山東西迂折，則地志之說難以取證。杜預不言所在，蓋大略可知，不宜隨取一地實之，反致窒塞也。

一、天文五行占家不同，而《左氏》自有占法。今就其義敷暢之，不復更引他家。至日食可以檢朔其說，始於東漢，春秋時尚不知日食可由算得也。二百四十餘年所載僅三十六，則其時必有疏失。左氏又多無傳，至襄二十一年九月十月、二十四年七月八月，皆比月日食，相距僅二十九日有奇，于日行食限不合。而漢時高祖三年、文帝前三年皆有之，定由其時史官證記後人不可以臆更正。此當因而存之以見舊式，其他有占驗者，隨條說之，使大旨可通；亦以見其時人事得失，因以垂戒。

◎跋：右《春秋左傳讀本》，宣宗成皇帝敕命儒臣纂輯，嘉惠後學，義例精審，悉稟聖裁，一切具詳凡例，無俟一言贊矣。臣之萬曩時入直上齋，所以授讀諸王者，蓋即此本。近年東南劫後，古籍散亾，各省置吏率取經史要籍，次第刊播。而此本為天府珍笈，士林未易多覯。因捐俸重刊，以廣其傳。又是編專為《左傳》而設，故於《春秋》祗錄本文。其間無傳之經，初學或難得解。謹檢御纂《春秋直解》逐條補入，益徵聖聖相承如重規疊矩也。其三傳經文間有小異，別作考置簡末焉。漕河事殷，無暇細校。適前任國子監司業臣錢振倫館於袁浦，遂屬之點勘，凡再閱歲而成，例得附書。同治九年十一月，頭品頂戴漕運總督臣張之萬謹跋。

◎趙爾巽《清史稿》卷一百四十五志一百二十《藝文》一：《左傳讀本》三十卷，道光三年英和等奉敕編。

◎英和（1771～1840），初名石桐，字樹琴，一字定圃，號煦齋。滿洲正白旗人。索綽絡氏。禮部尚書德保子。乾隆五十八年（1793）進士，選庶吉士，散館後授編修。官至軍機大臣，戶部尚書，協辦大學士，加太子太保銜。

道光七年（1827）因事降職，外放熱河都統。次年授寧夏將軍，以病為由請求解職，後發配黑龍江。道光十一年（1831）釋回。工詩文，善書法。著有《恩福堂詩集筆記》、《恩慶堂集》、《卜魁集紀略》等，與張之萬等合著《春秋左傳讀本》。

　　◎張之萬（1811～1897），字子青，號鑾坡，諡文達。直隸南皮（今河北滄州南皮縣）劉八里鄉雙廟村人。張之洞堂兄。道光二十七年（1847）進士。光緒二年（1876）任河南巡撫，移督漕運，歷任江蘇巡撫、閩浙總督。光緒八年（1882）任兵部尚書，後調刑部。光緒十年（1884）入軍機處，兼吏部尚書，陞任協辦大學士、體仁閣大學士、東閣大學士。光緒二十二年（1896）辭歸。著有《治河芻言》《張文達公遺集》，與太常寺卿許彭壽等編纂《治平寶鑒》，與張之萬等合著《春秋左傳讀本》。

游秉文　春秋綱目便讀　佚

　　◎光緒《邵陽縣志》卷九《人物》：秉文將卒，手所輯《遺規》一卷，屬子姪恪守。又著有《周易摘要》《春秋綱目便讀》。

　　◎游秉文，湖南邵陽人。諸生。讀書敦行誼。著有《周易摘要》《春秋綱目便讀》。

游應乾　左粹　佚

　　◎道光《徽州府志》卷十五《藝文志》：游應乾《左粹》。

　　◎汪正元、吳鶚光緒《婺源縣志》卷五十五《藝文志・典籍》：遊應乾著（《五經約義》《左粹》《讀律真詮》《督儲疏草》）。

　　◎游應乾，字順之。婺源（今江西婺源）濟溪人。嘉靖四十四年（1565）進士。授官戶部主事，尋改南京刑部郎中，編《大明律例》。後出為寧波太守，改任兩浙鹽運使，轉廣西太守，擢雲南按察使，升南京太常寺及大理寺卿，嗣授戶部右侍郎，總督倉場，卒贈戶部尚書。著有《五經約義》、《左粹》、《讀律真詮》、《督儲疏章》等書。

于大鯤　春秋貫　不分卷　存

　　國圖、遼寧、石家莊、徐州、萍鄉、齊齊哈爾、華東師大藏乾隆三十八年（1773）鄧顯鵾聽雨山房刻本

　　◎一名《復堂春秋貫》。

◎孫殿起《販書偶記》卷二：《春秋貫》無卷數（古瀛于大鯤撰。乾隆癸巳聽雨山房刊）。

◎于大鯤，字南溟，號復堂。直隸河間（今屬河北）人。乾隆貢生。著有《復堂易貫》四卷、《春秋貫》不分卷、《左貫》等。

于大鯤 左貫 未見

于省吾 春秋名字解詁商誼 一卷 存

考古 1936 年 02 期本

◎序：周人字書，今無存者，因其名字，比勘證發，時得真義，亦犖求古訓之一塗也。以吾所知，如王引之《春秋名字解詁》、俞樾《春秋名字解詁補義》、胡元玉《駁春秋名字解詁》、《王萱齡》周秦名字解故補、陶方琦《春秋名字解詁補誼》、洪恩波《聖門名字纂詁》，郭沫若《彝銘名字解詁》等書，詮發奧義，時得懸解。吾本不學，偶有所識，未敢自信，謹錄其與舊說違異者著於篇，以質大雅。民國二十五年五月海寧于省吾。

◎于省吾（1896～1984），字思泊，別號夙興叟。遼寧海城人。室名雙劍誃、澤螺居。著有《雙劍誃易經新證》四卷、《春秋名字解詁商誼》一卷、《雙劍誃古器物圖錄》、《甲骨文字釋林》、《雙劍誃殷契駢枝》三集、《雙劍誃吉金文選》。

余誠 古文釋義 八卷 存

光緒二十三年（1897）善成堂刻本（題古文釋義新編）

光緒二十四年（1898）煙臺成文信刻本

清寶興堂刻本

1925 年上海大成書局石印本（題重訂古文釋義新編）

民國上海天寶書局石印本（題重訂古文釋義新編）

民國上海錦章書局石印本（題重訂古文釋義新編）

武漢古籍書店 1986 年影印本

北京古籍出版社 1998 年呂鶯校註本

嶽麓書社 2003 年葉桂郴劉果點校本

北京出版社 2018 年名典名選叢書呂鶯校注本

◎卷一卷二為《左傳》選文，計三十篇：鄭伯克段于鄢、周鄭交質、石碏諫寵州吁、臧僖伯諫觀魚、鄭莊公戒飭守臣、臧哀伯諫納郜鼎、季梁諫追楚師、曹劌論戰、齊桓公伐楚盟屈完、宮之奇諫假道、介之推不言祿、展喜犒師、燭之武退秦師、晉敗秦師于殽、秦人伐晉、寧武子來聘、王孫滿對楚子、齊國佐不辱命、楚歸晉知罃、呂相絕秦、穆叔重拜鹿鳴、子產告範宣子輕幣、晏子不死君難、季劄觀周樂、子產壞晉館垣、子產論尹何為邑、晏子論梁丘據、子產論政寬猛、夾谷之會、吳許越成。

◎卷三目錄：

《國語》：祭父諫征犬戎、召公諫監謗、襄王不許請隧、蒼葛不服晉、單子知陳必亡、敬姜論勞逸、叔向賀韓宣子憂貧、王孫圉論楚寶、越行成于吳、范蠡不許吳成。

《公羊傳》：荀息不食言、宋人及楚人平。

《穀梁傳》：虞師晉師滅夏陽、公會齊侯頰谷。

《檀弓》：晉獻公殺申生、曾子易簀、有子之言似夫子、重耳對秦客、杜蕢揚觶、苛政猛于虎、不食嗟來、晉獻文子成室。

◎重訂[註56]古文釋義序：

古文佳本林立，而最便初學者實少。蓋課幼之書，貴詳盡不貴簡畧，俾開卷瞭然，毫無遺義，胸中眼底，觸處洞悉。誦讀之間，斯能欣欣有得。若祇稱述微妙措意過高，或亦評驚明顯而講解未備，縱授諸聰穎之子，終恐啟悟靡從也。曩予於茲編八易裘葛始克成書，其間參稽研究，見者咸謂大有苦心。三四年來，頗不為同志君子所棄，原版遂已糊塗不堪刷印，坊友重付鐫刻。以予有批選時文小題、纂輯《周易講義》兩事，未遑增訂一二，因姑囑同學及門諸子偕兒輩，字字校讐如初，不至點畫訛舛。俟他日稍可得暇，當必重加增訂，或嗣二集以問世。乾隆八年，上元余誠自明氏書於芝堂。

◎余誠，字自明。上元（今南京）人。著有《古文釋義》八卷。

余冠賢 三傳參考 佚

◎汪正元、吳鶚光緒《婺源縣志》卷三十《人物志·孝友》：道光五年（1825）與修邑志，均極詳慎。著有《三傳參考》《芝湖詩稿》及《醫學驗證隨筆》《活幼心傳》《地學理氣合編》《葬法口義》等書。

[註56] 一本「校」作「鐫」。

◎余冠賢，字權廷。婺源（今江西婺源）沱川人。肄業紫陽書院，與董太史筱槎、施中翰勝卿相與砥礪。道光五年（1825）與修邑志，均極詳慎。著有《三傳參考》《芝湖詩稿》及《醫學險證隨筆》《活幼心傳》《地學理氣合編》《葬法口義》等書。

余光 余颺 春秋存俟 十二卷 總論一卷 存

國圖藏弘光元年（1645）文來閣刻本

國家圖書館／北京圖書館 2009 年中華再造善本續編影印本

◎序：《春秋》者，聖人忠恕之書也。聖人謂不忠不足以盡己，故引天下之道歸之於忠，若弒逆必書、侵伐滅入必書、戕執必書、公如至盟會必書，凡可以扶君臣、正上下，刊文反質，存百世之防者，聖人謹書之，所以教忠也，忠者禮之本也；不恕不足以盡物，故裁天下之義歸之於恕。若內惡不書平弒為卒改奔為孫、諸侯殺大夫皆存其官、救者皆美次亦不惡，凡可以革澆薄、勝殘虐、解百世之網者，聖人平書之所以教恕也，恕者樂之本也。聖人為此二者以教天下、以立禮樂、以盡人物之性、以參贊天地，然後因而推之，觸類而長之，書其聞者見者於二百四十二年之近以為存者之成案，致其不聞不見者於二千四百三十二年之遠以為俟者之要歸，故存俟者，子贛、子思之事，以等百王、建天地，非復游、夏之所能幾也。吾鄉吏部余賡之與其伯氏希之，家尚《春秋》，顧其人忠恕平謹，有當於《春秋》之質實，採諸家以《存俟》命編。或謂是猶鄭、呂、歐、吳與近伐郭、唐、季、郝之說，參而存之以俟後之學者，是安足以知賡之乎？！弘光元年正月，漳海黃道周識于金陵署中。

◎春秋存俟題辭：羲文之畫卦也，一畫而已矣，彖之而彖、象之而象、爻之而爻，繇是而有孟喜、趙賓、京房、焦贛陰陽災異之易，繇是而有陳摶、邵雍皇極經世之易，繇是而有俞琰輩參同悟真之易，雜物撰德，無所不有，而易之一畫自如。執一家以為易，而曰易盡於此，豈有是乎？夫子之作《春秋》亦然。《春秋》之經文大書特書，即易之有畫也。左丘明以後，公、穀、鄒、夾遞相師授，為《論語》疏傳者百千人，創立凡例，申明書法，窮老盡氣莫得而本，謂其不越乎《春秋》之大義可也，謂《春秋》之指要在是則不可。董子之言曰：「《易》無通吉，《詩》無通故，《春秋》無通例」，此治《春秋》者之準的也。本朝治《春秋》者，余所取兩家：新安趙汸專宗左氏，惜其沉淪凡例，未能大暢貫中貫通之指；富順熊過兼綜諸家，惜其收採新異，未能盡芟季本舛

繆之說。下是則無譏焉。近見閩中余希之、廎之《存俟》一編，遇其會心處，
快然如吾之所欲言，且慊然言吾之所不能言也。不瓚科凡例，不穿鑿書法，網
羅磅礡，以精求聖人之指要，又不敢師心自用，如盧全所謂「《春秋》三傳束
高閣，獨抱遺經究終始」者。余氏之《春秋》，與趙氏、熊氏為本朝三大師，
又何疑焉？余少授是經，白首紛如，喜《存俟》之得我心也，因書其首簡以志
吾媿，且使後之治《春秋》者知以董子之言為宗，則於余氏之學亦思過半矣。
乙酉春王二月，虞山錢謙益書於金陵官舍。

　　◎李世熊《春秋存俟序》〔註57〕：古之著書立言者，鳴於世有早暮，傳
之久有盛衰。何也？曰其人之時也。著書者慮無不想邁至精，靈交冥漠，誠
不可滅，數極而見，故曰時也。何以言之？昔者漢初，左氏無傳而公、穀、
鄒、夾四家並行。胡毋生、董仲舒、公孫弘，皆治《公羊》也。其後遂有嬴
公、眭孟、嚴彭祖、顏安樂、冷豐、任公、筦輅、冥都之學，何休又為之解
說，此公羊氏之時矣。瑕丘江公受《穀梁》於申公，當武帝時不得行。及宣帝
即位，聞衛太子好之，丞相韋賢及夏侯勝、史高等皆言宜興《穀梁》。於是有
尹更始、胡常、申章昌、房鳳之學，而范寧復為之注釋，穀梁氏之時矣。左氏
初出張蒼家，河間獻王得而獻之。賈誼嘗為訓詁，謹受貫公。劉歆欲立學官，
諸儒莫應。建武中，以韓歆、陳元之請，李封始為左氏博士，賈逵、服虔復為
訓詁，魏代始稍行世。及杜預集解於晉，穎達修疏於唐，左氏大張而公、穀浸
絀矣，此左氏之時矣。夫左氏未行，傳有四家，經王莽之亂而鄒、夾遂亡。蓋
著書者之精神會衰止於此也。其後啖助／趙匡《纂例》《辨疑》每援經以擊傳，
陸希聲／韋表微《通例》《統例》每合異以為同。程伊川略舉大義，襄、昭以
後，鈌然勿詳；胡康侯議論開合，牽強尤多。今遂奉為令甲。嗟乎，今亦胡氏
之時耳。胡氏依附名理，牢絡儒生之智；左氏筆落麗奇，恢廓文士之疆；二家
之焰酷烈宜長矣。約略論之：公、穀矜飾語言，詭條襮步；左氏探鉤奇賾，閬
攬菁華。蹟其炫弄詞章，固是文人之雄，非有傳經之意；譬今經生制義，緣題
抒藻，翻案自奇；要彼掀播舌唇，聊取快意，寧知孔、孟、曾堂室何等乎？即
不然，文字單行，固二家之《春秋》，非孔氏之《春秋》矣。猶之田何、焦贛、
京房、費直之《易》不可為羲、文、周、孔之《易》，齊、魯、毛、韓之《詩》
不可即為三百詩人之《詩》也。後有精治學者，我遂疑左、胡之《春秋》，將
自此衰謝也。非獨予疑之，明之郭定襄、唐荊川、季彭山、郝仲輿者亦疑之

〔註57〕錄自曾曰瑛《汀州府志》卷之三十九《藝文》一。

矣。然不如吾友余希之、賡之疑之甚也。二余之治《春秋》也，始闢諸儒，繼闢四傳，究乃舉闢諸儒四傳者而並闢之。考世知人，務合筆削之初意而止，此其想邁至精，同符千載，既源遠而流長矣。其叔氏進伯，復殫意冥搜，劃然神解，足補同異。獲麟以來，文自在天；盲師瞽子，膚險囂囂。憂其墜地，此書遂行。猶幽室之有日月，洪流之有津梁，頎然望洋，將見其人矣。此固余氏《春秋》之時也。

◎較閱姓氏：

門人：錢世貴，聖霈，青浦。陸世鎣。彥脩，崑山。王亦臨，穆如，應天。王慶祚，源逢，太倉。左國柱，子政，桐城。劉酉，子書，廣德。楊志遠，爾凝，丹陽。阮士鵬，上扶，宣城。蕭乾龍，天御，太倉。汪皥，子白，徽州。方以智，密之，桐城。陳穩，山立，宣城。徐起霖，傅霖，通州。吳道凝，子遠，桐城。管正仁，元歸，吳縣。

弟：余颺穆如、余亮徽之、余飈壽之。

◎各卷卷首題：明閩中余光、余颺全治，弟余亮、余飈全讀，吳門人陸世鎣較。

◎《明史》卷九十六《志》第七十二《藝文》一《春秋》：余颺《春秋存俟》十二卷。

◎姚際恆《好古堂書目‧經部》：《春秋存俟》十二卷四本，余光、余揚。

◎余光，字希之。福建莆田人。諸生。有文名，潛心著述。著有《春秋存俟》十二卷總論一卷（合著）、《李賀詩注》、《耐菴集》。

◎余颺，字賡之。福建莆田人。崇禎六年（1633）舉人、十年（1637）進士。官上虞縣令，以艱去，歷官禮部員外郎。著有《春秋存俟》十二卷總論一卷（合著）。

余煌 春秋求故 四卷 首一卷 存

國圖、浙大、湖北、天津、蘇州、北師大、吉林大學、哈爾濱師大藏道光十年（1830）刻本

◎目錄：卷一日食考。卷二星度考。卷三月日考。卷四至朔表、節氣日躔黃赤道宿度表、魯國太陽出入時刻表、襄昭時火見伏時刻表。

◎自序：《春秋》，魯史也，存記天象，具詳月日，載筆常體，無關義要，沾沾於此是求，非治經之切務。雖然，堯命羲和首重日星，舜察璣衡惟齊七政，

象數之學其來尚矣。揚子言通天地人曰儒，則步算躔度考驗古今，亦經生家所宜兼及。況書以《春秋》名，時月可考，非盡為疇人子弟事也。日食三十六，聖人所謹書者。自漢以來，劉歆、姜岌、僧一行、郭守敬諸人，率用術追算，以驗經傳紀載之合否，惜未盡得其實。如莊十八年三月之食、僖十二年三月之食皆因誤閏誤朔，宣八年七月之食、十七年六月之食皆係錯簡，俱不能知。經傳言星者非一，惟言歲星與從來推者不合。襄二十八年傳「歲在星紀，淫於元枵」，先儒多疑其說。哀十二年傳「火猶西流」，有謂非仲尼之言者，皆未著明算法。至於記載月日間有訛誤，杜元凱著《長厤》六卷，具列閏朔，允為學者考古之資。第過信傳文，拘泥周正，多所違失。又於宣公時失推兩閏妄補於襄公二十七年，後人雖疑之，究未明厥故也。夫春秋去今二千餘年矣，簡牘傳寫，豈免魯魚？且古時算術不同，置閏之前後、步朔之早遲，烏可以今法校。然天運有常，大致不差，月日具存，推以密法，其合者固無可疑，其謬者亦自不掩，孟子所謂「苟求其故，千載之日至可坐而致」是也。是編所推交食與經傳合者大半，其不合者參《長厤》閏朔斷之，似得要領。所推星度亦據今時憲法測定，根數較古為密。推月日有與《長厤》異同者若干條，俱考其實言之。末附至朔諸表，為核證《春秋》之用。總名《春秋求故》，雖非治經切務，或亦從事象數者所弗遺，謹俟正於世之通儒云。嘉慶丙子季春月上澣，婺源余煌書於古歙上市之梅花書屋。

◎汪正元、吳鶚光緒《婺源縣志》卷二十四《人物志·學林》：著有《春秋求故》四卷、《夏小正星候考》一卷、《二十星距度》一卷、《推步考要》二卷、《勾陳晷度》一卷、《日星測時新表》二卷、《新安揆日定方便覽》一卷、《預推十年日月交食分秒時刻》一卷、《弧角簡法》四卷、《讀書度圜記》十卷、《讀書度圜續記》十卷、《諸家歲實異同》一卷、《星名同異錄》一卷、《參訂天官考異》一卷、《衍談錄》二卷、《勾股三角八線諸法纂要》四卷等書。其學中西並用，一遵《儀象考成》，為折衷弧角八線，能補勿菴所未及。外有詩詞雜著《吹壺草》六卷、《北征草》一卷、《芝陽》一卷、《九九吟》一卷、《梅花書屋集唐》一卷、《野雲詩餘》一卷、《詞鯖》一卷、《卹聞錄》二卷、《梅窗餘墨》四卷。

◎汪正元、吳鶚光緒《婺源縣志》卷五十五《藝文志·典籍》：余煌著（《春秋求故》《夏小正星候考》《二十星距度》《推步考要》《勾陳晷度》《日星測時新表》《新

安揆日定方便覽》《預推十年日月交食分秒時刻》《弧角簡法》《讀書度圓記》《讀書度圓續記》《諸家歲實異同》《星名同異錄》《參訂天官考異》《衍談錄》《勾股三角八線諸法纂要》《吹壺草》《北征草》《芝陽草》《九九吟》《梅花書屋集唐》《野雲詩餘》《詞鯖》《咫聞錄》《梅窗餘墨》）。

◎孫殿起《販書偶記》卷二：《春秋求故》四卷，婺源余煌撰。道光庚寅年刊。

◎余煌，字漢卿，號星川。婺源（今江西婺源）人。嘉慶三年（1798）舉人。品行端方，博覽群書，工詩古文辭。尤精天文曆算。晚年貧居鄉里，致力著述。著有《春秋求故》四卷、《夏小正星候考》一卷、《二十星距度》一卷、《推步考要》二卷、《勾陳晷度》一卷、《日星測時新表》二卷、《新安揆日定方便覽》一卷、《預推十年日月交食分秒時刻》一卷、《弧角簡法》四卷、《讀書度圓記》十卷、《讀書度圓續記》十卷、《諸家歲實異同》一卷、《星名同異錄》一卷、《參訂天官考異》一卷、《衍談錄》二卷、《勾股三角八線諸法纂要》四卷等書。其學中西並用，一遵《儀象考成》，為折衷弧角八線，能補勿菴所未及。外有詩詞雜著《吹壺草》六卷、《北征草》一卷、《芝陽》一卷、《九九吟》一卷、《梅花書屋集唐》一卷、《野雲詩餘》一卷、《詞鯖》一卷、《咫聞錄》二卷、《梅窗餘墨》四卷。

余基 麟經辯疑 佚

◎汪正元、吳鶚光緒《婺源縣志》卷五十五《藝文志‧典籍》：余基著（《麟經辯疑》《問學悟語》）。

◎余基，婺源（今江西婺源）人。著有《麟經辯疑》《問學悟語》。

余懋學 春秋蠡測 四卷 佚

◎《明史》卷九十六《志》第七十二《藝文》一《春秋》：余懋學《春秋蠡測》四卷。

◎道光《徽州府志》卷十五《藝文志》：余懋學《春秋蠡測》四卷。

◎汪正元、吳鶚光緒《婺源縣志》卷五十五《藝文志‧典籍》：余懋學著（《春秋蠡測》《尚書折衷》《讀書隨筆》《仁獄類編》《說頤》《讀論勿藥》）。

◎余懋學，婺源（今江西婺源）人。著有《尚書折衷》、《春秋蠡測》四卷、《讀書隨筆》、《仁獄類編》、《說頤》、《讀論勿藥》。

余謇 左傳補注抄撮 存

文聽閣圖書有限公司 2009 年民國時期經學叢書第四輯影印本

◎余謇（1886～1953），字仲詹。江西南昌人。與胡先驌、王易、汪辟疆並稱江西四才子。京師大學堂畢業後任教於江西省立第一及第二中學，又任江西私立心遠大學教授，兼江西省教育廳總務科科長。嘗任南昌市政府秘書。後任廈門大學教授。著有《詩經略釋》《古音學說述略》《地理略說》《唐宋詞選注集評》《古合韻辨》《三百篇籀略》《文字學講義》《寶瓠齋雜稿》《寶瓠齋隨筆》等。

余埥 春秋傳說讀本 十二卷 佚

◎一名《春秋傳說授讀》。

◎吳文鎔《吳文節公遺集》卷六十九《束鹿縣丞存齋余君傳》：公暇即手一編，老而勿衰。所著有《春秋傳說讀本》若干卷、《六藝考畧》若干卷、《制義》若干卷、《古本大學辨》《格物辨》《王學辨》及語錄、雜著共若干卷藏於家。

◎余埥（1769～1826），字上田，號存齋。河南禹州梁北鎮余樓人，原籍江右高安。嘗從族人清恪公游，潛心於濂洛關閩之旨，而期於有體有用。嘉慶三年中（1798）舉人、二十四年（1819）中進士。改知縣，籤分四川，初署資陽縣事，化民以德，聽斷明敏，捕發若神。二十五年（1820）充同考官，所拔多知名士。後知鹽亭，修舉鳳山書院，生童賴以成就者甚多。又任直隸束鹿知縣。所到尤以興賢育才為首。著有《春秋傳說讀本》十二卷、《古本大學辨》一卷、《六藝考畧》一卷、《格物辨》一卷、《王學辨》一卷、《辨晚年定論》一卷、《制義》、《存齋偶錄》。

余舜臣 左國評斷 八卷 佚

◎同治《黟縣三志》卷六上《人物志補傳‧宦業傳》：所著《文選補注》六卷、《左國評斷》八卷、《林瀝山館文》百餘首、《漁村雜詩》百餘首皆散佚。

◎余舜臣，字卿五。安徽黟縣五都余村人。家貧力學。道光元年（1821）中本省舉人，在京授學。二十八年（1848）以史館議敘選山東費縣知縣。二十九年（1849）充山東鄉試同考官。咸豐二年（1852）以老乞休。通經史，尤精《左氏》及《文選》。著有《左國評斷》八卷、《文選補注》六卷、《林瀝山館文》百餘首、《漁村雜詩》百餘首。

余懿術　春秋制義　佚

◎民國《太湖縣志》卷十九《人物志》一：所著有《解經精義》《家禮圖說》《策學指南》《春秋制義》暨《養正詩文集》。

◎余懿術，字葆君。安徽太湖人。增監生。性恬靜寡欲，淹通經史，啟迪後進，門下舉甲乙科者以十數計。所著有《解經精義》《家禮圖說》《策學指南》《春秋制義》《養正詩文集》。其侄謙齋攜稿入都，未及付梓而卒，稿遂散失。

余振　春秋新論　佚

◎陳遹聲、蔣鴻藻修纂光緒《國朝三修諸暨縣志》卷四十六《經籍志・經部》：《春秋新論》，國朝余振撰……書見山陰平聖垣所作傳，未見。

◎余振，字克家。諸暨（今浙江諸暨）人。歲貢生。著有《春秋新論》。

余宗英　春秋參義　一卷　佚

◎道光《徽州府志》卷十一之三《人物志・儒林續編》：究心《十三經注疏》及宋五子書，有所心得，筆之於書，往往發人所未發。著有《易學參義》《書經／春秋參義》《禮經撮要》《讀書隨錄》《孚吉堂文集／詩集》若干卷。

◎道光《徽州府志》卷十五《藝文志》：余宗英《春秋參義》一卷（初名《提要》）。

◎汪正元、吳鶚光緒《婺源縣志》卷二十四《人物志・學林》余宗英：同里筠谿嘗學於儒碩汪雙池，藏其書甚富，英遂受業筠谿門，徧觀盡識，所學益博。弱冠後試弁其曹，遊庠食餼，文名大振，而非其志所竟也。以記誦為末學，勉勉於十三經及宋五子書，典參注疏，理析異同，體察力行，心所獨得，筆而書之，往往發前賢所未發。其大旨以朱子為要歸，今所藏《易學參義》諸書可驗也。即雙池遺書時有脫誤，賴英刊補為多。雅不喜時文，授徒偶為之，亦與經義相發明，前輩咸以說經解經如楊、戴方之……所著有《易學參義》、《書經／春秋參義》、《禮經撮要》《讀書隨錄》《孚吉堂文集／詩集》若干卷載《府志・儒林》。

◎汪正元、吳鶚光緒《婺源縣志》卷二十六《人物志・文苑》二：余鵬搏，字宇昂，號溟南。沱川人。歲貢生，就職訓導……父宗英著有《易學參義》《書經／春秋參義》《禮經撮要》，未竟而卒。搏摭拾遺書，一一補之。

◎汪正元、吳鶚光緒《婺源縣志》卷五十五《藝文志‧典籍》：余宗英著（《易經參義》一卷、《書經提要》、《禮經撮要》二卷、《春秋提要》一卷、《讀書隨錄》、《孚吉堂文集／詩集》四卷）。

◎余宗英，字伯雄，號毅齋。婺源（今江西婺源）沱川人。乾隆五十一年（1786）舉人。著有《易學參要》、《書經提要》、《禮經撮要》二卷、《春秋參義》一卷、《讀書隨錄》、《孚吉堂文集》、《孚吉堂詩集》。

余宗英　春秋提要　佚

◎吳德旋《初月樓聞見錄》卷九：秀書弟子知名者同邑余伯雄。伯雄幼穎異，日誦千餘言。學於秀書而博勝之。雙池遺書時有脫誤，賴伯雄刊補為多。所著有《易學參要》、《書經／春秋提要》、《讀書隨錄》、《孚吉堂文集／詩集》。

◎光緒《重修安徽通志》卷二百二十五《人物志‧文苑》四：讀書有得，筆而書之，往往發前賢所未發。著有《易學參要》《書經／春秋提要》《禮經撮要》《讀書隨錄》《孚吉堂詩文集》若干卷。

俞長城評點　公羊傳　不分卷　存

中國民族圖書館藏清刻本

◎俞長城（1668〜1722），字寧世，號桐川，又號碩園。浙江桐鄉人。俞之琰（1623〜1674）少子。與父之琰、兄長策並稱，時論比於三蘇。少遊松江，與孫西文、金仞直諸名士有「西郊十三子」之稱。康熙二十二年（1683）舉人，二十四年（1685）連捷進士，授編修。雍正時督學河南。著有《自訂四書稿》、《俞寧世文集》四卷、《可儀堂文集》二卷、《可儀堂時文稿》、《花甲數譜》一卷、《史論》等，輯有《可儀堂一百二十名家制義》四十八卷、《百廿名家文選》、《先正程墨四集》、《國朝程墨兩集》，選注《左傳》、《公羊傳》、《穀梁傳》、《國語》、《戰國策》、《吳越春秋》、《越絕書》等書。

俞長城選注　穀梁　未見

俞長城選注　左傳　未見

俞科　左史經綸集　佚

◎民國《南陵續志》卷三十《人物》：其學長於《左氏》，嘗著《左史經綸集》《左史尚論集》及《學庸闡脈》《瑯峯詩文集》。

◎民國《南陵續志》卷四十三《經籍》：《左史經緯集》《左史尚論集》《學庸闡脈》《瑯峯詩文集》。

◎俞科，字念劬，號瑯峯。安徽南陵人。乾隆四十二年（1777）舉人。任繁昌縣訓導，候選知縣。著有《左史經緯集》《左史尚論集》《學庸闡脈》《瑯峯詩文集》。

俞科 左史尚論集 佚

◎民國《南陵續志》卷三十《人物》：其學長於《左氏》，嘗著《左史經緯集》《左史尚論集》及《學庸闡脈》《瑯峯詩文集》。

◎民國《南陵續志》卷四十三《經籍》：《左史經緯集》《左史尚論集》《學庸闡脈》《瑯峯詩文集》。

俞倩 春秋劄記 佚

◎光緒五年（1879）金福曾光緒《南匯縣志》卷十二《藝文志》：《春秋劄記》（國朝俞倩著。欽《志》）。

◎光緒九年（1883）博潤《松江府續志》卷三十七《藝文志・經部補遺》：《春秋劄記》（國朝俞倩著）。

◎民國《上海縣續志》卷二十六《藝文・補遺・經部》：《春秋札記》（俞倩撰。倩，前志有傳）。

◎俞倩，字乘六。南匯（今上海浦東新區）人。家貧力學，究心朱陸異同，手校胡敬齋《居業錄》，畀門人顏綸梓行。五經各有劄記。著有《易解義》《尚書解義》《詩解義》《春秋劄記》《四書明辨錄》《粹精錄》。

俞汝言 春秋平義 十二卷 存

南京藏稿本（清丁丙跋）

蘇州藏乾隆抄本

四庫本

浙江藏清抄本

民國嘉興金兆蕃輯刻檇李叢書五種本

◎春秋平義序：傳經之失，不在淺而在於深，《春秋》為甚。以其筆削出自聖人，必有不可測識之旨，然後可以撥亂世反之正。左氏以事求之，叢記雜陳，容飾盛而神理不居。公、穀、胡氏諸儒以意測之，探微索隱，謹毛髮之細，

而其大體所在愈求而愈遠。要其故不過二端，曰「《春秋》天子之事也」、「聖人之刑書也」。以為天子之事可以進退百辟，以為刑書而名稱日月無往非刀鋸斧鉞之用，而聖人之意愈隱。汝言氾瀾其中者有年，初涉之而茫然，再親之而華文璝辯可喜可愕而不忍釋，數四讀之而得其指歸。聖人之筆削合乎人情、宜乎時勢，未嘗有矜奇異眾之舉。而時措咸宜，無不協乎正直剛柔之德。向之可喜可愕者，皆與聖人遠焉者也。於是偏訪諸家著述，輯成《春秋平義》一十二卷。其言皆出於儒先，不入臆測一語。使其言足錄，不以其人而棄之；言不足錄，亦不以其人而存之，務得其平而已。夫知聖人之不遠於人，而人亦不遠人以求道，而學術一矣，而天下平矣，寧獨《春秋》也哉！丙辰仲冬二十八日，漸川諸生俞汝言識。

◎提要：是書多引舊文，自立論者無幾〔註58〕。然自宋孫復以來說《春秋》者務以攻擊三傳相高，求駕乎先儒之上，而穿鑿煩碎之弊日生。自元延祐以後說《春秋》者務以尊崇《胡傳》為主，求利於科舉之途，而牽就附合之弊亦遂日甚。明張岐然嘗作《五傳〔註59〕平文》以糾其謬，而去取尚〔註60〕未能皆允。汝言此書亦與岐然同意，而簡汰精審多得經意，正不以多生新解為長，前有自序謂：「傳經之失不在淺而在於深，《春秋》為甚」，可謂片言居要矣。此本為汝言手〔註61〕蒙，其中〔註62〕塗乙補綴朱墨縱橫，其用心勤篤，至今猶可想見也。朱彝尊《經義考》載繆泳之言，稱汝言「研精經史，尤熟於明代典故。嘗撰有《宰相列卿年表》，其詩古文曰《漸川集》，今皆未見」，蓋亦好學深思之士，所由與柽腹高者異歟？

◎趙爾巽《清史稿》卷一百四十五志一百二十《藝文》一：《春秋平義》十二卷、《春秋四傳糾正》一卷，俞汝言撰。

◎《浙江採集遺書總錄・乙集・經部・春秋類》：《春秋平義》十二卷（寫本），右明諸生秀水俞汝言撰。朱彝尊稱其能取宋儒之論，平反解釋，惜未流傳。

◎許瑤光修，吳仰賢等纂光緒四年《光緒嘉興府志》卷五十三《列傳四・

〔註58〕庫書提要「是書多引舊文，自立論者無幾」作「是書成於康熙丙辰，書中多引舊文，其自立論無幾」。
〔註59〕庫書提要無「五傳」二字。
〔註60〕庫書提要無「尚」字。
〔註61〕庫書提要「手」作「原」。
〔註62〕庫書提要無「其中」二字。

秀水縣〉：著《春秋平義》十二卷、《漸川集》十卷、《京房易圖》、《先儒語要》、《明世臣考》、《寇變略》凡十數種（吳《志》。參盛百二《文稿》）。

　　◎許瑤光修，吳仰賢等纂光緒四年《光緒嘉興府志》卷八十《經籍一》：國朝俞汝言《春秋平義》十二卷（《四庫著錄》。《采集書錄》寫本曰：朱彝尊稱其能取宋儒之論，平反解釋。惜未刊刻流傳）。

　　◎俞汝言，字右吉。嘉興秀水（今浙江嘉興）人。明諸生，後棄去。少孤貧，力學，具經世才。嘗館鶴洲朱氏。寧都魏禧來訪，與論古今人物、治亂得失，窮十晝夜，禧為傾倒。出遊燕、趙、韓、宋、衛、閩、粵，及雲中、雁門，胸次益廣。歸而益著書，至兩目盲，猶令人日誦書，有所見，口授使記之，至老不衰。既沒，禧表其墓。著《京房易圖》、《春秋平義》十二卷、《春秋四傳糾正》一卷、《漸川集》十卷、《宰輔列卿年表》、《明世臣考》、《寇變略》、《先儒語要》凡十數種。

俞汝言　春秋四傳糾正　一卷　存

　　四庫本

　　南京藏清抄本（清丁丙跋）

　　國圖藏1919年重刻道光吳江沈氏世楷堂刻昭代叢書本

　　民國嘉興金兆蕃輯刻檇李叢書五種本

　　◎條目：一曰尊聖而忘其僭，二曰執理而近於迂，三曰尚異而鄰於鑿，四曰億測而涉於誣，五曰稱美而失情實，六曰摘瑕而傷鍥刻，春王正月辯。

　　◎春秋四傳糾正原序：六經之不明，諸儒亂之也：自王輔嗣以老莊言易，而六經有道家矣；鄭康成以讖緯言禮，而六經有數術家矣；公、穀、胡氏以名稱褒貶言《春秋》，而六經有名家法家矣。彼其初未始不欲探聖人之精蘊，而智識弇淺，強求深遠，習見郡國之府寺而以為宮闕之巍峩不過如是。不知輔相之道，而以行師折獄之才智經邦國也。淺求之而爽其度，深求之而愈失其大體。迨至有宋大儒程朱輩出，而後正其紕謬。《易傳》《本義》成而輔嗣卷舌，《儀禮經傳通解》定而康成束手退矣。若夫《春秋》，左氏親見聖人，公、穀傳諸高第弟子，而偏駁者半焉。康侯品高學博，文章能暢所欲言，方以為程氏之正傳，而疵纇不少。新安朱子心知之而不敢端言其過，其說時時見於弟子講論之餘。而後人又不能推明其義，徒使附會穿鑿刑名法術之言出於一代大儒而不覺，是可異也。汝言不揣，纂集諸家，自為一書。先之以《四傳糾正》，為六

端以該之：一曰尊聖而忘其僭，二曰執理而近於迂，三曰尚異而鄰於鑿，四曰
億測而涉於誣，五曰稱美而失情實，六曰摘瑕而傷鍥刻。六者之弊去，而後可
以讀《春秋》矣。顧愚陋荒落，何敢效鍼石於前賢，聊以志願學之自，略見其
大指而已。丙辰仲夏下弦，漸川諸生俞汝言識。

◎跋：左氏說《春秋》，語多附會；公、穀二家，各守師傳，支離尤甚。
不知《春秋》書法直據事，故其所寓褒貶皆合乎天理人情。就三家而廓清之，
已不少秕糠矣。《胡傳》深文周內，自謂窺見至隱，其實多莫須有之辭，又加
《春秋》一重翳障矣。然則《四傳糾正》之作，非所以撥雲霧而見青天哉。翠
嶺沈橒惪。

◎吳德旋《初月樓聞見錄》卷二：研精經史之學，尤熟於明代典故，擬成
一書，僅先就《宰輔列卿年表》而已。晚專治《春秋》，著《春秋平義》十二
卷、《春秋四傳糾正》一卷。其自序曰：「六經之不明，諸儒亂之也：自王輔嗣
以老莊言易，而六經有道家矣；鄭康成以讖緯言禮，而六經有數術家矣；公、
穀、胡氏以名稱褒貶言《春秋》，而六經有名家法家矣。彼其初未始不欲探聖
人之精蘊，而智識弇淺，強求深遠，習見郡國之府寺而以為宮闕之巍峨不過如
是。不知輔相之道，而以行師折獄之才智經邦國也。淺求之而爽其度，深求之
而愈失其大體。迨至有宋大儒程朱輩出，而後正其紕謬。《易傳》《本義》成而
輔嗣卷舌，《儀禮經傳通解》定而康成束手退矣。若夫《春秋》，左氏親見聖人，
公、穀傳諸高第弟子，而偏駁者半焉。康侯品高學博，文章能暢所欲言，方以
為程氏之正傳，而疵纇不少。新安朱子心知之而不敢端言其過，其說時時見於
弟子講論之餘。而後人又不能推明其義，徒使附會穿鑿刑名法術之言出於一代
大儒而不覺，是可異也。汝言不揣，纂集諸家，自為一書。先之《四傳糾正》，
為六端以該之：一曰尊聖而忘其僭，二曰執理而近於迂，三曰尚辭而鄰於鑿，
四曰億測而涉於誣，五曰稱美而失情實，六曰摘瑕而傷鍥刻。六者之弊去，而
後可以讀《春秋》矣。顧愚陋荒落，何敢効鍼石於前賢，聊以志願學之自，略
見其大指而已。」右吉晚歲兩目失明，猶令人日誦書其側，而自口授所見，使
筆記之，其勤於著述如此。所為詩古文有《漸川集》。

◎提要：康熙丙辰汝言《春秋平義》始脫槀，是歲之夏復續作此書以綜括
大旨。相傳其晚年失明，口授而成之者也。書中摘列《春秋三傳》及胡安國《傳》
之失，隨事辨正，區為六類。一曰尊聖而忘其僭，計八條；二曰執理而近於迂，
計十五條；三曰尚異而鄰於鑿，計二十三條；四曰臆測而近於誣，計四十三條；

五曰稱美而失實情，計八條；六曰摘瑕而傷鍥刻，計六條。末附《春王正月辨》一篇申左氏、公羊、孔安國、鄭元之說，明周正改時改月，《春秋》正朔皆從周。其中如「華督奪孔父之妻」、「齊桓因蔡姬而侵蔡」，史家簡策相傳，必有所據。即就傳文而論，亦無以斷其必不然。汝言皆以為臆測近誣，轉未免自蹈臆測。又《公羊》褒齊襄之復仇固為謬戾，然紀侯譖齊哀公於周至於見烹則實有其事，汝言乃謂語言之故不足為仇，亦不甚可解。至《春王正月辨》中，謂《左傳》「王周正月」句「王周」二字猶漢稱皇漢、宋稱皇宋之義，則不知正月、正歲並見，《周禮》兼用夏正實亦王制，故特言「王周正月」，明非夏時，無庸牽引漢宋橫生曲說。又一行、衛樸推驗《春秋》日食，皆合於建寅一條，汝言無以難之，遂泛謂不足深據，不知日月交食，推朔望不推時令，建子建寅，食限無殊，一語可明，亦不必顧頡其說。如斯之類，雖或間有小疵，然六類之中，大抵皆立義正大持論簡明。一卷之書篇帙無幾，而言言皆治《春秋》者之藥石，亦可謂深得經意者矣。

◎《皇朝文獻通考》卷二百十五《經籍考》五：《春秋平義》十二卷、《春秋四傳糾正》一卷，俞汝言撰。汝言字右吉，秀水人。前明諸生。

汝言自序曰：公、穀、胡氏以名稱褒貶言《春秋》，而六經有名家法家矣。彼其初未始不欲探聖人之精蘊，而智識弇淺，強求深遠，迨至有宋大儒程朱輩出而後正其紕謬。夫《春秋》，左氏親見聖人，公、穀傳諸高第弟子，而偏駁者半焉。康侯品高學博，文章能暢所欲言，方以為程氏之正傳，而疵累不少。新安朱子心知之而時時見於弟子講論之餘。後人又不能推明其義，徒使附會穿鑿刑名法術之言出於一代大儒而不覺，是可異也。汝言不揣，纂集諸家，自為一書。先之以《四傳糾正》，為六端以該之：一曰尊聖而忘其僭，二曰執理而近於迂，三曰尚異而鄰於鑿，四曰億測而涉於誣，五曰稱美而失情實，六曰摘瑕而傷鍥刻。六者之弊去，而後可以讀《春秋》矣。

繆泳曰：汝言研精經史之學，尤熟於明代典故，擬成一書，僅先就《宰輔列卿年表》而已。晚專治《春秋》。其詩古文曰《漸川集》。

◎許瑤光修，吳仰賢等纂光緒四年《光緒嘉興府志》卷八十《經籍一》：《春秋四傳糾正》一卷（《四庫著錄》。案：所糾正者，其《自序》云有六端：一曰尊聖而忘其僭，二曰執理而近于迂，三曰尚辭而鄰于鑿，四曰億測而涉於誣，五曰稱美而失情實，六曰摘瑕而傷鍥刻）、《春秋正月辨》一卷（《經義考》）。

◎趙爾巽《清史稿》卷一百四十五志一百二十《藝文》一：《春秋平義》

十二卷、《春秋四傳糾正》一卷，俞汝言撰。

　　◎《浙江採集遺書總錄・乙集・經部・春秋類》：《春秋四傳糾正》一卷（寫本），右前人撰。所糾正者凡有六端。一曰尊聖而忘其僭，二曰執理而近于迂，三曰尚辭而鄰于鑿，四曰億測而涉于誣，五曰稱美而失情實，六曰摘瑕而傷鍥刻。自序云。

俞汝言　春秋正月辨　一卷　佚

　　◎許瑤光修，吳仰賢等纂光緒四年《光緒嘉興府志》卷八十《經籍一》：《春秋四傳糾正》一卷（《四庫著錄》。案：所糾正者，其《自序》云有六端：一曰尊聖而忘其僭，二曰執理而近于迂，三曰尚辭而鄰于鑿，四曰億測而涉於誣，五曰稱美而失情實，六曰摘瑕而傷鍥刻）、《春秋正月辨》一卷（《經義考》）。

俞樾　春秋繁露平議　二卷　存

　　同治至光緒刻春在堂全書・諸子平議本

　　◎俞樾（1821～1907），字蔭甫，號曲園。浙江湖州府德清縣城關鄉南埭村人。著有《八卦方位說》一卷、《艮宦易說》一卷、《卦氣直日考》一卷、《卦氣續考》一卷、《邵易補原》一卷、《易窮通變化論》一卷、《周易互體徵》一卷、《玩易篇》一卷、《易貫》五卷、《周易平議》二卷、《周易雜纂》四卷、《小浮梅閒話》、《右臺仙館筆記》、《茶香室雜鈔》、《群經平議》五十卷、《諸子平議》五十卷、《茶香室經說》十六卷、《古書疑義舉例》七卷、《第一樓叢書》三十卷、《曲園俞樓雜纂》等，著作多收入《春在堂全書》。

俞樾　春秋公羊傳平議　一卷　存

　　同治至光緒刻春在堂全書・群經平議本

俞樾　春秋穀梁傳平議　一卷　存

　　同治至光緒刻春在堂全書・群經平議本
　　皇清經解續編本

俞樾　春秋名字解詁補義　一卷　存

　　同治至光緒刻春在堂全書・群經平議本
　　光緒九年（1883）刻重定本

光緒十四年（1888）南菁書院刻皇清經解續編本

光緒二十五年（1899）刻春在堂全書‧第一樓叢書本

國圖藏清稿本

俞蔭甫先生遺稿九種本（稿本）

皇清經解續編本

國圖出版社 2009 年賈貴榮宋志英輯春秋戰國史研究文獻叢刊影印光緒二十五年（1899）刻春在堂全書‧第一樓叢書本

浙江古籍出版社 2006 年浙江文叢趙一生點校俞樾全集本

鳳凰出版社 2021 年王華寶等點校俞樾全集‧弟一樓叢書本

◎自序：本朝經術昌明，訓詁之學超踰前代，而余尤服膺高郵王氏之書，其所箸《經義述聞》《讀書襍志》發明義理，是正文字，允足以通古今之言、成一家之學。《經義述聞》中坿《春秋名字解詁》二卷，於古人名字相應之義，鉤深索隱，曲而能中，尤為先儒所未及。然自唐以來典籍散佚，古義不盡有徵，王氏所說得者大半，而千慮一失亦或有之。余鑽揅既久，妄有訂正，又篇末所列闕疑三十餘條，亦以己意補其數事，依原書之次錄之，題曰《春秋名字解詁補義》。俞樾記。

◎趙爾巽《清史稿》卷一百四十五志一百二十《藝文》一：《春秋名字解詁補義》一卷，俞樾撰。

◎李慈銘《越縵堂讀書記全編》光緒三年九月「《第一樓叢書》」：二十七日得牧莊復，並示俞蔭甫《第一樓叢書》九種：《易貫》五卷、《玩易篇》一卷、《論語小言》一卷、《春秋名字解詁補義》一卷、《古書疑義舉例》七卷、《兒笘錄》四卷、《讀書餘錄》二卷、《詁經精舍自課文》二卷、《湖樓筆談》七卷。第一樓者，詁經精舍樓名也。《易貫》者，條舉易辭之同者分疏之。《玩易篇》者，取卦位卦變分十六圖，以明動則觀變之義。《論語小言》者，雜論名理似子家，而每條之末引論語一句以證之。以上三種，雖或名論解頤，而於經學不甚有裨。《春秋名字解詁補義》皆正王氏之失，頗多新義，而詁訓名通，足為高郵補闕。《古書疑義舉例》凡分八十八例，析疑正誤，貫穿洞達，往往足發千載之矇，此於經籍深為有功，不可不讀。《兒笘錄》皆論說文，意匡許氏，而言多中理，不似李陽冰、鄭樵輩之鑿空。《讀書餘錄》皆校正群籍之文，補其《諸子平義》所未及（內經素問四十八條，《鬼谷子》五十五條，《新語》二十二條，《說苑》四十二條，漢碑四十一條。曰《餘錄》者，猶王氏念孫之《讀書志餘》也）。

《自課文》皆其擬作經解。湖樓筆談第一、第二卷談經，第三卷談《史記》，第四卷談《漢書》，第五卷談小學，第六卷談詩文，第七卷談雜事。以上三種考辨確鑿，心得為多。《筆談》小學中有《說文》所載字似隱僻而實為經典正文者一條，補錢氏曉徵、陳氏恭甫之所未及，其餘亦多前人所未發。惟老蘇《辨姦論》責為偽作，而極贊其學識，見微知著，能窺荊公於未進用時。唐薛仁貴之子訥，武后玄宗時為將相有功，訥弟楚玉為幽州大都督府長史（此據《舊唐書・訥傳》，至《薛嵩傳》作范陽、平盧節度使，蓋誤）。楚玉子嵩及崿相代為相、衛節度使，嵩子平又歷帥數鎮，為名臣。宋楊業之子延昭，本名延朗，歷官英州防禦使，為契丹所畏，呼為六郎。是薛、楊後人，雖與委巷所傳迥異，而事蹟昭著，史冊可稽。六郎之名，且與史合。俞氏乃謂兩家後裔無聞，此則失之眉睫矣。

◎上海古籍出版社 2015 年《續修四庫全書總目提要・春秋類》「《春秋名字解詁補義》一卷」：高郵王氏《經義述聞》中附《秋名字解詁》二卷，究古人名字相應之義，俞氏以其「鈎深索引，曲而能中，尤為先儒所未及」。然自唐朝以來，典籍散佚，古義不盡有證，且王氏之書亦有千慮一失之處，故作是書，題曰「春秋名字解詁補義」。是書事依王氏原書之次錄之，遍引經、子諸作，前人諸說，於誤者詳加訂正。如「燕級字思，魯孔伋字子思」，王氏《解詁》曰：「『級』與『伋』，皆『急』字之假借也，急者，憂恐迫切之意。《莊子・天地篇》『汲汲然惟恐其似已也』。『汲』與『急』通，是『急』為憂恐，『思』亦憂也，故名『急』，字『子思』。」俞氏引《說文解字》以證因為人名，故加人旁，並無他意，「燕級」之「級」，《史記・仲尼弟子列傳》作「伋」，昔孔子之教人，曰：「未之思也，夫何遠之有？」又引《禮記》、《荀子》等注，證「伋」即「及」也，名「伋」字「思」，取冀及之意。並指出段玉裁、朱駿聲釋「伋」之誤。此本據清光緒二十五年刻《春在堂全書・第一樓叢書》本影印。（潘華穎）

俞樾 春秋人地名對 一卷 存

同治至光緒刻春在堂全書・群經平議本
國圖藏光緒二十三年（1897）石印春在堂全書・曲園雜纂本

俞樾 春秋歲星考 一卷 存

同治至光緒刻春在堂全書・群經平議本

光緒二十三年（1897）石印春在堂全書‧曲園雜纂本

◎趙爾巽《清史稿》卷一百四十五志一百二十《藝文》一：《達齋春秋論》一卷、《春秋歲星考》一卷、《春秋古本分年考》一卷，俞樾撰。

俞樾 春秋外傳國語平議 二卷 存

同治至光緒刻春在堂全書‧群經平議本

俞樾 春秋左傳平議 三卷 存

國圖藏同治至光緒刻春在堂全書‧曲園襍纂本

光緒二十三年（1897）石印春在堂全書曲園襍纂本

國圖、北大、中科院、上海、首都圖書館藏光緒十四年（1888）南菁書院刻皇清經解續編本

國圖、上海、首都圖書館藏光緒十五年（1889）上海蜚英館石印皇清經解續編本

俞樾 達齋春秋論 一卷 存

國圖藏同治至光緒刻春在堂全書‧曲園襍纂本

光緒二十三年（1897）石印春在堂全書‧曲園襍纂本

◎趙爾巽《清史稿》卷一百四十五志一百二十《藝文》一：《達齋春秋論》一卷、《春秋歲星考》一卷、《春秋古本分年考》一卷，俞樾撰。

◎上海古籍出版社 2015 年《續修四庫全書總目提要‧春秋類》「《達齋春秋論》一卷」：是書舉《春秋》十五事，引三傳經義加以論列，又多以後世史事相證，頗有感發。俞樾治經，號曰「平議」，故於三傳無所專主。書中論「衛人立晉」，則主《公》、《穀》之說，以為上無天子，下無方伯，自相推奉，大亂之道，不問其當立不當立，苟以其得眾而遂予之，則天下之亂自此多矣，而唐末五代士卒之擁立節度留後，即其流弊也。又論「天王使仍叔之子來聘」，《公》、《穀》與胡安國俱謂發明孔子「譏世卿」之義，然樾獨發世卿可貴之論，其意在絕後世僥倖希進之薄俗，而於封建制之良法美意深致意焉。又論「鄭伯克段於鄢」，三傳俱有罪鄭伯之辭，樾則以為《春秋》不言弟，罪弟失道也，而鄭伯書爵者，予以能討，明乎有王者作，必先討其門內之亂，而後可以治天下。又論「齊人弒其君商人」，不用三傳，而假魏、晉、宋、齊禪代之事而論《春秋》之書法，以為曹氏簒漢，托禪讓之名，錫文讓表，真若可以欺後世，

未幾而晉宋齊梁，勸進禪位，若出一手。俞氏所論，雖未必盡合經旨，然持論正大，殆宋儒說經，往往如此。此本據清光緒二十五年刻《春在堂全書・曲園雜纂》本影印。（曾亦）

俞樾　左傳古本分年考　一卷　存

國圖藏同治至光緒刻春在堂全書・曲園襍纂本

光緒二十三年（1897）石印春在堂全書・曲園襍纂本

◎趙爾巽《清史稿》卷一百四十五志一百二十《藝文》一：《達齋春秋論》一卷、《春秋歲星考》一卷、《春秋古本分年考》一卷，俞樾撰。

俞樾　左傳連珠　一卷　存

國圖藏同治至光緒刻春在堂全書・曲園襍纂本

光緒二十三年（1897）石印春在堂全書・曲園襍纂本

◎胡玉縉《四庫全書總目提要補正》卷四十《經部・春秋類》「《春秋經傳類對賦》一卷」案：俞樾《俞樓雜纂》有《左傳連珠》，其卷端小引云：「徐晉卿賦數聯一韻，而不求事之相類，如第一段『樂伯獻纍郤至奉豕』之下，即繼以『許絕太岳之禋，鄭廢太山之祀』，殊為不倫。余謂止取兩事之相類則不宜作賦，而以連珠為宜」云云。據此，則不特義理無當，首尾未能貫串，即體裁亦殊乖失也。

虞宗瑤　春秋提要　二卷　存

寧波市天一閣博物館藏康熙君山堂刻本（存一卷）

◎《明史》卷九十六《志》第七十二《藝文》一：虞宗瑤《春秋提要》二卷。

◎虞宗瑤，武林（今浙江杭州）人。與兄宗玖同為復社成員。著有《春秋提要》二卷。

喻定鈞　左傳碎金　佚

◎或著錄作《左傳粹金》。

◎王文清《喻衡石左傳碎金序》〔註63〕：古紀載之博而核者，《左傳》為先。予少時嘗分輯是書矣，為典禮、為詩樂、為朝會、為聘問、為盟誓、為燕

〔註63〕錄自《湖南文徵》卷六十三。

享、為戰陣、為鬼神、為卜筮、為說夢、為謠諺、為吉凶，約十有二焉。凡犖幹小辨、高言益行，各以類從，仿歐陽《類聚》、虞氏《書鈔》之法為帙。書成，而以治經故不暇剞劂，徒置之敝簏中耳。最後見《左氏始末》及《分國紀傳》諸編，益歎作者之奇變日出也。晚聞吾邑喻君石衡者，積學士也，其人潯越而溫恕，出其手眼，作《左氏碎金》一書，介其友及猶子問序於予。予時主講於玉山書院，展玩其書，見其徵材也確，其譔詞也工，其立格也駢而變，其協律也抑揚而調勻。確則不駁，工則不麗，變則不駭，調勻則不致聱屈，浸浸乎舉二百四十二年周十四王魯十二公中之紀載，而肆其剗裁，歸其陶鑄。至其傳文原本一字不遺，地里山川攷證有據，則附注抑又詳焉。是書也，其殆有貨曋神廬萃於天葷之幾乎！彼詞賦家《事類》諸編非不絢爛也，然彼取之於百家，孰若此之取於經籍也？彼得之漢唐以後，孰若此之得自成周以還也？雖昔之人亦有先衡石而為之者，然昔略而今詳，昔罣漏而今周匝，夫固有後來居上者矣。況乎形上形下理歸一致，事實雖云麗迹，而百王之大法存焉，素王之心傳寓焉。學者儻因其事而究其法、即其迹而緬其心，安在不逕登征西、東山諸儒之堂而翱翔於其室也哉！予卒業時覺少時分輯十二卷之事尚怦怦往來心目中也，於是乎序而歸之。

◎喻定鈞，字衡石。湖南寧鄉人。廩生。著有《左傳碎金》。

喻國人 春秋日食補遺 佚

◎尋霖、龔篤清編《湘人著述表》著錄。

◎《清史列傳》卷六六《王夫之傳》：夫之同時又有郴州喻國人、辰溪米元倜、衡山譚瓊英／劉宗源，皆以明亡不仕，講學衡湘間，著書授徒，成就甚眾。

◎喻國人（1611～1702，一說 1622～1702），字大受，小字鹿壽，號春山。湖南郴州（今郴縣）喻家寨人。崇禎十五年（1642）舉人。明亡隱居香山，設同仁書院，從學者甚眾，學者尊為儒宗、湖南宿儒。與熊賜履語多契合，引為知己。博覽群籍，專心學問，學識廣博，經學尤精。著有《河洛定議贊》一卷、《河洛真傳》一卷、《卦義辨正》、《全易十有八變卦定議》一卷、《筮占》、《周易辨正》一卷、《周易對卦數變合參》一卷、《周易生生真傳》一卷、《伏羲樂律》、《禮記月令定注》、《春秋日食定鑒》、《春秋日食補遺》、《六書真傳》、《投壺儀制》、《吾道一貫真傳》、《喻春山文集》、《責己錄》、《千歲日至定論》、《郴

州總志》、《周成六軍定制》、《帝王曆數真傳》、《神禹治水本源》、《直指孔顏樂處》等書。

喻國人 春秋日食定鑒 佚

喻松雪 一部春秋之國際教訓 存

文聽閣圖書有限公司 2008 年民國時期經學叢書第二輯影印本

◎喻松雪，著有《一部春秋之國際教訓》。

尉匡鼎 春秋事義彙解 佚

◎民國《萊陽縣志》卷三《人事志》三《藝文・著述・經部》：《春秋事義彙解》，尉匡鼎著。

◎尉匡鼎，字置安。山東萊陽人。同治九年（1870）恩貢。博學多通。著有《周易解義》《尚書解義》《春秋事義彙解》《五經音律譜》。

袁鴻 左傳分國類編 佚

◎《濟寧直隸州續志・藝文》及本傳著錄。

◎袁鴻，字逵賓。山東濟寧人。嘉慶十三年（1808）舉人。官海豐縣訓導。著有《儀禮摘要》《左傳分國類編》。

袁鈞輯 春秋傳服氏注 十二卷 存

光緒觀稼樓刻鄭氏佚書本

光緒十四年（1888）浙江書局刻鄭氏佚書本

◎漢服虔原撰。

◎卷首云：《唐會要》載宋均《詩緯論序》云：「我先師北海鄭司農，《春秋》《孝經》唯有評論」，又載《春秋緯注》云：「為《春秋／孝經略說》《世說新語》。鄭元欲注《春秋傳》，尚未成，與服子慎遇宿客舍。服在外車上與人說已注傳意，元聽之良久，多與己同，就車與語曰：『吾久欲注尚未了。聽君向言多與吾同，今當盡以所注與君』，遂為服氏注。」如上所說，鄭于《春秋傳》雖未有成書，而服氏書出于鄭，即鄭學也。容有小異，大指蓋不殊矣。《隋志》服氏《左氏傳解誼》二十一卷，《舊唐志》作二十卷，今亦不傳。袁集之，得十二卷，存服所以存鄭也。

◎趙爾巽《清史稿》卷一百四十五志一百二十《藝文》一：漢鄭玄《春秋傳服氏注》十二卷，袁鈞輯。

◎袁鈞（1752～1806），字秉國，號南軒、陶軒，一號西廬。浙江鄞縣人。穎悟絕人，執經於新安鄭虎文之門。精康成之學。受知於阮元，入其幕。嘉慶六年（1801）應直省孝廉方正，授六品銜。後主徭山書院。著有《詩經宋傳翼》二十卷、《朱傳補義》一卷、《讀書偶記》十二卷、《琉璃居瘍》六卷、《瞻袞堂集》十一卷。又輯《鄭氏佚書》七十九卷、《四明書畫記》、《四明文徵》十六卷、《四明獻徵》、《四明詩徵》、《四明近體樂府》諸書。

袁鈞輯 發墨守 一卷 存

光緒十四年（1888）浙江書局刻鄭氏佚書本
◎漢鄭玄原撰。

袁鈞輯 釋廢疾 一卷 存

光緒十四年（1888）浙江書局刻鄭氏佚書本
◎漢鄭玄原撰。

袁鈞輯 箴膏肓 一卷 存

光緒觀稼樓刻鄭氏佚書本
光緒十四年（1888）浙江書局刻鄭氏佚書本
◎漢鄭玄原撰。

袁焉輯 春秋讀本 十二卷 存

上海藏抄本（吳江柳棄疾題籤）
臺中文聽閣圖書有限公司 2011 年晚清四部叢刊・第六編據抄本影印本
◎袁焉，輯有《春秋讀本》十二卷。

袁青綬 春秋三傳合編 佚

◎同治《續纂揚州府志》卷二十二《藝文志》上：《春秋三傳合編》（袁青綬撰）。

◎袁青綬，字漢綸，號西臺。揚州府興化（今泰州興化市）人。道光元年（1821）舉人。同治元年（1862）任湖南寶慶府知府。著有《春秋三傳合編》、

《河工備考》二卷、《南河編年紀要》五卷、《皖江武備考略》七卷、《除蝗備考》。

袁聲 春秋鼎 無卷數 佚

◎道光《濟南府志》卷六十四《經籍》：《春秋鼎》、《麟經匯海》八十卷、《通鑒世系》、《荊陽詩記》二十種、《詩詞便覽》，章邱人袁聲撰。

◎孫葆田《山東通志》卷百二十七《藝文志》第十：二書見《府志》。《麟經匯海》則與其弟韻所共撰也。韻字清越，見《縣志·文苑傳》。

◎袁聲，字荊陽。章丘（今山東濟南章丘區）人。袁奇蘊子。崇禎十六年（1643）進士。順治元年（1644）徵授山西嵐縣知縣，繼任刑部貴州司郎中，六年（1649）任太平府知府。七年（1650）嘗謫居吳越。著有《春秋鼎》無卷數、《通鑒世系》、《荊陽詩記》、《詩詞便覽》、《領頭書》，與弟韻合撰《麟經匯海》八十卷。

袁聲 袁韻 麟經匯海 八十卷 佚

◎道光《濟南府志》卷六十四《經籍》：《麟經匯海》，袁韻撰。

◎道光《濟南府志》卷六十四《經籍》：《春秋鼎》、《麟經匯海》八十卷、《通鑒世系》、《荊陽詩記》二十種、《詩詞便覽》，章邱人袁聲撰。

◎孫葆田《山東通志》卷百二十七《藝文志》第十：二書見《府志》。《麟經匯海》則與其弟韻所共撰也。韻字清越，見《縣志·文苑傳》。

◎袁韻，字清越。章丘（今山東濟南章丘區）人。袁奇蘊子。與兄聲合撰《麟經匯海》八十卷。

袁友韓 春秋正釋解 佚

◎光緒《宣城縣志》卷十八《文苑》：所著有《四書補註》《五經增疏》《春秋正釋解》若干卷、古文稿數尺藏於家。

◎光緒《宣城縣志》卷卅五《載籍》：《四書補註》《五經增疏》《春秋正解釋》（並袁友韓著）。

◎袁友韓，字唐伯。安徽宣城人。明諸生。聰穎好讀書，遠近敬慕。好濂洛之學。嘗謂經義取士，原委閎深，乃應者率剽竊勝語，微幸一第，於聖賢義理罕所窺見。又以儒者之學囊括萬有，因涉獵諸子，旁逮星曆象數老釋家言，悉收羅得其要領。著有《四書補註》《五經增疏》《春秋正解釋》。

袁佑 左史後議 佚

◎秦瀛《己未詞科錄》卷二：袁佑字杜少，號霽軒。直隸東明人。康熙壬子拔貢，授中書舍人。由詹事府詹事沈荃、監察御史鞠珣薦舉，改編修，官至左春坊左中允。著有《詩禮疑義》《左史後議》《老子別注》《離騷荀揚文中子補注》《莊子注論》《杜詩注》《五鹿詩選圖說》《史餘集》《補史集》《予省集》《馨聞偶記》《霽軒詩鈔》《紀程詩》《袁氏族譜》。

◎袁佑，字杜少，號霽軒。直隸東明（今山東菏澤東明）人。康熙十一年（1672）拔貢，授中書舍人，改編修，官至左春坊左中允。著有《詩禮疑義》《左史後議》《老子別注》《離騷荀揚文中子補注》《莊子注論》《杜詩注》《五鹿詩選圖說》《史餘集》《補史集》《予省集》《馨聞偶記》《霽軒詩鈔》《紀程詩》《袁氏族譜》。

袁之升 纖批左傳 佚

◎道光《濟南府志》卷六十四《經籍》：《變卦說》《纖批左傳》《四書平語》《纖批史記》《纖批莊子》《纖批杜詩》，章邱人袁之升撰。

◎道光《章邱縣志》卷十《人物志》上：《四書平語》《變卦說》《纖批左傳／史記／杜詩／南華》《纖批莊子》。《纖批》、《平語》凡數十種。晚年精於易學，預知歿期。

◎道光《章邱縣志》卷十三《藝文志》：《四書平語》《變卦說》《纖批左傳》、《南華平語》《纖批史記》《纖批杜詩》，袁之升著。

◎孫葆田《山東通志》卷百二十七《藝文志》第十：是書見《縣志》。

◎袁之升，字吉南。山東章邱人。諸生。著有《變卦說》《纖批左傳》《四書平語》《纖批史記》《纖批莊子》《纖批杜詩》。

岳永甲 春秋分國便覽 佚

◎《濟寧直隸州續志・藝文》及本傳著錄。

◎岳永甲，字乙亭。山東魚臺人。廩生。著有《春秋分國便覽》。

岳虞巒 春秋平義 五十四卷 佚

◎王其淦、吳康壽光緒《武進陽湖縣志》卷二十八《藝文》：岳虞巒《春秋平義》五十四卷（佚）。

◎岳虞巒，字舜牧，號墨山、衡山，又號燮安道人，入清遁為僧，改名岳嵐，號東海衲民。武進（今江蘇常州市區）人。崇禎四年（1631）進士。曾任南京戶部主事、刑部陝西清吏司主事、杭州府知府、江西按察司副使、兵巡道署江西按察使等職。敕封承德郎，例封中憲大夫。入祀武進名宦祠。著有《周易感義》、《春秋平義》五十四卷。

惲鶴生 春秋解 佚

◎王其淦、吳康壽光緒《武進陽湖縣志》卷二十八《藝文》：惲鶴生《春秋解》、《屬辭比事說》六卷（竝存）。

◎《清史列傳》卷六十六《儒林傳》上：少師常熟錢陸燦為詩文，初喜禪學，既讀宋儒書，服膺主靜之旨。又疑儒者之盛莫如宋，而勢之屚亦莫如宋，以朱子過稱張浚，大非之。後遊蠡，交李塨，見顏元及塨所著書，大折服，以為宋世之不振，皆學術無用之故，遂為顏李之學。嘗與塨會京師，出日記相質，塨稱其乾乾惕厲，謂可與共明斯道也。生平研究經術，著有《讀易譜》三卷、《禹貢解》一卷、《思誠堂說詩》十二卷、《春秋解屬辭比事說》六卷、《大學正業》一卷、《先民易用》二卷、《文集》五卷。其詩說初尊毛駁鄭，塨貽書諍之，乃改從其說，並以毛鄭為宗。

◎惲鶴生，字皋聞。武進（今江蘇常州）人。康熙四十七年（1708）舉人。官金壇教諭。著《讀易譜》三卷、《禹貢解》一卷、《思誠堂說詩》十二卷、《春秋解》、《屬辭比事說》六卷、《大學正業》一卷、《古本大學條說》一卷、《古本大學引證》一卷、《先民易用》二卷、《文集》五卷、《全唐試律類箋》。

惲鶴生 屬辭比事說 六卷 佚

◎王其淦、吳康壽光緒《武進陽湖縣志》卷二十八《藝文》：惲鶴生《春秋解》、《屬辭比事說》六卷（竝存）。